新时代新理念职业教育教材·轨道交通类
"互联网+"立体化教学资源特色教材
"课程思政"建设探索教材

轨道交通概论

主　编　杨光华　尹小梅　罗玗琪

副主编　陈本旺　黄　雪　王　亮

　　　　方　磊　易　阔

主　审　彭军湘　张天晓

北京交通大学出版社

·北京·

内 容 简 介

本书以职业教育为目标，以项目教学、任务驱动为教学模式，内容覆盖普速铁路、高速铁路、城市轨道交通、磁浮交通等领域，将思政元素、信息化、数字化技术贯穿其中。从现代交通运输体系、轨道交通系统、轨道交通线路、车站、载运工具、供电、信号与通信、行车组织、安全管理等方面进行全方位、立体化介绍，让学生建立起轨道交通运输体系的整体概念；在介绍中强调新技术、新发展及中国轨道交通在各领域取得的最新成就，培养学生的民族自豪感和爱国爱路、敬业爱岗的职业精神。

本书内容覆盖面广，配有数字媒体教学资源和育人案例，可作为职业院校轨道交通各专业的入门类基础课教材，也可作为相关职工岗位培训及海外轨道交通行业培训教材。

图书在版编目（CIP）数据

轨道交通概论 / 杨光华，尹小梅，罗玙琪主编. 北京 ： 北京交通大学出版社，2025. 6.
ISBN 978-7-5121-5561-9

Ⅰ. U

中国国家版本馆 CIP 数据核字第 2025BR9016 号

轨道交通概论
GUIDAO JIAOTONG GAILUN

策划编辑：张 亮　　责任编辑：陈跃琴
出版发行：北京交通大学出版社　　电话：010-51686414　　http://www.bjtup.com.cn
地　　址：北京市海淀区高梁桥斜街 44 号　　邮编：100044
印 刷 者：北京华宇信诺印刷有限公司
经　　销：全国新华书店
开　　本：185 mm×260 mm　　印张：14　　字数：350 千字
版 印 次：2025 年 6 月第 1 版　　2025 年 6 月第 1 次印刷
定　　价：49.00 元

本书如有质量问题，请向北京交通大学出版社质监组反映。对您的意见和批评，我们表示欢迎和感谢。
投诉电话：010-51686043，51686008；传真：010-62225406；E-mail：press@bjtu.edu.cn。

前　言

进入 21 世纪以来，我国交通运输体系建设愈发完善，其中轨道交通建设取得了举世瞩目的成就。截至 2024 年底，铁路运营里程约 16.2 万 km（其中高铁运营里程约 4.8 万 km），城市轨道交通运营里程约 10 945.6 km（其中单轨、磁浮和市域快轨交通运营总里程约 970 km）。轨道交通的快速发展，产生了巨大的用人需求，需加强轨道交通相关专业技术人才的培养。

"轨道交通概论"是轨道交通各专业学习的基础课程，本书简明扼要地介绍了整个轨道交通行业，为学习者深入学习轨道交通专业知识提供必要的基础知识。

全书分为现代交通运输体系、轨道交通系统、轨道交通线路、轨道交通车站、轨道交通载运工具、轨道交通供电系统、轨道交通信号与通信系统、轨道交通行车组织、轨道交通安全管理等 9 个项目，全面介绍了轨道交通类相关专业的基本内容、基本要求、发展现状及趋势。通过学习本书，可以帮助学习者对轨道交通行业建立全景式的认知体系，了解轨道交通整体及各系统之间的联系，为进一步学习专业知识奠定基础。

本书在编写过程中，着重考虑以下几个方面。

（1）体现轨道交通行业系统性：本书覆盖了整个轨道交通运输体系，对普速铁路、高速铁路、城市轨道交通、磁浮交通等主要轨道交通系统的线路、车站、载运工具、供电、信号、通信、行车组织、安全管理等主要方面进行全面介绍，结构科学合理，思路清晰，知识体系全面、系统。

（2）体现发展前瞻性和先进性：本书在编写过程中，紧跟行业发展趋势，涉及的知识点紧跟轨道交通技术发展，如介绍了行业发展趋势及最新磁浮交通技术等内容，体现了行业发展的前瞻性和先进性。

（3）**体现媒体融合性**：本书配有大量实物图和示意图，以及相关视频资料。这些资料与文字内容相辅相成，为学习者营造了直观生动的认知环境，能够让学习过程变得轻松愉悦。

（4）**体现职业素养**：本书在编写过程中，融入轨道交通思政元素和员工职业素养，让学生在专业基础知识学习的基础上，了解轨道交通行业相关岗位的主要工作内容和行为规范，在学习过程中养成尽职尽责、勤奋敬业、精心养护、确保高质量的职业素养。

此外，本书还提供课程标准、教学计划、教案、PPT 等全套配套资料，方便老师和学生使用。

本书由杨光华、尹小梅、罗玗琪担任主编，陈本旺、黄雪、王亮、方磊、易阔担任副主编，彭军湘、张天晓担任主审。

本书在编写过程中得到了中国铁路广州局集团有限公司、长沙市轨道交通集团有限公司、湖南轨道交通控股集团有限公司等许多企业专家、领导的大力支持，并参考了大量文献资料，在此特表示衷心的感谢！

由于编者水平和经验有限，书中难免存在欠妥和疏漏之处，恳请读者批评指正。

编　者

2025 年 5 月

目　录

项目1

现代交通运输体系

项目描述

　　交通运输业作为国民经济的基础性、先导性和服务性行业，对经济社会发展起着至关重要的支撑作用。本项目旨在让学生了解现代交通运输的概念、特点、作用，以及现代交通运输体系，同时让学生了解在现实工作和生活中如何选择合适的交通运输方式，为学生认识轨道交通系统打下基础。

教学目标

1. 知识目标

（1）了解现代交通运输的概念、特点和地位。

（2）了解现代交通运输体系的组成与作用。

（3）理解各类运输方式之间的相互关系及各自的技术经济特征与适用范围。

2. 能力目标

（1）具有在真实情境下正确选择交通运输方式的能力。

（2）具有主动查阅资料、自学完成学习任务的能力。

（3）具有乐于、善于运用所学技术知识借助网络解决实际问题的能力。

3. 素质目标

（1）通过了解现代交通运输，激发学生的爱国、爱交通情怀。

（2）培养学生严谨认真的工作态度、实事求是的科学态度。

（3）培养学生主动探索知识的意识。

任务 1.1 现代交通运输

扫码获取多媒体
教学资源

1.1.1 交通运输的概念

交通运输是伴随人类社会经济活动发展而发展的。从原始社会中人类为了取得赖以生存的生活资料而进行的搬运及狩猎，到古代社会中人类以肩扛、背驮或头顶的方式进行运输，再利用动物来运输。轮轴的发明与车辆的出现，使交通运输的发展进入了一个新的阶段，随着社会经济活动的发展，现代海陆空等综合运输体系逐步形成。

1. 交通

交通指将人或物进行空间场所的移动。从专业的角度讲，交通是指交通工具在运输网络上的流动。此外，交通的概念中还包括邮电，即邮政和电信。

2. 运输

运输指借助交通运输线路及其设施和运输工具，为实现人或物的位移所进行的经济活动和社会活动。

3. 交通运输

交通运输是指运输工具在运输网络上的流动和运输工具上载运的人员与物资在两地之间位移的经济活动的总称。

4. 交通运输业

交通运输业指的是通过运输工具将货物或旅客从一个地点运送到目的地的业务活动。该行业涵盖陆路运输服务、水路运输服务、航空运输服务和管道运输服务等多个方面。其主要功能在于连接不同产业、不同区域及城乡，起到纽带的作用。

它的构成要素包括线路、运距、客流和货流、动力、终端设备等。现代交通运输主要包括铁路、水路、公路、航空和管道 5 种运输方式（图 1-1）。各种运输方式必须协调发展才能满足运输需求这一共同目标。通过运输方式之间的合理分工、相互协作，使各种运输方式各展所长、优势互补，从而推动综合运输体系的健康发展。

图 1-1 现代交通运输

1.1.2　现代交通运输业的地位与作用

1.　现代交通运输业的地位

交通运输业在社会经济中占据着极其重要的地位，是国民经济的基础性、先导性、战略性产业，具体体现在以下几个方面。

（1）**国民经济的基础产业**：交通运输业是国民经济的重要组成部分，是连接生产、分配、交换和消费的纽带。它为其他产业提供支撑，是经济运行的"动脉系统"。

（2）**社会发展的先行行业**：交通运输业的发展往往先于其他行业，它不仅为区域开发、城市建设和产业布局奠定基础，而且是社会进步和现代化的重要标志之一。

（3）**国家战略的重要支柱**：交通运输业是国家安全和国防建设的重要保障。它是国家综合实力的体现，对维护国家主权和领土完整具有重要意义。

（4）**全球化的重要纽带**：交通运输业是国际贸易和全球化的关键支撑，促进了国际的经济合作与文化交流。

2.　现代交通运输业的作用

（1）**经济作用**：交通运输业实现了资源、商品和劳动力的跨区域流动，优化了资源配置；推动区域经济发展，缩小区域差距；高效的运输系统降低了运输成本，提高了经济效率，促进了相关产业升级和发展。

（2）**社会作用**：交通运输业为人们提供了便捷的出行条件，提高了生活质量，促进了城乡之间、地区之间的人员往来和文化交流。

3.　战略作用

交通运输业是国防和军事的重要支撑，是救援和物资调配的关键。它加强了国家内部的联系，促进了民族团结。

4.　国际作用

交通运输业是国际贸易的重要支撑，保障了全球供应链的畅通，促进了经济全球化和文化交流，是一个国家参与国际竞争的重要优势。

🔵 知识拓展

> **我国 2023 年交通运输概况**
>
> 2023 年全年完成营业性货运量 547.47 亿 t，比上年增长 8.1%；完成货物周转量 240 646 亿 t·km，比上年增长 6.3%。全年完成跨区域人员流动量 612.88 亿人，比上年增长 30.7%。全年完成货运总发送量 50.35 亿 t，比上年增长 1.0%；完成货运总周转量 36 460 亿 t·km，比上年增长 1.4%。
>
> （1）铁路全年完成旅客发送量 38.55 亿人，完成货运总发送量 50.35 亿 t。
>
> （2）公路全年完成营业性货运量 403.37 亿 t、人员流动量 565.56 亿人。
>
> （3）水路全年完成营业性货运量 403.37 亿 t，完成营业性客运量 2.58 亿人，完成港口货物吞吐量 169.73 亿 t，完成港口旅客吞吐量 7 844.53 万人。
>
> （4）民航全年完成货邮运输量 735.38 万 t，完成客运量 6.20 亿人。
>
> （5）邮政全年完成邮政行业寄递业务量 1 624.8 亿件。
>
> （6）城市客运全年完成城市客运量 1 010.00 亿人。

1.1.3 现代交通运输业的性质与生产特点

1. 交通运输业的性质

现代交通运输业是国民经济的有机组成部分，它具有物质生产和为社会公众服务的双重属性，是一个具有明显服务功能的物质生产部门。交通运输是生产过程在流通过程中的继续，是独立的物质生产部门，它参与社会物质财富的创造。运输生产的产品不是改变劳动对象的性质和形态，而只是改变其在空间的位置（位移），也就是在运送旅客时以"人·km"计量或在运送货物时以"t·km"计量的产出。

2. 交通运输业生产的特点

（1）交通运输业的产品是旅客和货物的位移，同运输业的生产过程（运输过程）不能分离，即位移的生产和消费是同时进行的。

（2）交通运输业的产品既不能储存，也不能积累，而只能储备一定数量的生产能力、运输能力，以满足运量增长的需要。

（3）交通运输业不能用调拨产品的办法来调节不同时期和不同地区对运输的需要，只能用调动交通运输业的一部分生产能力的办法来进行调剂。因此，还必须使交通运输业生产能力的配置尽可能同国民经济各部门的发展及人们对运输的需求协调一致。

任务 1.2 现代交通运输方式

扫码获取多媒体
教学资源

交通运输业的生产过程是一个流动的、延伸的、多环节、多工种的联合作业过程。在现代交通运输体系中，主要有 5 种运输方式：铁路运输、公路运输、水路运输、航空运输和管道运输。这 5 种运输方式在技术上、经济上各有长短，都有适宜的使用范围。

1.2.1 铁路运输

铁路运输是以铁路轨道为运输通道、以铁路列车为载运工具进行的客货运输，是当今最主要的陆上货物运输方式之一，如图 1-2 所示。

图1-2 铁路运输

铁路运输主要适用于大批量货物、人员的中远程运输，是国家大宗物资、中高密度客流、多式联运中的干线运输主力。

1. 铁路运输的优点

（1）运输能力大。单列货运列车可运 3 000～5 000 t 货物，远高于航空运输和公路运输，尤其适合大批量货物的长距离运输。

（2）运输速度较快。货车时速约 100 km，高速铁路时速达 350 km。

（3）运输成本较低。与路面其他运输方式运载同一重量的旅客、货物相比，铁路运输可节省 50%～70% 的能量。

（4）受气候和自然条件影响小，可昼夜运行，通用性、连续性好。

（5）与其他运输方式相比，铁路运输在准时性方面具有较强的优势。

（6）可以方便地实现集装箱运输及多式联运。

2. 铁路运输的缺点

（1）**建设与维护成本高**：铁路基础设施（如轨道、车站、信号系统）需要巨额资金投入，且建设周期长，对于经济欠发达地区或新开发区域，这可能会限制铁路网络的扩展。

（2）**灵活性不足**：受限于固定轨道和站点，铁路无法实现"门到门"运输，货物到达站点后需依赖公路运输等二次转运，增加了运输环节，提高了运输成本。

（3）**极端天气影响运行**：虽然铁路对常规气候适应性较强，但暴雨、暴雪等极端天气可能导致列车延误或停运，易引发事故，影响时效性。

（4）**运营时间固定与覆盖不足**：铁路运输依赖时刻表，缺乏公路运输的即时调整能力。对于部分偏远地区，铁路站点覆盖率低，影响服务范围。

1.2.2　公路运输

公路运输是以各种等级公路和城市道路为运输通道，以汽车为主要载运工具进行的运输，如图 1-3 所示。

公路运输主要适用于中小批量货物、人员的中短途运输，是灵活客货运输、短途货运、终端配送、紧急运输、多式联运衔接的主力。

图 1-3　公路运输

1. 公路运输的优点

（1）**灵活、方便、运输速度快**：在中短途运输中，公路运输可以实现"门到门"直达运输，不需要倒运、转乘就可以直接将客货运达目的地。因此，与其他运输方式相比，其客货物在途时间较短，运送速度较快。

（2）**原始投资少，经济效益高**：有关资料显示，在正常经营情况下，公路运输的投资每年可周转 1～3 次，而铁路运输则需要 3～4 年才能周转 1 次。

（3）**驾驶技术容易掌握**：与火车司机或飞机驾驶员相比，汽车驾驶技术比较容易掌握，对驾驶员的各方面素质要求相对也比较低。

2. 公路运输的缺点

（1）**单位运输成本较高，运行的连续性较差**：由于汽车载重量小，行驶阻力比铁路高 9～14 倍，所消耗的燃料又是价格较高的汽油或柴油。因此，除了航空运输，就数汽车运输成本高了。此外，在各种现代运输方式中，公路的平均运距是最短的，运行持续性较差。

（2）**油耗大，环境污染严重**：汽车所排出的尾气和引起的噪声也严重地威胁着人类健康，是大城市环境污染的最大污染源之一。

（3）**运量较小**：世界上最大的汽车是美国通用汽车公司生产的矿用自卸车，长 20 多 m，自重 610 t，载重 350 t，但仍比火车、轮船小得多。

（4）**安全性差**：据历史记载，自汽车诞生以来，已经吞噬数千万人的生命，特别是 20世纪 90 年代以来，死于汽车交通事故的人数急剧增加，平均每年达 50 多万人，超过艾滋病、战争和结核病每年的死亡人数。

1.2.3 水路运输

水路运输是以水上航道为运输通道，以船舶为主要载运工具，以港口或港站为运输基地，以水域包括海洋、河流和湖泊为运输范围的一种运输方式，如图 1-4 所示。

在 5 种运输方式中，水路运输兴起最早，历史最长，而且至今仍是世界上许多国家最重要的运输方式之一。根据航行水运性质分类，水路运输分海运和河运两种，它们分别以海洋和河流作为运输通道。水路运输主要用于大宗、笨重、远程、不急需的货物运输，以及没有陆地运输方式可选的客货运输、比较方便的水路客运。

图 1-4 水路运输

1. 水路运输的优点

（1）**投资少**：水路运输利用海洋或天然河道，几乎不需要太大投资。

（2）**载运量大，航道通过能力强，发展潜力大**：在我国的货运总量中，水路运输所占的比重仅次于铁路运输和公路运输。

2. 水路运输的缺点

（1）船舶平均航行速度较低。

（2）水运生产过程受自然条件影响较大，呈现较大的波动性和不平衡性。

（3）直达性差，一般需要与其他运输方式配合才能完成全过程运输。

1.2.4 航空运输

航空运输是在具有航空线路和飞机场的条件下，以航线为运输通道，以飞机及其他航空器为载运工具，运送人员、货物、邮件的一种运输方式，如图 1-5 所示。

航空运输具有快速、机动的特点，是现代旅客运输，尤其是远程旅客运输的重要方式，还适用于在国际贸易中运输贵重物品、鲜活货物和精密仪器。

在我国运输业中，航空运输的货运量占全国货运量的比重比较小，主要是承担长途客运任务。随着物流业的快速发展，航空运输在货运方面也将会扮演重要角色。

图 1-5 航空运输

1. **航空运输的优点**

（1）**速度快**：飞机是最快捷的交通工具，常见的喷气式飞机的经济巡航速度为 850～900 km/h。

（2）**舒适性好**：除了起飞和降落两个阶段，飞机通常在大气的平流层中飞行，非常平稳。

（3）**安全性高**：2023 年全球商用航空公司总事故率为每百万架次 0.80，即每 126 万次飞行发生一次事故。

（4）**时效性强**：飞机的快速特性，决定了它的强时效性，因而比较适合运送鲜活货物、季节性商品。

2. **航空运输的缺点**

（1）**成本、运价高**：与其他运输方式相比，航空货运的运输费用较高，不适合运输低价值货物。

（2）**受气候条件限制**：航空运输需要在空中进行，如果遇到雷雨、大风等恶劣天气，则无法起航。

（3）**可达性差**：航空运输只能把旅客、货物从一个机场运送到另一个机场，通常机场设在远离市区的地方，与其他运输方式相比，可达性差。

1.2.5 管道运输

管道运输是用管道作为运输工具的一种长距离输送液体和气体物资的运输方式，主要用于由产地向市场输送石油、煤、天然气和化学产品，是现代交通运输体系中干线运输的特殊组成部分，如图 1-6 所示。目前，我国已建成覆盖全国的由多条输油管道、输气管道组成的网络。

图1-6　管道运输

1. 管道运输的优点

（1）运量大：一条输油管线可以源源不断地完成输送任务。根据管径的不同，每年的运输量可达数百万 t 到几千万 t，甚至超过亿 t。

（2）占地少：运输系统的建设实践证明，运输管道埋藏于地下的部分占管道总长度的95%以上，因而对于土地的永久性占用很少，分别仅为公路的3%、铁路的10%。

（3）建设周期短、费用低：与相同运量的铁路运输系统相比，管道运输系统的建设周期要短 1/3 以上。例如，中国建设大庆至秦皇岛全长 1 152 km 的输油管道，仅用了 23 个月，而若要建设一条同样运量的铁路，至少需要 3 年时间。

（4）安全可靠，连续性强：由于管道基本埋藏于地下，其运输过程受气候影响小，可以确保运输系统长期稳定地运行，而且石油、天然气在地下管道中运输的安全性高。

（5）耗能少，成本低，效益好：发达国家采用管道运输石油，在大量运输时的运输成本与水路运输接近，因此在无水条件下管道运输是最为节能的运输方式。

2. 管道运输的缺点

（1）不如其他运输方式灵活。

（2）承运的货物比较单一。

（3）不容易随便扩展管线。

1.2.6　各种运输方式的比较

交通运输业内部各种运输方式具有可替代性，竞争较为激烈，但它们的技术经济特性不同，在完成同样的运输任务时，其投入和效益也有较大的区别，如表1-1所示。

表1-1　各种运输方式比较

运输方式	铁路运输	公路运输	水路运输	航空运输	管道运输
运输工具	火车	汽车	船舶	飞机	管道
运输速度	较快，普通列车120～200 km/h，高铁300～350 km/h	因车辆和道路而异，高速公路80～120 km/h，城市道路较慢	相对较慢，货轮15～25节（约28～46 km/h）	速度最快，巡航速度 800～900 km/h	速度最慢，取决于管道压力和介质特性

续表

运输方式	铁路运输	公路运输	水路运输	航空运输	管道运输
运输成本	中长途单位运输成本较低,铁路建设和车辆购置成本高	中短途有成本优势,长途成本较高,汽车购置、燃油、人力成本较高	单位运输成本最低,船舶造价高,但航道建设和维护成本相对低	成本最高,飞机购置和运营成本高,燃油消耗大	建设初期投资大,建成后运营成本低,维护费用少
运输灵活性	受铁路线路和站点限制,灵活性较差,但运输组织有计划性	灵活性最强,可"门到门"运输,能随时调整路线和停靠点	受航道和港口限制,灵活性较差	航线安排相对灵活,但受机场和航班时刻限制	灵活性最差,管道铺设固定,只能运输特定流体物质
运输连续性	受天气等因素影响小,除特殊情况外能保持较高连续性	一般情况下较好,但受恶劣天气、交通拥堵影响	受天气、水位等自然条件影响大,连续性较差	对天气条件要求严格,恶劣天气会影响航班起降,连续性不稳定	运输过程封闭,受外界干扰小,能连续稳定运输
运输安全性	有完善的安全管理体系,运行平稳,事故率较低	事故率相对较高,受驾驶员素质、车辆、路况等因素影响	船舶航行有风浪、触礁等风险,但总体事故率相对较低	安全标准和管理严格,事故率极低,但一旦发生事故则后果严重	运输过程封闭,无装卸环节,安全性较高,但管道老化等有安全隐患
适用范围	适合内陆地区大宗低值货物中长距离运输、大批量货物高效率运输及散装、罐装货物运输	适合内陆地区近距离独立运输及补充衔接其他运输方式,可运输各种货物和旅客	适合长距离、运量大、时间性不强的大宗货物运输,如国际贸易需远洋运输的大批量物资	适合国际运输及高附加值、低质量、小体积物品和鲜活易腐、时令性产品等特殊货物运输	适合单向、定点、量大的流体状且连续不断货物的运输

人们对现代化交通运输的基本要求是安全、迅速、经济、便利。铁路运输、公路运输、水路运输、航空运输和管道运输 5 种现代运输方式所采用的技术手段、运输工具和组织形式等各不相同,因此形成的技术性能(速度、运输能力、连续性、保证货物完整性和旅客的安全、舒适性等)、对地理环境的适应程度及经济指标(如能源和材料消耗、投资、运输费用、劳动生产率等)都不尽相同,形成了各自最适合的应用范围。五大运输方式各有特点和优势,在实际应用中,需要根据货物的性质、数量、运输距离、时间要求等因素综合考虑,选择合适的运输方式。

总之,各种交通运输方式既相对独立又互相依存,既有协作又有竞争。在国民经济、社会发展及运输技术不断进步的条件下,如何综合利用和发展各种运输方式,目前已受到各国的重视。然而,在不同的国家,由于国土面积、资源分布及经济发展状况的差异,各种交通运输方式之间的关系也有所不同,根据我国的国情和交通运输发展规划,我国交通运输业的发展目标是:以铁路为骨干,公路为基础,努力发展航空制造业和航空运输技术,提高水路运输能力,加快沿海港口建设,适当发展管道运输,建设一个全国统一的协调的综合交通运输体系。

知识拓展

集装箱多式联运

集装箱多式联运使用标准化集装箱，通过至少两种不同的运输方式完成货物运输，通常由单一承运人负责全程。集装箱多式联运通过整合多种运输方式，利用不同运输方式的优点，提升了物流效率，降低了成本，增强了货物安全性。作为当前我国交通运输行业优化运输结构、推动高质量发展的重点领域，多式联运也得到了更多的关注。据测算，多式联运占全社会货运量比重每提高 1 个百分点，可降低社会物流总费用约 0.9 个百分点。

任务 1.3　现代交通运输体系发展趋势

扫码获取多媒体教学资源

现代交通运输在过去几十年中取得了令人瞩目的发展，以下从不同运输方式的发展情况、技术创新、发展趋势等方面进行介绍。

1.3.1　不同运输方式的发展

1.　铁路运输

（1）高速化：许多国家都在大力发展高速铁路，如中国的高铁网络不断扩展，时速可达 350 km 及以上，极大地缩短了城市之间的时空距离，方便了人们的出行和货物的快速运输。

（2）重载化：铁路货运朝着重载方向发展，通过增加列车的编组和轴重，提高货物运输能力，如大秦铁路是中国重要的重载铁路，承担着大量的煤炭运输任务。

2.　公路运输

（1）高速公路网络完善：全球各国的高速公路里程不断增加，连接了各个城市和地区，提高了运输效率。例如，美国的州际高速公路系统覆盖范围广泛，对其经济发展和人员流动起到了重要支撑作用。

（2）智能交通系统应用：智能交通技术在公路运输中广泛应用，如电子不停车收费系统提高了车辆通行效率，智能交通管理系统通过实时监控和调度优化了交通流量。

3.　水路运输

（1）大型化和专业化：船舶越来越大型化，如超大型油轮和超大型集装箱船，降低了单位运输成本。同时，出现了各种专业化船舶，如液化天然气船、滚装船等，满足不同货物的运输需求。

（2）内河航运发展：许多国家重视内河航运的开发和利用，通过整治河道、建设港口等措施，提高内河航运能力。

4.　航空运输

（1）远程化和大型化：新型客机不断推出，如波音 787、空客 A380 等，具有更远的航程和更大的载客量，能够实现更高效的远程运输。

（2）低成本航空兴起：低成本航空公司在全球范围内迅速发展，通过简化服务、优化运营等方式降低成本，使更多人能够选择航空出行。

5. 管道运输

（1）长距离和大口径：管道运输在石油、天然气等领域不断发展，管道的长度不断增加，口径也越来越大，能够实现更高效的能源输送。

（2）智能化管理：利用先进的传感器和监控技术，对管道运输进行实时监测和管理，提高了管道运输的安全性和可靠性。

1.3.2 未来发展趋势

1. 绿色化

减少碳排放、降低环境污染将是交通运输发展的重要方向，应推动新能源的广泛应用，提高运输设备的能源利用效率。

2. 智能化

智能交通系统将更加完善，自动驾驶技术逐渐成熟并广泛应用，交通基础设施将实现智能化管理和运营。

3. 一体化

不同运输方式之间的衔接将更加紧密，形成一体化的综合交通运输体系，提高运输效率和便利性。

4. 共享化

共享出行模式将继续发展，如共享单车、共享汽车、网约车等，改变人们的出行方式，提高交通资源的利用效率。

知识拓展

汽车自动驾驶

自动驾驶是汽车行业最具颠覆性的技术之一，它利用传感器、摄像头、雷达和激光雷达（LiDAR）等设备，结合先进的算法，实现车辆的自主导航和驾驶。近年来，自动驾驶技术经历了从概念验证到初步商业化的转变，多家汽车制造商和科技公司已推出 L2 和 L3 级别的自动驾驶车辆。然而，完全自动驾驶（L5 级别）仍面临技术、法律和伦理等方面的挑战。

未来，自动驾驶汽车将逐步克服现有障碍，实现更广泛的应用。技术上，将持续优化感知系统和决策算法，提高在复杂道路环境下的可靠性。法律和伦理上，各国将制定更完善的规章制度，以支持自动驾驶汽车的测试和商业化。此外，随着共享经济的发展，自动驾驶汽车将促进出行服务的变革，如无人驾驶出租车、物流配送等，改变人们的出行习惯和城市交通结构。

任务工单

1. 任务描述

学习相关知识并复习整理后，进行现代交通运输体系相关的知识竞赛。

2. 小组分工

以 3～5 人为一组，选出组长并进行任务分工，制订合理的工作计划，并将小组成员信息及分工情况填入表 1-2 中。

表 1-2　小组成员信息及分工情况

班级			组号	
小组成员	姓名	学号	任务分工	
组长				
组员				

3. 获取信息

在进行具体工作前，需要掌握现代交通运输体系相关的知识。各组组长组织组员收集相关资料，回答下列问题。

（1）交通运输是指运输工具在运输网络上的_____和运输工具上载运的人员与物资在两地之间_____的经济活动的总称。

（2）现代交通运输体系中，主要有 5 种运输方式：_____、_____、_____、_____和_____。

（3）交通运输业在社会经济中占据着极其重要的地位，是国民经济的_____、_____、_____产业。

（4）铁路运输的最大优点是运输能力大，适合大批量货物的_____运输。

（5）公路运输的最大优点是灵活、方便，可以实现_____运输。

（6）交通运输业生产有哪些特点？

（7）交通运输的 5 种运输方式分别是什么？各自的优缺点有哪些？

4. 任务实施

组长带领组员复习现代交通运输体系相关知识。复习结束后，由教师组织全体学生进行知识竞赛，每个小组作为一支参赛队伍，教师提出与本任务内容相关的问题，各小组进行抢答。学生将任务实施情况填入表 1-3 中。

表 1-3 任务实施情况

学生姓名		本人答对题数		小组答对题数	
答错或不会的题目及答案					

5. 考核评价

竞赛结束后，学生配合教师完成如表 1-4 所示的考核评价。

表 1-4 考核评价表

评分标准	实际得分	备注
积极参与知识竞赛（20分）		
答题正确（每答对1题计5分）		
表述流畅（5分）		
附加分（20分，计入答题正确数第一的小组）		
总分		

图 2-3 普速铁路

图 2-4 高速铁路

城市轨道交通是大中型城市的公共客运服务系统之一，通常在城市公共客运交通中起骨干作用。城市轨道交通具有固定线路，沿线路铺设固定轨道，配备运输车辆及车站等服务设施。

3）城际轨道交通

城际轨道交通是连接城市与城市、城市与周边城镇等区域的客运铁路系统，大部分是国家铁路网中的支线路网组成部分，其线路长度较长，站间距较大，运行速度一般比城市轨道交通快，可实现区域内城市间的快速通勤和交流，因此也称其为城际铁路。图 2-5 是京津城际铁路。

图 2-5 京津城际铁路

大多数城际轨道交通采用国铁制式建设，即城际铁路，如广珠城轨、莞惠城轨等。部分城际轨道交通线路采用地铁系统技术修建，如广佛地铁。

2. 按轨道结构分类

（1）**重轨铁路**：轨道强度高，能够承受较大的列车重量和运行速度。

（2）**轻轨铁路**：轨道重量相对较轻，造价相对较低，适合中运量的城市轨道交通线路。

（3）**单轨铁路**：采用单根轨道，车辆通过特殊的橡胶轮胎或导向轮在轨道上行驶，优点是占地面积小、工期短，常用于地形复杂的区域或旅游景区等。

（4）**磁浮铁路**：利用电磁力使列车悬浮在轨道上运行，没有轮轨接触，具有速度快、噪声低、振动小等优点，但缺点是技术难度高，造价昂贵。

3.　按服务对象分类

（1）**客运轨道交通**：主要用于运送旅客，以满足人们的出行需求，如地铁、轻轨、高铁、城际铁路等。其特点是注重旅客的舒适性和便捷性，设置有不同等级的座位和服务设施。

（2）**货运轨道交通**：主要用于运输货物，如铁路货运专线等。其特点是以运输能力和效率为主要目标，车辆通常采用大型货车车厢，编组规模较大，可承载大量货物。

（3）**客货混运轨道交通**：既能运送旅客，也能运输货物，在一些铁路干线上会根据不同时段的需求，安排客运列车和货运列车混合运行。

任务 2.2　铁路系统

扫码获取多媒体
教学资源

2.2.1　铁路的定义

《辞海》对于铁路的解释：铁路是使用机车牵引车辆组成列车（或以自身有动力装备的车辆），循轨行驶的交通线路。由此可知，在铁路上运行的列车分为两种，一种是火车，另一种是动车组列车。

1.　火车

火车由机车和车辆两部分组成，机车牵引车辆沿轨道运行，如图 2-6 所示。

（1）**机车**：机车俗称火车头，其作用是提供火车前行的动力，牵引或推送车辆运行，通常不用于载货或载客。

（2）**车辆**：车辆就是火车头后面的车厢，用于载客或装运货物。

图 2-6　火车

2.　动车组列车

1）动车

动车是不同于火车的另一种轨道车辆，它不但自带动力，而且还可以载客。最早的动车于 1906 年出现在美国。该车通过汽油提供动力，车内设 91 个座席，还有行李间。

2）动车组

动车组是把至少两节带动力的动车和若干节不带动力的拖车按照预定的参数组合在一起形成的铁路列车。动车组一般固定编组，两端配司机室，配备现代化的服务设施。图 2-7 为动车组列车。

图 2-7　动车组列车

目前，我国普速铁路、高速铁路、城际铁路和城市轨道交通中普遍采用的动车组列车如下：

（1）在普速铁路上行驶的动车组叫动车，车票以 D 打头，其最高时速约为 200 km；

（2）在高速铁路上行驶的动车组为高铁，车票以 G 打头，其最高时速在 350 km 以上；

（3）在城际铁路上行驶的列车通常为动车组，车票以 C 打头，其时速大多不超过 200 km；

（4）在城市轨道交通线路上行驶的也是动车组，其时速一般不超过 100 km。

铁路系统包括很多元素，如车辆、轨道、车站、通信、信号，以及相关的管理制度和操作人员等，各元素相辅相成，共同保证铁路运输的顺利进行。

2.2.2　铁路的分类

随着技术进步，铁路列车历经蒸汽机车、内燃机车、电力机车、动车组四个发展阶段。

（1）蒸汽机车：以蒸汽为动力来源。

（2）内燃机车：以柴油为动力来源。

（3）电力机车、动车组：以电力为动力来源，其中亦有少量以柴油为燃料的内燃动车组。

根据列车的动力来源是否为电力，铁路分为普通铁路和电气化铁路两大类。

1. 普通铁路

普通铁路是指以蒸汽机车、内燃机车牵引多节车辆运行的铁路。目前，我国普通铁路上机车车辆最高时速可达 160 km。

蒸汽机车是最早出现的机车，目前普通铁路上使用的机车基本上都是以柴油为燃料的内燃机车，图 2-8 是目前普通铁路上使用最广泛的柴油机车车型之一——东风型内燃机车。

普通铁路的优点是：

（1）建造成本低；

（2）能连挂多节车厢；

（3）具有电力机车不可替代的优势：不需要外部能源，在电力资源不充足或因故导致电力不可用时,必须使用非电力机车牵引列车运行。

2. 电气化铁路

电气化铁路是指能供电力机车和电力动车组运行的铁路,其动力来源是电能。由于在电气化铁路上行驶的列车自身不带能源,所以需要在铁路沿线配套相应的设备,为列车提供电力保障。电气化铁路上方的接触网就是给列车提供电力的输电线,如图 2-9 所示。这是电气化铁路与普通铁路的最根本区别。

图 2-8 东风型内燃机车

图 2-9 电气化铁路接触网

与内燃机车和内燃动车相比,在相同或相近的持续牵引力下,电力机车和电力动车组的持续速度要高出前者一倍以上;牵引相同重量的列车时,电力机车、电力动车组可以比内燃机车、内燃动车组实现更高的运营速度。电气化铁路的这种快跑、多拉的特性,能更充分地满足铁路运输的需要,因而成为现代化铁路的主流类型。目前电气化铁路广泛用于高速铁路系统、城际轨道交通系统和城市轨道交通系统。

🔍 知识拓展

我国的铁路部门

铁路管理的行政部门是国家铁路局,属于交通运输部管理的副部级国家局,负责拟订铁路技术标准,监督管理铁路安全生产、运输服务质量和铁路工程质量。下设七大铁路监督管理局和北京铁路督察室(均为正厅局级),分别为:沈阳铁路监督管理局、上海铁路监督管理局、广州铁路监督管理局、成都铁路监督管理局、武汉铁路监督管理局、西安铁路监督管理局、兰州铁路监督管理局和北京铁路督察室。

铁路运营部门是中国国家铁路集团有限公司,它是国家授权投资机构和国家控股公司,由财政部代表国务院履行出资人职责。下设 18 个铁路局集团有限公司,分别为:中国铁路哈尔滨局集团有限公司、中国铁路沈阳局集团有限公司、中国铁路北京局集团有限公司、中国铁路太原局集团有限公司、中国铁路呼和浩特局集团有限公司、中国铁路郑州局集团有限公司、中国铁路武汉局集团有限公司、中国铁路西安局集团有限公司、中国铁路济南局集团有限公司、中国铁路上海局集团有限公司、中国铁路南昌局集团有限公司、中国铁路广州局集团有限公司、中国铁路南宁局集团有限公司、中国铁路成都局集团有限公司、中国铁路昆明局集团有限公司、中国铁路兰州局集团有限公司、中国铁路乌鲁木齐局集团有限公司、中国铁路青藏集团有限公司和川藏铁路有限公司。

任务 2.3　城市轨道交通系统

扫码获取多媒体
教学资源

2.3.1　城市轨道交通的定义

《城市公共交通常用名词术语》将城市轨道交通定义为："通常以电能为动力,采取轮轨运输方式的快速大运量公共交通的总称。"在城市中,凡是车辆或列车在固定轨道上运行,并主要用于城市客运的交通系统,均称为城市轨道交通。图 2-10 是城市轨道交通运营现场照片。

图 2-10　城市轨道交通运营现场照片

2.3.2　城市轨道交通的特点

与其他城市客运交通方式相比,城市轨道交通具有无可比拟的优势,主要体现在:

(1) 运能大;

(2) 速度快;

(3) 能耗低;

(4) 污染少;

(5) 可靠性高;

(6) 舒适性好;

(7) 占地面积小。

虽然城市轨道交通有许多优点,但在具体的发展过程中还存在建设投资巨大、线路建成后不易调整、运营成本高、经济效益有限等局限性。

城市轨道交通种类繁多,根据《城市公共交通分类标准》(CJJ/T 114—2007),城市轨道交通分为地铁系统、轻轨系统、单轨系统、有轨电车、磁浮系统、自动导向轨道系统、市域快速轨道。

1.　地铁系统

地铁系统,又称为地下铁道,其原始含义是修建在地下隧道中的铁路。随着地铁的发展,其线路布置不再局限于地下隧道中，而是根据需要也可以布置在地面，或采用高架方式修建，但城区内的线路还是以地下为主。

地铁系统（图 2-11）是一种大运量的轨道运输系统，单向高峰小时最大断面客流量为3 万～7 万人。一般情况下，线路实行全封闭，可实现信号控制自动化，适用于客运量较大的城心区域。

图 2-11　地铁系统

2. 轻轨系统

轻轨的原始含义是指车辆运行的线路所使用的钢轨比重比地铁所使用的钢轨轻。轻轨系统的钢轨较轻，其整体的技术标准也低于地铁系统，因而轻轨系统的运输能力远小于地铁系统，早期的轻轨系统一般是直接对旧式有轨电车系统改建而成。在 20 世纪后期，一些国家开始修建全新的现代轻轨系统，使得轻轨系统的行车速度、舒适度得到了很大的改善，噪声也随之降低。

轻轨系统（图 2-12）是一种中运量的轨道运输系统，单向高峰小时最大断面客流量为1 万～3 万人。轻轨系统主要在城市地面或高架桥上运行，线路采用地面专用轨道、高架轨道，遇繁华街区，也可进入地下或与地铁系统接轨。轻轨系统主要用于连接市区，构成市区与重点郊区的大运能通道。

图 2-12　轻轨系统

3. 单轨系统

单轨系统是车辆或列车在单一轨道梁上运行的城市客运交通系统。单轨系统的线路通常采用高架结构，车辆大多采用橡胶轮胎。从构造形式上分，单轨系统可分为跨座式单轨系统与悬挂式单轨系统两种，跨座式单轨系统是列车跨坐在轨道梁上运行的形式，而悬挂式单轨系统则是列车悬挂在轨道梁下运行的形式。

单轨系统是一种中运量的轨道运输系统,适用于单向高峰小时最大断面客流量1万～3万人的交通走廊,具有占地面积小、与其他交通方式完全隔离、运行安全可靠、建设适应性较强等优点,主要适用范围如下:

（1）城市道路高差较大、曲线半径小、线路地形条件较差的地区;

（2）旧城改造已基本完成,而该地区的城市道路又比较窄;

（3）大量客流集散点的接驳线路;

（4）市郊居民与市区之间的联络线;

（5）旅游区域内景点之间的联络线、旅游观光线等。

我国重庆市现已开通的城市轨道交通线路采用的就是跨座式单轨系统,如图2-13所示。

图2-13　重庆单轨

知识拓展

跨座式单轨系统

跨座式单轨系统是通过单根轨道支持、稳定和导向,车体采用橡胶轮胎骑在轨道梁上运行的轨道交通系统。中国已建成单轨的城市有重庆、银川、芜湖等地。重庆著名的李子坝站穿楼景点就是来自国内首条跨座式单轨线路。

跨座式单轨的特点是适应性强、噪声低、转弯半径小、爬坡能力强,其高架桥桥墩宽度平均不到 2 m,桥墩占地宽度比其他高架城市轨道交通节省近一半,建设周期仅为地铁的一半,造价仅为地铁的三分之一。

4. 有轨电车

有轨电车是使用电车牵引、轻轨导向、1～3辆编组运行在城市路面线路上的轨道交通系统。有轨电车的轨道主要铺设在城市道路路面上,车辆与其他地面交通混合运行,根据运行条件,又可分为以下3种情况:

（1）混合车道;

（2）半封闭专用车道（在道路平交道口处,采用优先通行信号）;

（3）全封闭专用通道（在道路平交道口处,采用立体交叉方式通过）。

有轨电车（图2-14）是一种低运量的城市轨道交通系统,单向高峰小时最大断面客流量一般在 1 万人以下。由于与其他车辆混合运行,所以有轨电车运行速度较慢,一般为 10～20 km/h。

图 2-14 有轨电车

5. 磁浮系统

磁浮系统起源于人们对速度的追求,轮轨极限速度一般认为是 300～380 km/h,要想超越这一速度,必须采取不依赖于轮轨黏着的新式运输系统。1922 年,德国人提出了磁浮原理,并于 1934 年申请了磁浮列车的专利——通过磁场达到悬浮并沿铁路轨道行驶的无轮车辆组成的悬浮列车。磁浮列车的悬浮原理实际上是依靠电磁吸力或斥力将列车悬浮于空中,它的速度可达到 500 km/h 以上,是当今世界上最快的地面客运交通工具,具有速度快、爬坡能力强、能耗低的优点。图 2-15 为上海磁浮系统。

图 2-15 上海磁浮系统

目前,磁浮系统主要有两种基本类型,一种是高速磁浮系统,其最高运行速度可达 500 km/h,通常用于站间距离不小于 30 km 的远程客运交通。另一种是中低速磁浮系统,其最高运行速度为 100 km/h,通常用于城市区域内站间距大于 1 km 的中短程客运交通线路。图 2-16 为长沙的中低速磁浮系统 S1 线,线路全长 10.2 km,沿线共设 8 座车站,列车设计最高速度为 100 km/h。

磁浮系统是一种中等运量的轨道运输系统,适用于单向高峰小时最大断面客流量在 1.5万～3 万人的交通走廊。

图 2-16　长沙中低速磁浮系统 S1 线

6. 自动导向轨道系统

自动导向轨道系统是一种车辆采用橡胶轮胎在专用轨道上运行的系统。

自动导向轨道系统是一种中运量旅客运输系统，由于其列车沿着特制的导向装置行驶，列车运行和车站均采用计算机控制，故可实现全自动无人驾驶，于是旅客可以在无人驾驶的驾驶室观看风景。因此，自动导向轨道系统适用于城市机场线或城市中客流相对集中的点对点运营线路，需要时中间可设少量停靠站。图 2-17 是北京首都国际机场的摆渡车，这条线路属于自动导向轨道系统。

图 2-17　北京首都国际机场摆渡车

7. 市域快速轨道系统

市域快速轨道系统（图 2-18）是一种大运量的轨道运输系统，日客运量可达 20 万～45 万人。市域快速轨道系统的列车主要在地面或高架桥上运行，必要时也可在隧道内运行。由于线路长、站间距大，故可选用运行速度在 120 km/h 以上的快速专用列车。

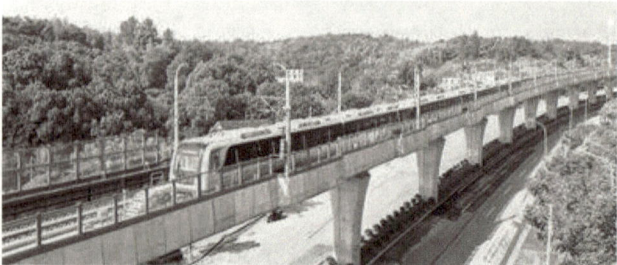

图 2-18　市域快速轨道系统

任务 2.4 我国轨道交通的发展历程与发展趋势

2.4.1 铁路交通

1. 起步阶段

中国第一条铁路是 1876 年在上海修建的吴淞铁路，该铁路是英国侵略者采用欺骗的手段修建的，从上海至吴淞镇全长 14.5 km，轨距 762 mm。这条铁路后来被清政府以 28.5 万两白银收回并拆除。

中国自己修建的第一条铁路是 1881 年修建的唐胥（唐山到胥各庄）铁路，全长 10 km。该铁路是当时清政府为了解决煤炭运输问题，由中国人自己集资、自己设计、自己修建的，如图 2-19 所示。

图 2-19 唐胥（唐山到胥各庄）铁路

最值得中国人为之骄傲的铁路，是在杰出的铁路工程师詹天佑领导下，由中国工程技术人员主持、设计、施工的京张铁路（北京至张家口）。京张铁路于 1905 年 10 月开工，1909 年建成，比原计划提前两年。该铁路采用 1 435 mm 轨距，全长 201 km，工程相当艰巨，詹天佑在青龙桥车站设计了"人"字形爬坡线路，如图 2-20 所示。京张铁路的设计和建成，充分显示了中国人民的智慧和力量，在中国铁路史上谱写了光辉的篇章。

图 2-20 京张铁路

知识拓展

詹天佑

詹天佑，字眷诚，祖籍徽州婺源，生于广东省佛山市南海区。詹天佑是中国近代铁路工程专家，中国首位铁路总工程师，被誉为"中国铁路之父"。11 岁时，清政府招派其赴美国留学。1878 年考入耶鲁大学，主修铁路工程。1905 年至 1909 年主持修建中国自主设计并建造的第一条铁路——京张铁路，创设"竖井开凿法"和"人"字形线路。筹划修建沪嘉、洛潼、津芦、萍醴、潮汕、粤汉等铁路，成绩斐然。著有《铁路名词表》《京张铁路工程纪略》等。周恩来总理评价詹天佑是"中国人的光荣"。

2. 艰难前行阶段

民国时期，内忧外患，铁路发展艰难曲折。1912—1927 年，北洋军阀时期，虽延续清政府的建路政策，但铁路建设推进艰难。1928—1949 年，国民党政府修建铁路甚少，但1931—1945 年日本侵略者为了加强其统治，在东北等地修筑铁路约 6 600 km。整个民国时期共建成铁路约 1.7 万 km。

3. 快速前行阶段

中华人民共和国成立初期，百业待兴，百废待兴，铁路成为新中国发展最重要的一个行业部门。1950 年，成渝铁路破土开建，1952 年正式通车，这是中华人民共和国成立后建成通车的第一条铁路，如图 2-21 所示。之后，铁路建设的新线，也重点伸向了交通闭塞的西南、西北腹地。从 1964 年开始，为了配合"大三线"建设，揭开了成昆铁路、川黔铁路、贵昆铁路的建设序幕。川黔铁路 1965 年 10 月通车，贵昆铁路 1966 年 1 月通车，成昆铁路 1970 年通车。

图 2-21 成渝铁路

到 1980 年底，我国铁路营业里程已达 5 万 km，全国铁路网骨架基本形成。1985 年底，全国铁路营业里程达到 5.2 万 km，客货换算周转量突破 $1×10^{13}$ t·km。

此后，中国铁路建设大大加快，1993 年京九铁路建设全面开工，这条铁路是我国铁路建设史上第一条规模最大、投资最多、一次建成距离最长的交通大动脉。

"十五"期间，国民经济持续快速增长，大规模的铁路建设序幕拉开。

我国第一条重载铁路——大秦铁路（图 2-22）是煤炭运输的主要通道，2006 年 3 月 28 日大秦铁路正式开行了 2 万 t 重载组合列车，标志着中国铁路重载运输技术达到世界先进水平。世界上海拔最高、在冻土上路程最长的铁路——青藏铁路（图 2-23）是世界一流的高原铁路，它克服了世界级困难，是中国新世纪四大工程之一。

图 2-22　大秦铁路

图 2-23　青藏铁路

正在修建的川藏铁路是一条连接四川省与西藏自治区的快速铁路，呈东西走向，既是第二条进藏铁路，也是西南地区的干线铁路之一。川藏铁路东起四川省成都市，西至西藏自治区拉萨市，线路全长 1 838 km，设计速度为 160～200 km/h。

截至 2024 年底，中国铁路营业总里程达 16.2 万 km，居世界第二；其中高速铁路 4.8 万 km，超过世界高铁总里程的 2/3。我国铁路电气化率、复线率分别居世界第一位和第二位。

4.　高铁大发展阶段（21 世纪初至今）

中国高速铁路，常被简称为"中国高铁"，是指改造原有线路（直线化、轨距标准化）后最高运营速度不低于 200 km/h 的铁路线路；或专门修建的高速新线，其最高运营速度不低于 250 km/h。

2003 年 10 月 12 日，第一条高铁"秦沈客运专线"通车，设计速度为 200 km/h。

2008 年 8 月 1 日，京津城际通车，从北京到天津不到半小时，实现了两地的"同城化"。

2011 年 6 月 30 日，京沪高速铁路全线正式通车，该线路由北京南站至上海虹桥站，全长 1 318 km，设 24 个车站，设计的最高速度为 380 km/h。截至目前，京沪高速铁路的最高运营速度为 350 km/h。

2016 年 12 月 28 日，中国东西向线路里程最长、经过省份最多的高速铁路——沪昆高铁全线开通，标志着早期规划的"四纵四横"高铁干线网基本成形。

2017 年 9 月 21 日，全国铁路实行新的列车运行图，"复兴号"中国标准动车组正式上线运营。

截至 2024 年底，中国高铁运营里程达到 4.8 万 km，居世界第一位。

5.　铁路的发展趋势

1）技术创新方面

（1）**更高速度与效率追求**：时速 400 km 级高速轮轨客运列车等装备研制将取得重大突破。同时研究更高速列车的基础理论，如减阻节能、车线关系等，以进一步提升列车速度和运营效率。

（2）**智能化技术深度应用**：利用大数据、人工智能等实现智能调度，根据客货流量、设备状态等实时调整运输计划。智能检测监测系统将更加普及，可对轨道、车辆、供电等设施进行实时监测和故障预警。

（3）**新型装备技术突破**：推进 3 万 t 级重载列车、时速 160 km 及以上快捷货运装备的成熟运用，开展时速 600 km 级高速磁浮系统、低真空管（隧）道高速列车等技术储备研发。

（4）**智能铁路深化**：北斗卫星导航、5G、人工智能、大数据等信息技术在铁路系统中将实现更广泛、成体系的应用，实现智能行车、智能运维、智能服务等智能技术深度应用，进一步完善智能调度系统，实现列车更精准的运行控制和资源调配。

（5）**基础技术突破**：加强基础理论、共性基础技术、原创性引领性科技攻关，加快基础材料、基础软件、基础元器件等技术突破。

2）网络建设方面

（1）**完善干线与加密支线**："八纵八横"高速铁路网主通道继续建设，普速铁路网不断优化。同时，城际铁路、市域（郊）铁路、铁路专用线等区域性铁路建设将加快，加强城市与城市、城市与周边地区的衔接。

（2）**国际铁路互联互通**：跨国铁路网络建设不断推进，如中欧班列线路持续拓展，加强了各国之间的贸易和人员往来；中老铁路、雅万高铁等国际合作项目的成功实施，为国际铁路互联互通提供了范例。随着"一带一路"倡议的推进，积极参与国际铁路合作项目，拓展海外市场。

3）运输服务方面

（1）**客运服务品质提升**：更加注重旅客的个性化需求，提供更多的定制化服务，如商务座专属服务、旅游专列等。车站和列车的适老化、无障碍设施将更加完善，方便特殊群体出行。

（2）**货运服务优化拓展**：铁路货运将向现代物流转型，构建包括仓储、配送等环节的一体化物流服务体系。多式联运将进一步发展，加强铁路与公路、水路、航空等运输方式的衔接，实现货物的无缝转运。

4）绿色低碳与可持续发展方面

（1）**能源结构优化**：加大可再生能源在铁路领域的应用，如在车站、车辆段等场所建设太阳能电站，为铁路设施供电。发展新型节能技术和装备，提高能源利用效率，降低单位运输能耗。

（2）**环保技术应用**：采用更加环保的材料和工艺，减少铁路建设和运营对环境的影响。加强对铁路沿线生态环境的保护和修复，治理噪声、污水等污染问题。

5）市场与运营模式方面

（1）**投资主体多元化**：地方政府和社会资本投资铁路的比例将持续提升，如 PPP 模式将在更多铁路项目中应用，吸引更多社会资金参与铁路建设和运营。

（2）**运营管理市场化**：铁路运输企业将更加注重市场竞争，通过提升服务质量、优化票价体系等方式，提高市场竞争力。同时，铁路行业将进一步开放，允许更多的市场主体参与铁路运输经营，促进市场竞争。

2.4.2　城市轨道交通

1.　早期有轨电车阶段

城市轨道交通是从有轨电车开始的。我国最早的有轨电车出现于北京，时间是 1899 年，由德国西门子公司修建，连接当时的马家堡火车站与永定门，如图 2-24 所示。1921 年以后，北京逐步建立了有轨电车系统。随后一些城市开始兴建有轨电车。香港于 1904 年开通有轨电车，天津于 1906 年、上海于 1908 年、大连于 1909 年、沈阳于 1924 年、哈尔滨于 1927 年、长春于 1935 年开通有轨电车。新中国成立后，鞍山于 1950 年开通了第一条通勤有轨电车。

由于有轨电车没有专用路权，所以具有容易与路面车辆冲突、速度慢、通行能力低等缺点，从 20 世纪 50 年代开始，各城市陆续拆除其有轨电车线路。随着现代化大容量铰接式车辆的出现，修建独立的有轨电车线路，采用特殊信号控制，使得有轨电车在近十几年得以复兴，截至 2024 年底，我国有 24 个城市开通了现代有轨电车。

2.　城市轨道交通阶段

我国地铁建设起步较晚，第一条地铁线路是北京地铁 1 号线，1965 年 7 月 1 日动工修建，历经 4 年时间，于 1969 年 10 月建成，全程 28.07 km，于 1971 年 1 月 15 日开始试运营，如图 2-25 所示。1979 年 10 月，香港第一条地铁线路开始运营。

改革开放后，伴随着经济的发展，继北京继续修建地铁外，天津地铁也于 1984 年 12 月建成通车，全长 7.4 km，共有 8 个车站。上海、广州也陆续修建了地铁。

图 2-24　北京早期有轨电车

图 2-25　早期北京地铁 1 号线

进入 21 世纪，中国经济的迅猛发展为城市轨道交通建设带来了重大机遇，各大城市的轨道交通项目竞相立项开工，我国城市轨道交通发展的速度之快、规模之大，是世界上所罕见的。截至 2024 年底，31 个省（自治区、直辖市）和新疆生产建设兵团共有 54 个城市开通运营城市轨道交通线路 325 条，运营里程 10 945.6 km，车站 6 324 座。2024 年全年实际开行列车 4 085 万列次，完成客运量 322.4 亿人，进站量 192.9 亿人，客运周转量 2 670 亿人·km。

知识拓展

最早期的北京地铁

　　1954 年，北京地铁正在筹备当中，其间邀请到一些曾参与过莫斯科地铁建设的工程师来参加北京的筹备工作。1953 年到 1960 年，我国也不断输送学生到苏联学习地铁建设。1957 年，北京已经规划出地铁方案，其中包括一条环线与 7 条其他线路，共 172 km、114 个车站，其中有两条线路因为经过的国家机关较多，所以这两条线路最早动工。后来中苏交恶，1963 年苏联专家全部从中国撤离，北京地铁被迫暂停，1965 年 2 月 4 日，毛泽东批准了这个项目。1965 年 7 月 1 日，北京地铁一期工程开始动工，朱德、邓小平等国家领导人都纷纷来到现场参加开工典礼，1969 年 10 月 1 日完工，这条线路长 23.6 km，是国内最早的地铁线路。在开通运营的前 10 年内，北京地铁因技术问题导致事故不断，后来北京地铁因备战而停运，尽管 1976 年军方交还了地铁的运营权，但地铁事故依然多次发生。1981 年 9 月 11 日，经过专家确认，北京地铁一期工程获得国家批准正式验收。1984 年 9 月 20 日，北京地铁二期工程开通运营。

3. 城市轨道交通发展展望

1）技术创新与智能化方面

　　（1）**自动驾驶普及**：无人驾驶技术不断成熟，越来越多的城市轨道交通线路将采用自动驾驶系统，这不仅可以提高运行的安全性和准点率，而且可以降低人力成本。例如，北京、上海等城市的部分地铁线路已实现较高程度的自动化运营。

　　（2）**智能调度升级**：基于大数据、人工智能等技术的智能调度系统，能根据实时客流和列车运行状况，自动编制和优化运行计划，实现资源的高效配置。

　　（3）**运维智能化**：利用物联网、传感器等技术，对轨道交通设备进行实时监测和故障诊断，实现智能化运维，提前发现和解决潜在问题，降低设备故障率，延长设备使用寿命。

　　（4）**旅客服务智慧化**：通过移动支付、人脸识别等技术，实现快速便捷的售票和检票作业；提供实时的列车运行信息、智能导航和个性化服务，如为残障人士提供无障碍出行指引等。

　　（5）**车辆轻量化**：使用铝合金、复合材料等轻量化材料，降低列车自重，减少能耗和磨损，同时也有助于降低运行时的噪声和振动。

2）绿色低碳与可持续方面

　　（1）**能源利用优化**：采用再生制动技术，将列车制动过程中产生的能量回收并重新利用；推广智能能源管理系统，根据列车运行需求合理分配能源，提高能源利用效率。

　　（2）**基础设施绿色化**：在轨道交通建设中，采用绿色建筑技术和节能材料，减少建设过程中的能源消耗和碳排放；在车站和车辆段等区域，增加太阳能板、风力发电等可再生能源设施，为轨道交通系统提供部分能源。

3）市场与运营模式方面

　　（1）**市场规模增长**：随着城市化进程的加速，城市人口不断增加，交通需求持续扩大，城市轨道交通的市场规模将继续保持增长态势。更多的城市将规划和建设轨道交通线路，已开通城市轨道交通的城市也会不断扩展线路网络。

（2）**多元化融资**：城市轨道交通项目建设周期长，投资规模大。为解决资金问题，政府与社会资本合作模式、债券融资、股权融资等多元化融资渠道将得到更广泛的应用。

（3）**一体化运营**：加强城市轨道交通与其他交通方式，如常规公交、城际交通、出租车、共享单车、私家车等的衔接和融合，形成一体化的交通枢纽，实现旅客的无缝换乘。

4）国际化与标准方面

（1）**国际市场拓展**：中国等国家的城市轨道交通技术和装备在不断发展和成熟，具备了较强的国际竞争力。未来，将有更多的企业参与国际城市轨道交通项目的建设和运营，推动中国标准和技术在全球的应用。

（2）**标准体系完善**：为了实现不同城市、不同国家之间城市轨道交通系统的互联互通和兼容，国际和国内的标准体系将不断完善和统一，包括车辆、信号、供电等设备的接口标准，以及运营管理、安全保障等方面的规范。

2.4.3 磁浮交通

1. 发展情况

1）磁浮列车的起源

磁浮列车的概念最早可以追溯到 20 世纪初，德国工程师赫尔曼·安施尔（Hermann Anschütz）在 1902 年提出了磁浮原理。然而，由于当时的技术限制，磁浮列车并未得到实际应用。

2）中国磁浮列车的发展

20 世纪 80 年代，中国开始研究磁浮列车技术。1992 年，中国上海建成了世界上第一条商业化运营的磁浮列车线路——上海轨道交通 1 号线。此后，中国磁浮技术得到了迅速发展，陆续建成了多条磁浮线路，如北京地铁 S1 线、天津地铁 9 号线、长沙轨道交通 S2 线、凤凰磁浮观光快线，以及在建的长浏磁浮快线等。

3）国际磁浮列车的发展

除中国外，日本、德国、法国等国家也在积极开展磁浮列车技术的研究和应用。例如，日本于 1964 年成功研制出世界上第一台磁浮列车测试设备，并在 1997 年开通了世界上第一条商用磁浮列车线路——东京都环状铁路。德国柏林也计划建设一条磁浮铁路，将其作为未来高速列车的发展方向。

2. 发展趋势

1）磁浮列车技术创新方面

（1）**更高的运行速度**：磁浮列车通过优化轨道设计、降低空气阻力等措施，可以实现更高的运行速度。未来，磁浮列车有望在现有基础上进一步提高速度，缩短出行时间。

（2）**更低的能耗**：磁浮列车采用无接触式电磁驱动，相比传统轮轨交通系统，其能效更高。随着技术的发展，磁浮列车的能耗将进一步降低，运营成本也随之降低。

（3）**智能化与自动化**：磁浮列车通过引入先进的传感技术、控制系统等，实现对列车运行状态的实时监测和智能调度。未来，磁浮列车将更加智能化，进一步提高运行效率和安全性。

2）磁浮列车绿色发展方面

（1）**环保材料**：磁浮列车采用轻量化、高强度的环保材料，降低能耗和环境污染。未来，磁浮列车将采用新型环保材料，进一步减小对环境的影响。

（2）**节能减排**：磁浮列车具有较高的能效，能有效降低能源消耗和排放。未来，磁浮列车将在节能减排方面取得更多突破，助力绿色出行。

（3）**循环经济**：磁浮列车在报废后仍具有一定的利用价值，可以进行拆解、再利用等。未来，将推动磁浮列车循环发展，实现资源的最大化利用。

3）磁浮列车的发展机遇

（1）**高速铁路建设的需求**：随着中国经济的快速发展和城市化进程的加速，人们对快速、便捷、高效的交通方式的需求也越来越大。作为一种先进的高速交通工具，磁浮列车具有速度快、噪声低、安全性高等优点，磁浮铁路有望成为未来高速铁路建设的重要组成部分。

（2）**智能化和自动化技术的应用**：随着人工智能、物联网等技术的不断发展，磁浮列车可以实现更高水平的智能化和自动化控制。例如，通过实时监测轨道和车辆的状态信息、自动调整牵引力和制动力等参数，可提高运行效率和安全性。此外，智能化和自动化技术还可以为旅客提供更好的服务体验。

（3）**国际合作与市场竞争**：磁浮列车技术在全球范围内仍处于竞争和发展阶段。中国作为全球最大的高铁市场之一，拥有巨大的市场需求和技术优势。通过加强国际合作和技术创新，中国有望在全球磁浮列车市场上取得更大的市场份额和话语权。

任务工单

1. 任务描述

查阅相关资料，制作 PPT 文件，展示内容可包含轨道交通的类型、特点、发展概况等。

2. 小组分工

以 3～5 人为一组，选出组长并进行任务分工，制订合理的工作计划，并将小组成员信息及分工情况填入表 2-1 中。

表 2-1　小组成员信息及分工情况

班级			组号	
小组成员	姓名	学号	任务分工	
组长				
组员				

3. 获取信息

在进行具体工作前，需要掌握轨道交通系统相关的知识。各组组长组织组员收集相关资料，回答下列问题。

（1）轨道交通是指运营车辆需要在特定＿＿＿＿上行驶的一类交通工具或运输系统。

（2）在铁路上运行的列车分为两种，一种是＿＿＿＿，另一种是＿＿＿＿列车。

（3）大城市某区段单向高峰小时最大断面客流量达到 6 万人，应该选择建设＿＿＿＿。

（4）中华人民共和国成立后建成通车的第一条铁路是＿＿＿＿。

（5）一般来说，高铁运行速度不低于＿＿＿＿km/h。

（6）简述轨道交通的概念及分类。

（7）简述铁路发展趋势。

4. 任务实施

每组学生结合所学知识，查询轨道交通系统的相关资料并将其制作成 PPT 文件。每组派出一名代表在课堂上进行讲解。（讲解时间为 5～10 min）

教师进行点评，其他学生分享自己的感受与建议，并将自己在观看过程中学到的新知识及对各组展示内容的感悟记录在表 2-2 中。

表 2-2　任务实施情况

学习到的新知识	对各组展示内容的感悟

5. 考核评价

任务结束后，学生配合教师完成如表 2-3 所示的考核评价。

表 2-3　考核评价表

评分标准	实际得分	备注
积极参与（25 分）		
展示内容正确、清晰（25 分）		
表述流畅（25 分）		
团队配合默契（25 分）		
总分		

项目3

轨道交通线路

项目描述

　　轨道交通线路是轨道交通系统的核心骨架，它不仅是列车运行所依赖的物理路径，而且在城市交通和区域交通网络中扮演着至关重要的角色。本项目将系统性地介绍轨道交通线路的基本概念、分类方式、构成要素及其发展历程。通过这些内容的详细阐述，旨在帮助学生全面而深入地理解轨道交通线路，从而对这一交通基础设施有一个完整的认识。

教学目标

1. 知识目标

（1）掌握轨道交通线路的定义及组成。

（2）理解轨道交通线路的四大功能。

（3）熟悉轨道交通线路分类体系。

（4）掌握各类轨道交通线路的技术标准与设计规范。

2. 能力目标

（1）能分析线路运输能力与地形适应性特征。

（2）能运用相关技术进行线路选线优化设计。

（3）能制定预防性维护与状态修结合的运维方案。

3. 素质目标

（1）培养学生对轨道交通网络骨架作用的系统认知。

（2）建立全生命周期线路管理理念。

（3）形成技术创新驱动行业发展的前瞻视野。

扫码获取多媒体
教学资源

任务 3.1 轨道交通线路概述

轨道交通线路专为列车运行而设计，是一套精心构建的轨道路径系统。它主要由钢轨、轨枕、道床等关键结构组成，这些结构共同作用，为列车提供了一个稳定可靠的运行环境。本节将全面地从定义、作用、分类、组成及发展历程等多个方面对轨道交通线路进行较全面的阐述。通过这样的介绍，为读者提供一个较全面的认知基础，以便更好地理解后续章节中关于轨道交通线路的相关知识。

3.1.1 轨道交通线路的定义与作用

轨道交通线路，通常被称为铁路线路或地铁线路，是指专供列车运行的轨道路径系统。它由钢轨、轨枕、道床、联结零件及其他辅助设施组成，形成了一个复杂的网络。轨道交通线路的主要功能是为列车提供导向、承载列车重量，并确保列车安全、高效地运行。它是现代交通网络中不可或缺的一部分，对于促进人员和货物的快速、大规模移动起着至关重要的作用。轨道交通线路的作用主要体现在以下 4 个方面。

1.　运输功能

轨道交通线路是实现人员和货物运输的基础，它们通过连接城市与城市、区域与区域，促进经济和社会的发展。例如，铁路线路承担了我国大部分的长途客货运输任务，它不仅连接了大部分的地区，还为人们提供了便捷的出行方式。而城市轨道交通线路则为城市内部的短途客运提供了高效解决方案，缓解了城市交通压力，提高了居民的出行效率。

2.　引导作用

轨道交通线路通过钢轨的导向功能，确保列车按照预定路线行驶，避免脱轨等事故的发生。这一功能对于保障列车运行安全至关重要。钢轨的精确铺设和维护，以及信号系统的配合，共同构成了一个精确的导向系统，使得列车能够在高速运行中保持稳定，确保旅客和货物的安全。

3.　承载作用

轨道交通线路需要承载列车运行时产生的轮轨压力，并将其分散到路基或结构物上，以保证线路的稳定性和耐久性。例如，地铁线路的道床结构必须具备足够的强度和稳定性，以应对列车频繁运行产生的冲击力。这不仅涉及材料的选择，还包括对轨道的定期检查和维护，以确保长期的运行安全和效率。

4.　连接功能

轨道交通线路将各个车站、枢纽和线路段连接起来，形成完整的交通网络。这种连接不仅促进了区域间的互联互通，还提高了交通系统的整体效率。一个高效连接的轨道交通网络可以减少旅行时间，提高运输效率，促进城市和区域的经济一体化。此外，它还能减少对其他交通方式的依赖，降低交通拥堵和环境污染。

3.1.2 轨道交通线路的分类

轨道交通线路的分类方式多种多样，可以从运输对象、线路位置、技术特点等多种维度进行划分，以下是最常见的几种分类方式。

1. 按运输对象分类

（1）**铁路线路**：主要用于长途客货运输，线路通常较长，技术标准较高。铁路线路包括普速铁路和高速铁路，其中普速铁路的运行速度一般低于 160 km/h，而高速铁路的设计速度通常在 250 km/h 以上，甚至有些线路能够达到 350 km/h 或更高。

（2）**城市轨道交通线路**：主要用于城市内部或城市间的短途客运，如地铁、轻轨、有轨电车等。这些线路通常具有较高的发车频率和较小的站间距，以满足城市居民的日常出行需求。城市轨道交通是城市交通的重要组成部分，有助于缓解城市交通压力，提高城市交通效率。

（3）**磁浮交通线路**：是基于磁浮技术的新型交通线路，具有高速、低噪声、低能耗等特点，如图 3-1 所示。磁浮交通线路目前主要用于高速客运，如上海磁浮线，其最高运行速度可达 430 km/h，未来甚至有可能突破 500 km/h。

2. 按线路位置分类

（1）**地下线路**：位于地下，通常适用于城市中心区域，用以减少对地面交通的影响，如图 3-2 所示。地下线路的施工成本较高，但具有不受天气影响、噪声小等优点，同时还能有效利用城市地下空间资源。

图 3-1　磁浮交通线路

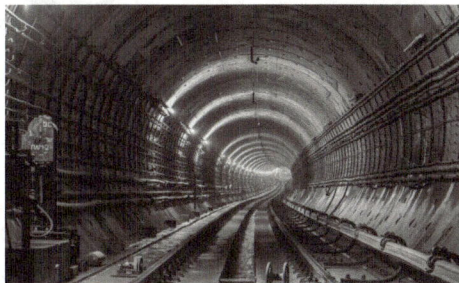

图 3-2　地下线路

（2）**地面线路**：位于地面，施工成本较低，但可能受到城市规划和土地利用的限制，如图 3-3 所示。地面线路通常用于城市郊区或人口密度较低的区域，它们可以有效地连接城市与郊区，促进区域间的交通联系。

（3）**高架线路**：架设在高架桥上，适用于城市边缘或跨越河流、山谷等的复杂地形，如图 3-4 所示。高架线路具有施工速度快、对地面交通影响小等优点，但建设成本较高。它可以有效地节省土地资源，减少对城市景观的影响。

图 3-3　地面线路

图 3-4　高架线路

3.1.3 轨道交通线路的组成

轨道交通线路主要由轨道、路基或结构物组成。

1. 轨道

轨道（图3-5）是线路的基础部分，由钢轨、轨枕、道床、联结零件等组成。钢轨是列车运行的导向部件，轨枕用于支撑钢轨并将其固定在道床上，道床则用于分散列车运行时产生的压力，并保持轨道的稳定性。轨道结构的设计和施工质量直接影响到列车运行的安全性和舒适性。

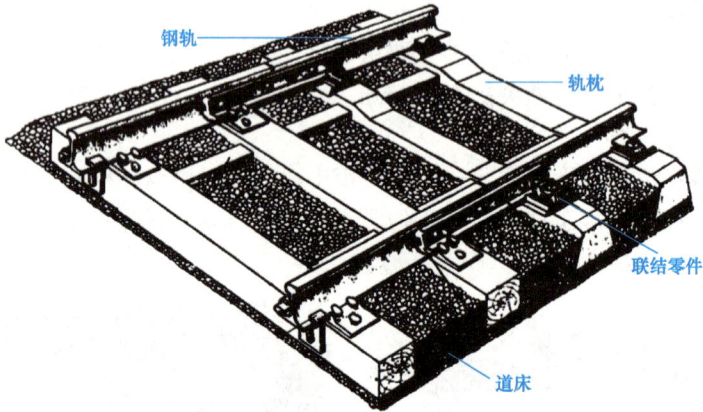

图3-5 轨道

2. 路基或结构物

路基是轨道结构的支撑基础，通常由土石填筑而成。对于地下线路和高架线路，路基的功能则由隧道和高架桥等结构物替代。这些结构物不仅需要具备足够的强度和稳定性，还需要考虑抗震、防水、防火等多方面的安全要求，以确保长期安全运营。

3.1.4 轨道交通线路的发展历程

轨道交通线路的发展历程是漫长而丰富的，它从最初的蒸汽机车铁路开始，逐步演进到现代的高速铁路、城市轨道交通。这一过程见证了轨道交通技术的不断革新和功能的日益完善，下面简要介绍轨道交通线路的主要发展阶段。

1. 早期铁路阶段（19世纪初至20世纪初）

1825年，世界上第一条蒸汽机车铁路——英国斯托克顿与达灵顿之间的铁路正式开通运营，这标志着铁路时代的开始。这一时期的铁路技术相对简单，列车运行速度并不快，但它们为后来的铁路发展奠定了坚实的基础。

2. 电气化铁路阶段（20世纪初至20世纪中叶）

随着电力技术的飞速发展，电气化铁路逐渐兴起。电气化铁路以其运行速度快、牵引力大、环保等显著优点，逐渐取代了传统的蒸汽机车铁路，成为铁路运输的主流。1903年，瑞士建成了世界上第一条电气化铁路，这标志着电气化铁路时代的到来。

3. 高速铁路阶段（20世纪中叶至今）

1964年，日本新干线正式开通运营，标志着高速铁路时代的到来。高速铁路的设计速度通常在 250 km/h 以上，而实际运行速度可以达到 300 km/h 甚至更高。我国自从 2008 年京津城际铁路开通以来，高速铁路技术迅速发展，目前已经成为世界上拥有最庞大高速铁路网络的国家。

4.　城市轨道交通阶段（20 世纪中叶至今）

随着城市化进程的加速，城市交通拥堵问题变得越来越严重。为了解决这一问题，地铁、轻轨等城市轨道交通线路在大中型城市广泛建设。例如，1863 年，世界上第一条地铁线路——伦敦地铁正式开通运营，这开启了城市轨道交通的发展历程。自 20 世纪 90 年代以来，我国的城市轨道交通发展迅速，2024 年底已有 28 个省区市的 54 个城市开通运营城市轨道交通线路 313 条，运营里程超过 1 万 km。

5.　磁浮交通阶段（21 世纪初至今）

磁浮技术经过长时间的研究和开发，已经逐渐成熟并开始商业运营。2003 年，上海磁浮线正式开通运营，成为世界上第一条商业运营的磁浮线路。磁浮交通以高速、低噪声、低能耗等优点，为轨道交通的发展指明了新的方向。

轨道交通线路的发展，不仅极大地推动了交通运输的进步，而且对城市规划、经济发展及社会生活产生了深远的影响。展望未来，随着技术的不断创新和进步，轨道交通线路将继续朝着更加高效、环保和智能化的方向发展，为人类社会带来更多的便利和进步。

任务 3.2　铁路线路

扫码获取多媒体
教学资源

铁路线路是轨道交通系统中至关重要的一个环节，它不仅是城市与城市之间、区域与区域之间的连接纽带，还在经济繁荣和社会进步中扮演着至关重要的角色。在本节中，将深入探讨铁路线路的多个方面，包括它的特点、规划与设计流程，以及铁路线路的施工和维护工作。

3.2.1　铁路线路的特点

铁路线路作为轨道交通系统的重要组成部分，不仅承载着客货运输任务，而且在现代交通网络中扮演着不可或缺的角色。它具有独特的技术特点和运行优势，这些特点和优势主要体现在以下几个方面。

首先，铁路线路能够提供高速、准时的运输服务，大大"缩短"了城市间的距离，提高了人员和物资的流动效率。

其次，铁路运输具有较高的安全性能，由于铁路轨道具有专用性和封闭性，所以相较于其他交通方式，铁路交通事故的发生率相对较低。

最后，铁路线路的能源效率高，电力驱动的列车在运行过程中污染物排放较少，对环境的影响较小，符合可持续发展的理念。

铁路线路的建设和维护，需要精确的工程技术和严格的质量控制，用以保证铁路系统的长期稳定运行。同时，随着技术的进步，现代铁路系统不断引入先进的信号系统和自动化控制技术，进一步提高了铁路的运输效率和旅客乘坐舒适度。铁路线路的这些特点和优势，使其成为连接城市、促进区域经济一体化的重要力量。

1. 轨距与线路类型

轨距指的是钢轨头部顶面下 16 mm 处两股钢轨作用边之间的最小距离。根据这个距离的不同，可以将铁路线路划分为以下几种类型。

1）标准轨距铁路

标准轨距铁路的轨距为 1 435 mm，这种轨距是目前世界上应用最为广泛的，如图 3-6 所示。在我国的铁路干线、欧洲的大部分国家及美国的铁路系统中，标准轨距铁路都是主流选择。这种轨距的铁路因技术成熟、设备通用性强及运输效率高等优点而备受青睐。

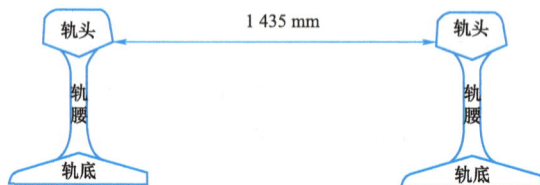

图 3-6 标准轨距

2）宽轨铁路

宽轨铁路的轨距超过了标准轨距的 1 435 mm，二者的对比如图 3-7 所示。比较常见的轨距为 1 520 mm、1 524 mm（例如俄罗斯和印度等国家）及 1 676 mm（例如印度和阿根廷等国家）。宽轨铁路通常拥有更大的车辆限界和更高的运输能力，但与此同时，它们的设备通用性较差，建设成本也相对较高。

3）窄轨铁路

窄轨铁路的轨距小于标准轨距的 1 435 mm，常见的窄轨轨距有 1 067 mm（例如南非和澳大利亚的部分地区）和 762 mm（例如印度的一些支线）。窄轨铁路通常被用于矿山、森林等特殊区域。窄轨铁路的建设成本较低，适应性较强，运输能力相较于其他类型的铁路来说也相对较低。图 3-8 为运矿的窄轨小火车。

图 3-7 宽轨与标准轨对比

图 3-8 运矿的窄轨小火车

🔵 **知识拓展**

青藏铁路的轨距选择

在我国，青藏铁路采用了标准轨距 1 435 mm，如图 3-9 所示。其设计充分考虑了高原地区的特殊环境和运输需求，是我国铁路建设的一个杰出典范。

图 3-9　青藏铁路

2. 运输能力与适应性

铁路线路的运输能力，通常是指在特定的时间段内，比如一年，铁路线路能够承载并完成的旅客和货物运输总量。运输能力的大小主要受以下几个关键因素的影响。

1）线路类型

铁路线路按照其结构和功能的不同，可分为单线铁路和双线铁路两大类。单线铁路由于其设计和运行的限制，运输能力相对较低，但其建设成本相对较低，适合于客运量和货运量不是特别大的地区。而双线铁路由于可以实现双向运行，运输能力显著提高，能够满足大规模的客货运输需求，但与此同时，双线铁路的建设成本及后续的运营、维护成本也相对较高。

2）列车运行速度

列车运行速度是影响铁路运输效率的重要因素之一。运行速度越高，单位时间内能够运输的旅客和货物就越多，运输效率就越高。然而，高速运行对铁路线路的技术要求也相应提高。例如，高速铁路的设计时速通常可以达到 250 km 甚至更高，这就要求其线路标准、轨道结构、信号系统及列车本身的技术性能都要远高于普速铁路，以确保安全和效率。

3）线路坡度与曲线半径

铁路线路的坡度和曲线半径是决定列车运行速度和运输能力的关键技术参数。较小的曲线半径和较大的坡度会限制列车的运行速度，进而影响运输效率和运输能力。因此，在铁路线路的设计阶段，工程师需要综合考虑地形地貌、地质条件及运输需求等因素，合理规划线路的坡度和曲线半径，以确保铁路线路能够高效、安全地运行。

🔵 **知识拓展**

大秦铁路

我国的大秦铁路是一条专门为煤炭运输而设计的重要铁路干线（图 3-10）。在设计时，充分考虑了重载运输的特殊需求，采用了较缓的坡度和较大的曲线半径设计，这样的设计有效提高了铁路的运输能力，确保了煤炭等大宗货物能够高效、稳定地运输到目的地，对于保障我国能源供应具有重要意义。

图3-10　大秦铁路万吨重载列车

3.2.2　铁路线路的规划与设计

铁路线路的规划与设计是铁路建设过程中至关重要的核心环节，它不仅决定了铁路的运输效率，还深刻影响着铁路的经济性和安全性。铁路线路的合理布局和科学设计，能够确保列车运行顺畅、运营成本降低，同时保障旅客和货物的安全。

1.　选线原则

在铁路规划的过程中，选线环节扮演着至关重要的角色。它不仅需要综合考量地形、地质、水文、经济、社会等众多因素，而且还要确保选线的科学性和合理性。铁路选线的主要原则如下。

1）地形适应性

在进行铁路选线时，应优先考虑地形适应性，尽量避开地形复杂、施工难度大的区域，如高山、峡谷、河流等。这样做可以有效降低工程难度，减少建设成本。以我国的成昆铁路为例，在选线过程中，充分考虑了西南地区特有的复杂地形，采用了"小半径、大坡度"的创新设计理念，以适应地形变化，确保铁路的顺利建设和长期运营。

2）地质稳定性

铁路选线还应充分考虑地质条件的稳定性，避免将铁路线路规划在地质灾害频发的区域，例如滑坡、泥石流、地震断裂带等。这些区域地质条件不稳定，会对铁路的安全运行构成威胁。在不可避免的情况下，必须采取有效的工程措施，如加固地基、建设防护墙等，确保铁路线路的安全性和稳固性。

3）经济合理性

在铁路选线的过程中，经济因素是不可忽视的重要考量。应综合评估建设成本和运营成本，力求选择线路长度合理、工程量适中的方案。同时，还应考虑铁路线路对沿线地区经济发展的促进作用，通过铁路的建设带动区域经济的繁荣，实现经济效益和社会效益的双赢。

4）环境保护

在进行铁路选线时，环境保护同样是一个重要的原则。应尽量减少铁路建设对自然环境的破坏，避免穿越自然保护区、水源地等生态敏感区域。如果铁路线路不可避免地要穿越这些区域，必须采取有效的生态保护措施，如建设生态廊道、恢复植被等，以降低对生态环境的影响，实现铁路建设与自然环境的和谐共存。

知识拓展

京沪铁路的设计思路

在我国的京沪高铁项目中，选线工作充分考虑了沿线地区的经济发展需求和环境保护的要求。项目采用了"以桥代路"的创新设计思路（图 3-11），通过建设高架桥来减少对沿线土地资源的占用，同时有效降低了铁路建设对生态环境的负面影响，体现了铁路建设与环境保护并重的理念。

图 3-11 京沪高铁上的沧德特大桥

2. 车站布局与区间设计

车站作为铁路线路的关键组成部分，其布局和设计的优劣直接关系到铁路运输的效率及服务质量。为了确保车站布局合理，需要遵循一系列基本原则，具体如下。

1）服务经济

车站的布局应当优先考虑经济发达、人口密集的区域，这样可以大大便利旅客的出行及货物的集散。我国的高铁车站通常被规划在城市郊区，通过城市轨道交通系统或公共交通专线与市中心紧密连接，从而提供更加便捷的交通服务。

2）合理间距

在确定车站之间的距离时，需要根据铁路线路的具体类型及运输需求来合理确定。对于客运专线而言，较大的车站间距有助于提升列车的运行速度，从而缩短旅客的旅行时间；而对于客货共线，车站间距则需要相对较小，以便于货物的快速装卸和运输。

3）衔接顺畅

车站的布局还应当考虑到与城市交通、公路交通等其他交通方式的衔接问题，以实现不同交通方式之间的无缝对接，进而提升整个交通网络的综合效率。例如，上海虹桥高铁站就是一个成功的案例，它与虹桥机场、地铁、公交等多种交通方式实现了"零换乘"，极大地方便了旅客的出行。

在铁路线路设计中，区间设计同样占据着举足轻重的地位。区间设计主要涵盖了线路坡度、曲线半径、轨道结构等多个方面。在进行区间设计时，必须综合考虑列车的运行速度、运输能力及工程的经济性，通过合理选择技术参数来确保设计的科学性和实用性。

知识拓展

哈大高铁的区间设计

在我国的哈大高铁（图3-12）项目中，区间设计充分考虑了东北地区特有的寒冷气候条件，设计团队采用了特殊的轨道结构和防冻措施，以确保列车在冬季严寒的环境中依然能够安全、稳定地运行，这不仅提高了铁路的运输效率，也保障了旅客的安全。

图3-12　哈大高铁

3.2.3　铁路线路的施工与维护

铁路线路的施工与维护工作是确保铁路安全、高效运行的重要环节。施工质量的好坏会直接影响铁路线路的使用寿命及运行效率，因此，施工过程中必须严格遵守相关的技术规范和质量标准。维护工作是保障铁路长期稳定运行的关键，它包括日常检查、定期检修及对突发状况的及时处理，确保铁路线路始终处于最佳的工作状态。

1. 施工工艺与技术

铁路线路施工是一项复杂的系统工程，不仅需要考虑工程的规模和难度，而且还涉及多个专业领域，如土木工程、机械工程、电气工程等。这些领域的专业知识和技术的综合应用，是确保铁路线路施工质量和安全的关键，其主要施工工艺和技术介绍如下。

1）路基施工

路基施工（图3-13）是铁路线路施工的基础环节，它对于整个铁路线路的稳定性和承载能力起着至关重要的作用。路基施工主要包括土石方工程、地基处理和边坡防护等内容。在施工过程中，必须严格按照设计要求进行，以确保路基的稳定性和承载能力。例如，在软土地基施工中，常采用CFG桩（cement flyash gravel pile，水泥粉煤灰碎石桩）复合地基技术，这种技术通过在地基中打入混凝土管桩，形成复合地基，有效提高了地基的承载能力，从而确保了铁路线路的安全和稳定。

2）轨道铺设

轨道铺设（图3-14）是铁路线路施工的核心环节，它直接关系到铁路的运行质量和旅客的乘坐舒适度。轨道铺设主要包括钢轨铺设、轨枕安装、道床铺设等内容。随着技术的不断进步，我国铁路线路已广泛采用无缝钢轨技术，这种技术通过焊接钢轨接头，消除了传统轨道中的接缝，有效地提高了轨道的稳定性和使用寿命，同时也降低了维护成本。

图 3-13　沪渝蓉高铁（武宜段）路基施工

图 3-14　铁路轨道铺设

3）桥梁、隧道施工

桥梁、隧道是铁路线路的重要组成部分，它们施工技术复杂，工程难度大，是铁路线路施工中的关键环节。桥梁施工常采用悬臂浇筑、转体施工等技术；隧道施工则采用盾构法、新奥法等先进工艺。例如，我国港珠澳大桥采用了沉管隧道技术，这种技术通过在工厂预制隧道段，然后将其沉放到预定位置，攻克了多项世界性难题，如深水施工、超长距离沉管对接等，展现了我国在桥梁和隧道施工技术上的高水平。

🔍 知识拓展

兰新高铁的防风沙设计

我国兰新高铁（图 3-15）在施工过程中，针对新疆地区的风沙环境，采用了防风沙桥墩和防沙网等技术措施，有效保障了施工质量和线路安全。这些技术措施不仅提高了铁路线路的抗风沙能力，还减少了风沙对铁路运行的影响，确保了铁路的长期稳定运行。

图 3-15　兰新高铁

2. 维护策略与常见问题

铁路线路的维护工作是确保铁路安全运行的关键环节，它涉及一系列的维护策略，这些策略主要包括定期检查、预防性维护及应急抢修。为了更好地理解这些维护策略，下面将详细探讨一些常见的铁路线路维护问题及相应的解决措施。

1）轨道变形

轨道变形是铁路线路中经常遇到的一种病害，它主要表现为轨距的变化、水平方向的不平顺，以及高低方向的不平顺等问题。为了应对这些变形问题，维护人员需要定期对轨道的几何状态进行细致的检查，并且根据检查结果及时调整轨距、水平和高低，以确保轨道的平顺性和列车运行的安全性。

2）路基病害

路基病害是铁路线路维护中另一个需要重点关注的问题，它通常包括路基沉降、翻浆冒泥及边坡坍塌等现象。为了防止这些病害对铁路运行造成影响，维护人员必须加强路基排水设施的检查和维护工作，及时发现并处理路基病害，从而确保路基的稳定性和铁路的安全运行。

3）桥梁和隧道病害

桥梁和隧道作为铁路线路的重要组成部分，它们的健康状况直接关系到铁路的安全运行。桥梁病害包括裂缝、支座损坏、混凝土老化等问题；而隧道病害则表现为衬砌裂缝、漏水、衬砌剥落等。为了保障铁路的安全，维护人员需要定期对桥梁和隧道的结构状态进行检查，并根据检查结果及时采取加固和修复措施，以防止病害的进一步发展。

知识拓展

京广铁路大修

在我国的京广铁路维护过程中，面对线路老化这一普遍问题，铁路部门采取了轨道大修和路基加固等有效措施（图3-16）。通过这些措施的实施，不仅成功地延长了线路的使用寿命，而且极大地提高了铁路运行的安全性，为旅客和货物的安全运输提供了有力保障。

图3-16　京广铁路大修

任务 3.3　高铁线路

高铁是现代铁路运输领域中一个极为关键的发展方向。它以卓越的速度、极高的舒适性、出色的交通安全记录及环保节能而著称。高铁线路作为这一先进运输方式的核心组成部分，其设计的精妙、施工的精湛及维护的精细，共同体现了当前轨道交通技术领域的最高成就。在本节中，将深入探讨高铁线路的几个关键方面，包括其特点、规划与设计策略，以及施工与维护过程中的技术要点。

3.3.1　高铁线路的特点

高铁线路是一种专门为高速列车运行而设计的轨道系统。这种轨道系统的技术标准和运行要求都远高于普速铁路线路，因此它具备了多项显著的特点。首先，高铁线路采用了先进的轨道技术，包括无砟轨道和无缝钢轨，这些技术大大提高了列车运行的平稳性和舒适度。其次，高铁线路通常配备有先进的信号系统和自动控制技术，确保列车能够安全、准时地运行，而且高铁线路的设计还考虑了环境保护，通过采取隔声措施和优化线路走向，减少了对周围环境的影响。最后，高铁线路的建设往往伴随着严格的工程标准和质量控制，以确保其长期稳定运行。

1. 高速运行与线路标准

1）高速运行

在铁路线路的设计阶段，工程师们会考虑高速运行的需求，确保线路能够支持时速在 250 km 以上，在某些特定的线路上设计时速可以达到 350 km，甚至更高。以我国的京沪高铁为例，它的设计时速就定在了 380 km，而在实际的运营过程中，列车的时速往往可以达到 350 km。高速运行对线路提出了更高的要求，不仅需要线路具备更高的平顺性，还需要极强的稳定性，这样才能确保列车在高速行驶过程中的安全性和旅客乘坐的舒适性。

2）线路标准

为了适应高速列车的运行，高铁线路必须遵循一系列严格的技术标准，具体如下。

（1）轨距：高铁线路的轨距被设定为 1 435 mm，这样的设计可以确保高铁线路与普速铁路的兼容性，便于不同类型的列车在不同线路上的运行。

（2）曲线半径：为了减少列车在运行时产生的离心力，高铁线路的最小曲线半径通常被设定为不小于 7 000 m。在一些高速区段，这个数值甚至可以达到 10 000 m 以上，从而进一步提升列车运行的安全性和舒适度。

（3）坡度：高铁线路的坡度一般被控制在 20‰以内，即使在一些困难的区段，坡度也不会超过 30‰。这样的设计可以确保列车在爬坡或下坡时的牵引能力和运行效率，避免因坡度过大而影响列车的正常运行。

（4）轨道结构：高铁线路采用无缝钢轨、重型轨枕和高性能道床，这些设计可以显著减少轨道接头的数量，从而提高轨道的平顺性和稳定性，为列车提供一个更加稳定和安全的运行环境。

3）列车运行控制系统

为了确保列车运行的安全性和准时性，高铁线路配备了先进的列车运行控制系统（CTCS）。这个系统能够实现列车的自动驾驶、自动停车及实时监控，通过精确的控制和监测，保障列车运行的高效和安全。

2. 高铁线路的特殊要求

1）高精度的轨道几何状态

为了确保高速列车能够平稳、安全地运行，高铁线路对轨道的几何状态有着极为严格的要求。这些几何状态包括但不限于轨距、水平度、高低差及轨向等，它们必须保持在极高的精度范围内。例如，轨距的变化率不得超过 $1/1\,500$，而轨道的不平顺度则需要控制在毫米级的极小范围内，以避免列车运行时产生不必要的振动和噪声，确保旅客的舒适度和列车运行的安全性。

2）严格的工程选线

在高铁线路的选线过程中，工程师们需要综合考虑多种复杂的因素，包括地形地貌、地质条件、水文状况及生态环境等。目标是尽量避开地形复杂和地质灾害频发的区域，以减少线路中曲线段和大坡度的数量。这样不仅能够降低建设和维护成本，还能确保列车运行的稳定性和安全性，同时减少对周围环境的破坏。

3）高标准的基础设施

高铁线路的基础设施建设标准极高，涵盖了桥梁、隧道、路基等关键工程。例如，高铁桥梁通常采用大跨度、高精度的连续梁或斜拉桥结构，这些设计不仅美观，而且能够承受高速列车的重力和动力。隧道工程则采用先进的盾构技术和防水技术，确保隧道的结构安全和长期使用的耐久性，从而保障整个铁路线路的安全和稳定。

4）环保与节能

在高铁线路的设计和施工过程中，环保和节能是两个重要的考量因素。通过采用低噪声、低振动的轨道结构和列车运行模式，可以显著减少对沿线居民生活的影响，同时降低对生态环境的破坏。此外，高铁的建设和运营中还注重能源效率，常采用节能技术以减少能源消耗，实现可持续发展的目标。

◯ 知识拓展

京广高铁线路设计

京广高铁作为一条连接南北的重要高速铁路干线，全长 2 298 km，设计时速高达 350 km。在设计这条线路时，工程师们充分考虑了地形、地质条件和运输需求，采用了先进的轨道技术和施工工艺。京广高铁不仅是中国高铁建设的典范，也是世界高速铁路技术发展的一个重要里程碑。

3.3.2 高铁线路的规划与设计

高铁线路的规划与设计是确保高铁系统高效运行的关键环节，它需要综合考虑运输需求、经济发展、工程技术等多方面因素。在进行高铁线路的规划与设计时，不仅要考虑当前的运输需求和经济发展状况，还要预测未来的发展趋势，以确保线路的长期有效性和可持续性。此外，工程技术的先进性与可靠性也是设计过程中必须重点考虑的因素，因为它们直接关系到高铁线路的安全性、稳定性和旅客的舒适度。以下是高铁线路规划与设计的主要内容。

1. 高铁线路的选线与优化

1）选线原则

在规划和设计高铁线路时，必须遵循一系列重要的原则，以确保线路的高效性、经济性和可持续性。

（1）**服务经济原则**：高铁线路的选线，应当着重考虑其对经济发展的服务功能，确保线路能够连接主要的经济中心和人口密集区域，从而有效地促进区域经济的进一步发展和繁荣。

（2）**技术可行性原则**：在选线过程中，应优先考虑技术上的可行性，尽量规避那些地形复杂和地质灾害频发的区域，以降低工程实施的难度和减少建设过程中的成本开支。

（3）**生态保护原则**：线路的规划和建设应充分考虑到对自然环境的影响，尤其是对自然保护区、水源地等生态敏感区域的保护，采取必要的环保措施，以最小化对生态环境的负面影响。

（4）**预留发展空间原则**：在设计线路时，应考虑到未来运输需求的增长和变化，预留足够的发展空间，以便未来对线路进行升级和扩建，满足长远的运输需求。

2）选线优化

在高铁线路的选线过程中，为了达到最佳的线路布局和设计效果，需要综合运用现代科技手段，如地理信息系统（geographic information system，GIS）和计算机辅助设计（computer-aided design，CAD）技术。通过这些技术的应用，可以对多种可能的选线方案进行比选和优化分析，从而选择出符合要求的最优方案。

以我国的沪昆高铁为例，这是一条贯穿我国东西方向的重要高速铁路干线，全长达 2 252 km，设计时速高达 350 km。在其选线过程中，设计团队充分考虑了沿线地区的经济发展需求和生态保护要求，采用了创新的设计理念，例如"以桥代路"，有效地减少了对沿线土地资源的占用，降低了对生态环境的破坏。

2. 高铁车站与枢纽设计

1）高铁车站设计

高铁车站作为高铁系统中不可或缺的一部分，其设计必须遵循一系列严格的标准和要求，以确保车站能够高效、安全地服务于广大旅客。

（1）**功能布局合理**：车站内部应合理规划，确保具备候车、售票、安检、商业服务等多种功能区域。布局要科学合理，以方便旅客快速进出站，减少不必要的等待和移动时间。

（2）**与城市交通衔接**：车站的设计应充分考虑与城市轨道交通、公交系统、出租车等交通方式的无缝对接，通过便捷的换乘设计，提高整个城市的综合交通效率，为旅客提供更加流畅的出行体验。

（3）**现代化设施配备**：车站应配备先进的设施设备，如自动售票机、自动检票闸机、无障碍设施等现代化设备，这些设施设备不仅能够提升旅客的出行体验，还能提高车站的运营效率和服务质量。

2）高铁枢纽设计

高铁枢纽作为高铁网络中的关键节点，其设计需要综合考虑多方面因素，以实现高铁网络的高效运转和与其他交通方式的无缝对接。

（1）**多线路衔接**：高铁枢纽的设计应确保能够实现多条高铁线路之间的互联互通，通过优化线路布局和调度系统，提高整个高铁网络的运输效率和灵活性。

（2）**综合交通枢纽**：高铁枢纽的设计，应与机场、公路客运站等其他交通方式做一体化考虑，形成一个功能完备的综合交通枢纽，为旅客提供一站式的出行解决方案。

（3）**城市功能融合**：高铁枢纽的设计应与城市功能有机结合，通过车站周边区域的规划和开发，促进城市的发展和更新，同时为旅客提供更加丰富的城市体验。

知识拓展

上海虹桥高铁站

上海虹桥高铁站（图3-17）是我国重要的高铁枢纽之一，它成功地将高铁、地铁、民航、公交、出租车等多种交通方式融合在一起，实现了"零换乘"的目标。上海虹桥高铁站不仅站房设计现代化，而且功能布局合理，既提升了旅客的出行体验，也成为我国高铁枢纽建设的典范，为其他高铁枢纽的设计和建设提供了宝贵的经验。

图3-17　虹桥高铁综合枢纽

3.3.3　高铁线路的施工与维护

高铁线路的施工与维护工作是确保整个高铁系统安全、高效运行的关键所在。施工阶段的质量控制直接关系到线路的使用寿命及其运行的效率，因为任何施工上的疏忽都可能导致未来运行中的安全隐患或效率降低。与此同时，持续的维护工作是保障高铁长期稳定运行的核心要素。通过定期的检查、维修和必要的升级，可以及时发现并解决潜在的问题，确保列车安全、准时地运行在轨道上，为旅客提供可靠和舒适的旅行体验。

1. 高铁线路的施工技术

1）路基施工

路基施工是整个线路施工的基础环节，它要求采用一系列先进的地基处理技术，例如CFG桩复合地基、强夯法等，以确保路基的稳定性和承载能力。此外，路基施工过程中还必须特别关注排水系统的建设，因为良好的排水系统能够有效防止路基积水，从而避免因积水导致的路基病害。

2）轨道铺设

在高铁线路的轨道铺设（图3-18）过程中，采用无缝钢轨技术是关键，这种技术可以显著减少轨道接头的数量，进而提高轨道的平顺性和稳定性。施工团队在施工过程中需要严格控制轨道的几何状态，使用先进的测量和调整设备，确保轨道的精度达到设计要求。

图 3-18 渝昆高铁轨道铺设

3）桥梁与隧道施工

在高铁线路桥梁施工方面，通常会采用大跨度、高精度的连续梁或斜拉桥结构，这些结构的施工技术包括悬臂浇筑、转体施工等。至于隧道施工，则会采用盾构法（图 3-19）、新奥法等先进工艺，这些工艺不仅能够确保施工的安全性，还能保证施工质量。

图 3-19 盾构机施工

知识拓展

郑万高铁桥隧施工

在我国郑万高铁的施工过程中，面对复杂的地质条件，施工团队采用了多种先进的施工技术，例如隧道的盾构法施工、桥梁的转体施工等。这些技术的应用有效地解决了施工过程中遇到的难题，确保了整个线路的顺利建成。

2. 高铁线路的维护与检测

1）维护策略

为了确保高铁线路的安全性和可靠性，高铁线路维护工作通常采取预防性维护和状态修复相结合的策略。这种策略的核心在于通过定期的检查和实时的监测，及时地发现和处理线路中出现的各种病害。通过这种方式，可以有效地发现并排除潜在的安全隐患，保障列车运行的平稳和旅客的安全。

2）常见病害及处理

在高铁线路的运营过程中，可能会遇到多种常见的病害，这些病害包括但不限于轨道变形、路基沉降、桥梁裂缝及隧道漏水等。为了应对这些病害，需要定期对轨道的几何状态进行检查，并且及时调整轨距、水平和高低，以保证列车运行的平稳性。同时，还需要加强路基排水设施的维护工作，防止路基因积水而产生病害。对于桥梁和隧道等结构，也需要定期进行检查，并在发现结构状态不佳时及时采取加固和修复措施，确保结构的完整性和安全性。

3）检测技术

为了实现对高铁线路状态的实时监测和精准诊断，采用了多种先进的检测技术，这些技术包括但不限于轨道检测车、无人机巡检及智能监测系统等。轨道检测车可以在不影响列车正常运行的情况下，对线路进行快速而全面的检查。无人机巡检可以覆盖到一些人力难以到达的区域，提供更为全面的线路状态信息。智能监测系统则能够24 h不间断地监控线路状态，一旦发现异常，立即发出警报，以便维护人员及时采取措施。这些技术的综合应用，大大提高了高铁线路维护的效率和准确性。

🔍 知识拓展

京沪高铁智能巡检与运维

当高铁以350 km的时速飞快驶过时，在铁轨上的每颗螺丝都关系着行车的安全。京沪高铁线路长、设备多、管理跨度大，保障1 318 km的高铁设备安全更是至关重要。在以往的日常巡检中，大到一座桥梁、一座隧道，小到一根轨枕、一颗螺钉，都需要投入大量的人力和装备。特别是像京沪高铁这种运行密度极高的高速铁路，只能在每晚高铁停运的有限时间内上线检查，时间紧、工作强度大。现在通过我国自主研发的基于"北斗+5G"的铁路全自动无人机智能巡检系统，可从空中多角度巡检。除此之外，京沪高铁开通运营以来也持续开展了运维技术攻关，开发了首套"大跨度桥梁故障智能诊断及健康管理系统"，利用大数据进行病害定位、故障诊断，对桥梁服役状态进行分析评估，并创造性地提出了"微创"维修理念，研发了两种高铁无砟轨道病害"微创"整治技术，大幅度提高了工效，减少了施工对行车安全和运输秩序的影响，效率进一步提升。

当前，高铁全自动无人机智能巡检系统和京沪高铁智能综合运维管理系统为京沪高铁实现信息化、智能化运维管理奠定了基础。在以往，京沪高铁的沿线检测只能在每晚高铁停运时，依靠大量人力和装备在有限的4 h内进行，受人的视线高度限制，沿线周边环境隐患排查难以实现快速、大范围的巡检。现在，通过无人机和智能综合运维管理系统，大幅提高了巡检效率，同时也摆脱了对GPS定位的依赖，运用"北斗+5G"技术可实现精准定位、自动巡检、多机联飞、智能分析、缺陷识别和风险预警，强化了高铁安全技防手段。

任务工单

1. 任务描述
学习相关知识并复习整理后，进行轨道交通线路相关的知识竞赛。

2. 小组分工
以 3～5 人为一组，选出组长并进行任务分工，制订合理的工作计划，并将小组成员信息及分工情况填入表 3-1 中。

表 3-1　小组成员信息及分工情况

班级			组号	
小组成员	姓名	学号	任务分工	
组长				
组员				

3. 获取信息
在进行具体工作前，需要掌握轨道交通线路相关的知识。各组组长组织组员收集相关资料，回答下列问题。

（1）轨道交通线路的定义是_____。

（2）铁路线路的运输能力主要取决于线路类型、列车运行速度、线路坡度与_____。

（3）高铁线路的最小曲线半径通常不小于_____m。

（4）高铁线路的施工与维护需要采用_____和_____相结合的策略。

（5）简述轨道交通线路的分类方式。

（6）高铁线路在选线过程中需要考虑哪些主要因素？

（7）城市轨道交通线路的规划与设计需要遵循哪些原则？

（8）磁浮交通线路的局限性有哪些？

4. 任务实施

组长带领组员复习轨道交通线路相关知识。复习结束后，由教师组织全体学生进行知识竞赛，每个小组作为一支参赛队伍，教师提出与本任务内容相关的问题，各小组进行抢答。学生将任务实施情况填入表 3-2 中。

表 3-2　任务实施情况

学生姓名		本人答对题数		小组答对题数	
答错或不会的题目及答案					

5. 考核评价

竞赛结束后，学生配合教师完成如表 3-3 所示的考核评价。

表 3-3　考核评价表

评分标准	实际得分	备注
积极参与知识竞赛（20 分）		
答题正确（每答对 1 题计 5 分）		
表述流畅（5 分）		
附加分（20 分，计入答题正确数第一的小组）		
总分		

项目4

轨道交通车站

项目描述

本项目聚焦轨道交通系统的节点工程，全面解析车站的功能定位、分类体系与空间组织，重点探讨铁路车站、高铁车站、城市轨道交通车站及磁浮交通车站的规划设计原理，深入剖析车站流线组织、设备配置、运营管理等关键技术。通过国内外典型枢纽案例分析，揭示车站在城市交通体系中的集成作用。

教学目标

1. 知识目标

（1）掌握车站功能分区与客流组织原理。

（2）理解不同制式车站的技术特征差异。

（3）熟悉车站建筑空间与设备系统配置。

（4）了解智能车站最新技术发展方向。

2. 能力目标

（1）能进行车站平面布局与竖向设计。

（2）能优化安检—售票—乘降流线组织。

（3）能实施车站设备系统集成调试。

（4）能编制车站应急预案与处置流程。

3. 素质目标

（1）培养以人为本的服务设计理念。

（2）强化安全第一的运营管理意识。

（3）建立多制式交通协同发展思维。

（4）提升应对大客流压力的处置能力。

扫码获取多媒体
教学资源

任务 4.1　轨道交通车站概述

轨道交通车站作为轨道交通线路的关键组成部分，既承载着旅客上下车、换乘及候车等多项重要功能，同时又是办理客货运输的基地，是轨道交通系统的一个基层生产单位。因此，车站的设计、建设及运营管理的每一个细节，都直接关系到轨道交通系统的运行效率、服务质量，并对旅客出行体验产生深远影响。

4.1.1　轨道交通车站的定义与功能

轨道交通车站，不仅是轨道交通线路的关键组成部分，而且在轨道交通体系中扮演着至关重要的角色。车站的主要功能可以详细划分为以下几个方面。

1. 旅客服务功能

（1）**上下车功能**：轨道交通车站为旅客提供了一个安全、便捷的上下车环境，确保旅客能够顺畅地进出列车，如图 4-1 所示。

图 4-1　上下车功能

（2）**候车功能**：车站内设有候车区、舒适的座椅及实时信息显示屏等设施，为旅客提供了一个舒适的候车环境，使等待变得不再枯燥，如图 4-2 所示。

图 4-2　候车功能

（3）**换乘功能**：车站设计了便捷的换乘条件，使得旅客能够轻松地在不同的轨道交通线路之间，以及与公交、出租车等其他交通方式实现无缝衔接，如图 4-3 所示。

图 4-3　换乘功能

2. 运营管理功能

（1）**票务管理**：车站负责售票、检票等票务相关工作，确保旅客能够顺利地购票乘车。

（2）**客运组织**：车站通过有效的组织管理，确保旅客能够有序地进出站，维护车站的运营秩序。

（3）**设备管理**：车站对内部的各类设备进行管理，包括自动售票机、闸机、电梯、通风系统等，保证这些设施的正常运行。

（4）**安全管理**：车站负责进行安全检查、应急处理等安全管理工作，以确保旅客和车站的安全。

3. 交通衔接功能

（1）**与城市交通的衔接**：车站与城市公交、出租车、私家车等交通方式实现了无缝衔接，极大地提高了综合交通的效率。

（2）**与周边设施的衔接**：车站与周边的商业、住宅、公共设施等实现了良好的衔接，为旅客提供了极大的便利，使得出行更加方便。

知识拓展

上海虹桥高铁站交通衔接

上海虹桥高铁站（图 4-4）作为我国重要的高铁枢纽之一，它成功地将高铁、地铁、公交、出租车等多种交通方式融合在一起，实现了"零换乘"的目标。其现代化的站房设计和合理的功能布局，使其成了我国高铁枢纽建设的典范，为其他轨道交通车站建设提供了宝贵的经验。

图 4-4　上海虹桥高铁站

4.1.2 轨道交通车站的分类与组成

1. 车站的分类

轨道交通车站是轨道交通系统的重要组成部分,根据车站的功能、位置和技术特点,可将车站划分为多种类型。以下是一些常见的分类方式。

1)按照车站的位置进行分类

(1)**地下车站**:这类车站位于地下,通常设置在城市中心区域,目的是减少对地面交通的干扰。地下车站的优点在于它们产生的噪声较小,对城市景观的影响也相对较小。然而,它们的建设成本相对较高,施工过程也较为复杂和困难。

(2)**地面车站**:顾名思义,这类车站是建立在地面上的。它们的施工成本相对较低,但可能会受到城市规划和土地利用的限制。

(3)**高架车站**:这些车站是建立在高架桥上的,特别适用于城市边缘地区或者跨越河流、山谷等复杂地形的区域。高架车站的优点是施工速度快,对地面交通的影响较小,但建设成本相对较高。

2)按照车站的业务性质进行分类

(1)**客运站**:专门办理客运业务的车站,城市轨道交通车站基本都属于此类车站。

(2)**货运站**:专门办理货运业务的车站。

(3)**客货运站**:既办理客运业务又办理货运业务的车站。

3)按照车站的规模进行分类

(1)**大型车站**:这类车站通常客流量大,设施齐全,能够满足大量旅客的需求。

(2)**中型车站**:中型车站的客流量适中,功能较为完善,能够为旅客提供必要的服务和设施。

(3)**小型车站**:小型车站的客流量较小,设施相对简单,主要满足基本的旅客需求。

2. 车站的组成

轨道交通车站的组成主要包括以下几个部分。

(1)**站台**:站台是旅客上下车的场所,分为岛式站台和侧式站台。岛式站台位于轨道中间,旅客在站台中间上下车,换乘方便;侧式站台位于轨道两侧,旅客在两侧站台上下车,设计相对简单。

(2)**站厅**:站厅是旅客购票、安检、候车的场所,通常包括售票区、安检区、候车区等功能区域,为旅客提供便利的服务。

(3)**出入口**:出入口是旅客进出车站的通道,通常包括楼梯、自动扶梯、无障碍电梯等设施,方便旅客进出站,确保了车站的无障碍通行。

(4)**设备用房**:设备用房用于存放车站运营所需的各类设备,如通风设备、供电设备、通信设备等,是车站正常运行的保障。

(5)**管理用房**:管理用房用于车站工作人员的办公和休息,如站长室、值班室等,确保了车站的日常管理和运营。

北京地铁西直门站

北京地铁西直门站是一个典型的换乘站，它连接了地铁 2 号线、4 号线和 13 号线，同时与北京北站相连。西直门站的站内设计合理，换乘路线便捷，出入口众多，为旅客提供了极大的便利，使得进出站变得非常方便，如图 4-5 所示。

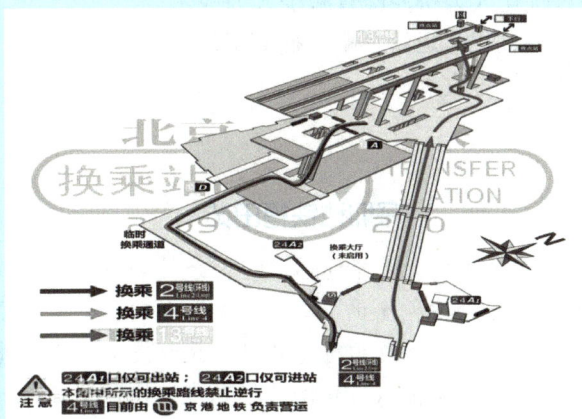

图 4-5　北京地铁西直门站

4.1.3　轨道交通车站的运营管理目标

轨道交通车站的运营管理目标是确保车站的安全、高效、舒适运行，为旅客提供优质的出行体验。为了达到这些目标，轨道交通车站需要采取一系列的措施和策略。

1. 安全目标

（1）旅客安全：确保旅客在车站内的安全，包括上下车安全、候车安全等。这需要车站采取有效的监控措施，以及在紧急情况下能够迅速响应的预案。

（2）设备安全：确保车站内各类设备的安全运行，防止设备故障引发的安全事故。这涉及定期的设备检查和维护，以及对设备操作人员的严格培训。

（3）运营安全：确保车站运营安全，包括票务管理、客运组织、应急处理等方面的安全。这需要制定详尽的运营规程和应急预案，以及对员工进行定期的安全培训。

2. 效率目标

（1）旅客进出站效率：通过合理的布局和设施配置，提高旅客进出站的效率。例如，设置足够的进出站口和明确的指示标识，可以有效减少拥堵。

（2）换乘效率：通过优化换乘通道和标识系统，提高旅客的换乘效率。合理的换乘设计可以缩短旅客的步行距离，减少换乘时间。

（3）设备运行效率：通过定期维护和管理，确保车站内各类设备的高效运行。高效的设备运行可以降低故障率，提升整体运营效率。

3. 服务质量目标

（1）舒适候车环境：通过合理的布局和设施配置，为旅客提供舒适的候车环境。例如，设置足够的座椅、提供良好的通风和照明，可以显著提升旅客的候车体验。

（2）**便捷换乘条件**：通过优化换乘通道和标识系统，为旅客提供便捷的换乘条件。便捷的换乘条件可以减少旅客的等待时间，提升出行效率。

（3）**高效票务服务**：通过自动售票机、闸机等设备，提高票务服务的效率。高效的票务服务可以减少排队时间，提升旅客的满意度。

4. 经济目标

（1）**运营成本控制**：通过合理的运营管理，降低车站的运营成本。例如，通过节能措施减少能源消耗，或者通过优化人力资源配置减少人力成本。

（2）**经济效益提升**：通过优化运营策略，提高车站的经济效益。例如，通过增加商业设施或广告位来增加车站的非票务收入。

知识拓展

深圳地铁福田站

深圳地铁福田站是我国最大的地下枢纽站之一，连接多条地铁线路和高铁线路。其运营管理目标明确，通过智能化设备和优化布局，实现了高效、安全、舒适的运营效果。例如，福田站采用了先进的自动售票系统和智能闸机，大大提高了票务处理的效率；同时，通过合理的空间规划和清晰的指示标识，确保了旅客能够快速、准确地完成换乘，从而提升了整体的运营效率和旅客的出行体验。

任务 4.2　铁路车站

扫码获取多媒体
教学资源

铁路车站（图 4-6）作为铁路运输系统中不可或缺的一部分，它不仅承担着旅客运输的重要任务，还负责货物的装卸作业，同时在列车编组和调度指挥方面发挥着关键作用。铁路车站的设计、建设及运营管理的优劣，直接决定了铁路运输的效率和服务质量。

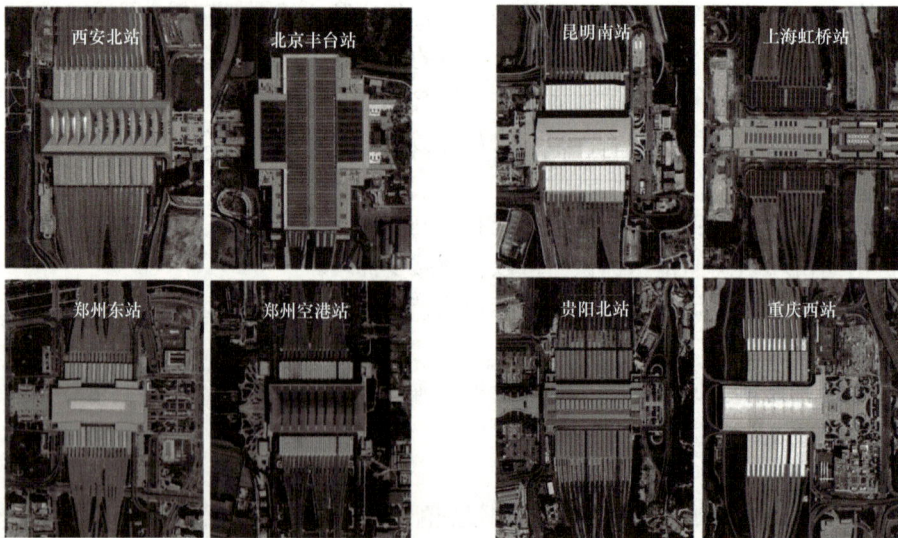

图 4-6　铁路车站

4.2.1 铁路车站的特点

铁路车站是旅客和货物运输的集散地，它们为旅客提供了上下车的便利，同时也为货物的装卸和转运提供了必要的设施。铁路车站往往配备有复杂的信号系统和行车指挥中心，以确保列车能够安全、高效地运行。车站还设有售票处、候车室、行李寄存等服务设施，为旅客提供全方位的服务。随着技术的进步，现代铁路车站还可能融入了先进的信息技术，如实时列车追踪、自助服务终端等，以提升旅客的出行体验。下面介绍铁路车站的特点。

1. 车站的规模与等级划分

铁路车站的规模和等级是根据其运输能力、服务范围及功能复杂性来划分的。在我国，铁路车站通常分为特等站、一等站、二等站、三等站和四等站，这样的划分有助于明确车站的定位和功能。

（1）**特等站**：特等站是铁路系统中规模最为庞大的车站，它们往往位于省会级城市或者重要的交通枢纽地带。这些车站承担着极其繁重的旅客运输任务和货物装卸工作，因此它们拥有非常复杂的客运和货运设施。例如，北京西站作为我国最大的铁路客运枢纽之一，高峰时段日发送的旅客数量超过 20 万人，展现了特等站的重要性和繁忙程度。

（2）**一等站**：一等站通常位于地级市或者重要的铁路交会点，这些车站的规模相对较大，设施也较为完善，能够有效地满足较大的客货运输需求。例如，锦州火车站作为我国东北地区的一个重要铁路枢纽，它连接着多条铁路干线，是该地区铁路运输的关键节点。

（3）**二等站**：二等站的规模和功能介于一等站和三等站之间，它们通常位于县级市或者重要的工业城市。这些车站虽然规模不如一等站，但设施也相对齐全，能够满足中等规模的客货运输需求，为当地居民和工业提供便利的交通服务。

（4）**三等站和四等站**：三等站和四等站的规模相对较小，它们通常位于县级以下地区或者铁路支线。这些车站的功能相对简单，主要承担旅客上下车和货物装卸的基本任务。尽管它们在铁路系统中的地位不如高等级车站，但它们在地方交通网络中仍然扮演着不可或缺的角色。

2. 车站的功能布局

铁路车站的功能布局对于其运营效率和服务质量具有决定性的影响。车站的主要功能区域通常有以下几个。

1）客运区域

（1）**候车大厅**：为给旅客提供一个舒适的候车环境，候车大厅（图 4-7）配备了充足的座椅、实时更新的信息显示屏、方便快捷的自动售票机等设施，以确保旅客的候车体验既舒适又高效。

图 4-7 候车大厅

61

（2）**站台**：这是旅客上下车的主要场所，站台（图4-8）分为高站台和低站台两种类型。高站台的设计使得旅客上下车更为便捷，尤其适合于携带行李较多的旅客。

图4-8　站台

（3）**进出站通道**：为了方便旅客进出站，进出站通道配备了多种设施，包括楼梯、自动扶梯、无障碍电梯等，确保旅客能够快速、安全地到达或离开站台。

2）**货运区域**

铁路货运区域如图4-9所示，通常由货场、货物线、货仓、货棚组成。

图4-9　铁路货运区域

（1）**货场**：这是货物装卸和存储的主要场所，配备了各种高效的装卸设备。

（2）**货物线**：用于货物列车的停留和装卸作业，确保货物能够快速、安全地从列车转移到货场或反之。

（3）**货仓和货棚**：为了保护货物不受天气影响，特别设置了货仓和货棚，用于存放那些怕湿、怕冻的敏感货物，保证货物的完好无损。

3）**运营管理区域**

运营管理区域通常包括行车指挥中心、票务管理区、设备用房。

（1）**行车指挥中心**：这是车站运营的大脑，负责列车的调度指挥和运行监控，确保列车运行的安全和准时，如图 4-10 所示。

图 4-10　行车指挥中心

（2）**票务管理区**：负责售票、检票、验票等关键环节，是确保车站运营顺畅的重要区域，通过高效的票务管理，可以提升旅客的出行体验。

（3）**设备用房**：存放着车站运营所需的各类设备，包括供电设备、通信设备、通风设备等，这些设备的正常运行是车站能够顺利运营的基础。

4.2.2　铁路车站的布局与设计

铁路车站的布局与设计是确保车站高效运行的关键环节，这一点至关重要。为了实现这一目标，设计者必须综合考虑多种因素，包括但不限于运输需求、城市规划、地形条件等。

（1）运输需求的分析能够帮助确定车站需要处理的旅客和货物流量，从而设计出满足这些需求的设施和布局。

（2）城市规划的考量则涉及车站如何与城市交通网络、商业区域及居民区等相互衔接，确保车站不仅是交通枢纽，也是城市发展的推动力。

（3）地形条件的评估对于车站的选址和结构设计至关重要，它决定了车站建筑的稳固性及施工的复杂程度。

只有在以上这些因素得到充分考虑和平衡的基础上，才能设计出既安全又高效的铁路车站。

1.　车站平面设计

车站平面设计构成了车站布局的核心，它涵盖了站场布置、站台设计、进出站通道设计等多个关键方面，这些内容共同决定了车站的功能性和效率。

1）站场布置

（1）**咽喉区**：咽喉区（图 4-11）作为车站与铁路线路的连接枢纽，承担着列车进出站及调车作业的重要任务。在设计咽喉区时，必须考虑列车通行的顺畅性及调车作业的安全性，以确保整个车站的高效运作。

图 4-11 铁路咽喉区

（2）**到发线**：到发线是车站内专门用于接发旅客列车与货物列车的线路，主要用于列车的到达、出发及短暂停放。其数量的确定需要根据车站的运输能力，以及旅客和货物的流量来综合考量，以满足车站运营的实际需求。

（3）**正线**：正线是车站内部的主要运行线路，承担着列车通过和运行的主要任务。正线的设计和布局直接影响列车运行的效率和安全，因此需要精心规划。

2）站台设计

各类站台布置图如图 4-12 所示。

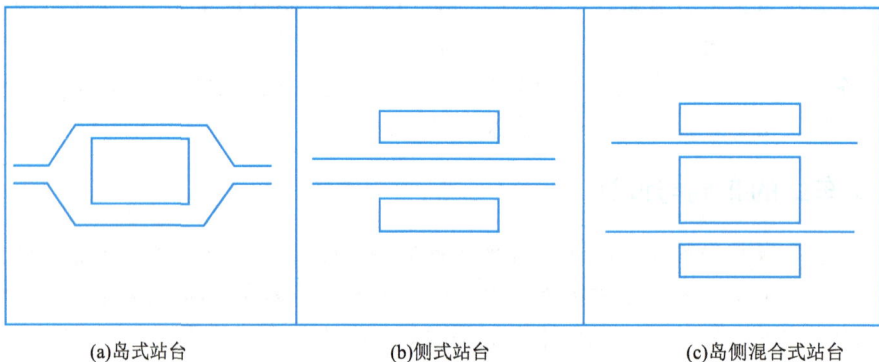

(a)岛式站台   (b)侧式站台   (c)岛侧混合式站台

图 4-12 站台布置图

（1）**岛式站台**：岛式站台位于轨道的中间位置，这种设计便于旅客在不同方向的列车之间进行换乘，尤其适合于客流量较大的车站。然而，岛式站台的设计相对复杂，且建设成本较高。

（2）**侧式站台**：侧式站台位于轨道的两侧，其设计相对简单，成本较低，但相较于岛式站台，在换乘方面可能不够便捷，尤其是在客流量大的情况下。

（3）**岛侧混合式站台**：岛侧混合式站台结合了岛式站台和侧式站台的优点，既能够提供便捷的换乘服务，又能在一定程度上控制建设成本，特别适合于大型或繁忙的车站。

3）进出站通道设计

（1）**进站通道**：进站通道包括进站口、安检区、候车区等部分，其设计需要确保旅客能够快速且有序地进入车站，同时满足安全检查的需要，以提高旅客的进站效率。

（2）**出站通道**：出站通道包括出站口、换乘通道等，设计上需要考虑旅客出站的便捷性以及与其他交通方式的衔接，确保旅客能够顺畅地离开车站，特别是在高峰时段，出站通道的设计尤为重要。

2.　站场与站台设计

车站设计中，站场与站台的设计是至关重要的部分，它们直接关系到车站的运营效率和服务水平，是车站设计的核心所在。

1）站场设计

（1）**站场规模的确定**：站场规模的大小需要根据车站的运输能力和服务范围来决定，这包括了站台的数量、股道的数量等关键因素。

（2）**站场布局的规划**：在进行站场布局时，必须考虑列车的运行方向及调车作业的需求，以确保列车能够顺畅地通行，避免出现拥堵和延误。

2）站台设计

（1）**站台长度的设定**：站台的长度需要根据列车的编组长度来确定，以适应不同长度的列车停靠。通常情况下，站台的长度不会小于列车本身的长度。

（2）**站台高度的考虑**：站台高度应与其用途相适应，如普通货运站台的高度与普通货车底板高度一致，可以实现货物"平进平出"。

（3）**站台宽度的确定**：站台的宽度需要根据客流量的大小来确定，以确保旅客在站台上通行和候车时的安全性。

知识拓展

广州南站

广州南站（图 4-13）作为我国南方地区最大的铁路客运枢纽之一，其站场设计科学合理，站台的长度和宽度都能够满足高峰时段大量旅客的需求。站内采用了岛式站台的设计方案，极大地便利了旅客换乘，进出站的通道设计宽敞明亮，标识系统清晰，这些都有效地保证了旅客能够快速且有序地进出站，提升了旅客的出行体验。

图 4-13　广州南站

4.2.3　铁路车站的运营管理

铁路车站的运营管理是确保车站安全、高效运行的重要环节，它需要综合考虑客运、货运、设备管理、安全管理等多方面因素。车站的运营不仅涉及旅客的便捷出行、货物的顺畅运输，而且还包括对车站内的各种设备进行有效的维护和管理，以确保其正常运转。同时，安全管理是车站运营中不可或缺的一部分，它要求车站管理者制定和执行一系列安全措施，以预防和应对各种潜在的安全风险，保障旅客和员工的生命财产安全。

1. 车站作业流程

车站作业流程是车站运营管理的核心内容，它涵盖了车站日常运作的各个方面，主要包括客运作业、货运作业、行车作业等关键环节。

1）客运作业

（1）**售票环节**：车站通过设置人工售票窗口和自动售票机，为旅客提供便捷的售票服务，满足不同旅客的购票需求。

（2）**检票环节**：为了提高检票效率，车站配备了人工检票和自动检票闸机，为旅客提供快速、准确的检票服务，确保旅客能够顺利进入站台。

（3）**候车环节**：车站为旅客提供了一个舒适的候车环境，配备了足够的座椅供旅客休息，同时安装了信息显示屏，实时更新列车时刻表和乘车信息，方便旅客及时了解乘车情况。

（4）**上下车环节**：车站工作人员会组织旅客有序上下车，确保旅客的安全和列车的准时发车，避免因拥挤导致的安全事故。

2）货运作业

（1）**货物装卸环节**：通过使用先进的装卸设备，工作人员能够高效地将货物装到列车上或从列车上卸下，保证货物的快速运输。

（2）**货物存储环节**：为了确保货物安全，车站将货物存储在专门的货场或仓库中，采取必要的安全措施，防止货物损坏或丢失。

（3）**货物运输环节**：车站负责组织货物列车的运行，通过精确的调度和运输计划，确保货物能够按时安全地到达目的地。

3）行车作业

（1）**列车调度环节**：行车指挥中心是车站的心脏，负责对列车进行调度指挥，通过科学合理的调度方案，确保列车的顺畅运行，减少延误。

（2）**列车运行监控环节**：为了保障列车运行的安全，车站利用先进的监控设备对列车的运行状态进行实时监控，及时发现并处理运行中的问题，确保列车的安全运行。

2. 客运与货运管理

客运与货运管理是车站运营管理中不可或缺的重要组成部分，它们直接关系到车站的服务水平及运输效率，对于车站整体运营的成功与否起着决定性的作用。

1）客运管理

（1）**在提升服务质量方面**：车站采取了多项措施，包括优化候车环境，使得旅客在等待期间能够享受到更加舒适的环境；提高售票效率，通过引入先进的售票系统和优化售票流程，减少旅客排队等候时间；加强客运组织，确保旅客能够快速、有序地上下车，从而提升整体的客运服务质量。

（2）**在确保旅客安全方面**：车站通过加强安检措施，使用现代化的安检设备，确保每一位旅客及其携带的物品都经过严格检查；设置清晰的安全标志，引导旅客正确行动，避免发生危险；加强人员管理，对工作人员进行安全培训，提高他们对潜在风险的识别和应对能力，从而确保旅客的安全。

2）货运管理

（1）**在提高货物装卸效率方面**：车站引入了自动化和半自动化的装卸机械，减少了人工操作的环节；加强人员培训，提升工作人员的操作技能和效率，确保货物装卸作业的快速和准确。

（2）在货物安全方面：车站通过加强货物存储管理，合理规划货物存放区域，防止货物在存储过程中发生损坏；设置必要的安全设施，如监控摄像头和报警系统，及时发现并处理安全隐患；加强人员管理，确保所有参与货物管理的人员都具备高度的责任心和专业能力，从而确保货物的安全。

知识拓展

郑州北站

郑州北站是中国铁路郑州局集团有限公司管辖的特等站（图4-14），也是衔接京广铁路、陇海铁路的重要站点，是一个具有国际先进技术水平的大型编组站，其主要办理京广铁路、陇海铁路方向货物列车和郑州铁路枢纽内部小运转列车的到达、解体、编组、出发作业任务。

郑州北站的站场采用双向三级八场纵列式站型，以正线外包方式布置，共设有4个列检作业场，分别为上行系统到达、出发场和下行系统到达、出发场；在上下行编组场间设交换场；在下行到达场与上行出发场间设机务段；站场中部设维修基地；站场北部设机务折返段；在下行调车场尾部设辅助调车场。

郑州北站配有先进的车站自动化系统，包括货车管理信息处理系统、驼峰作业过程控制系统、编组场尾部微机集中联锁系统、站场无线通信系统和郑州枢纽地区调度监督系统，实现了编组站从信息收集处理、调度指挥到作业过程、统计分析及监督检查的全过程自动化。

图 4-14　郑州北站

任务 4.3　高铁车站

扫码获取多媒体
教学资源

高铁车站作为高速铁路系统中不可或缺的一部分，它不仅负责旅客的集散工作，还承担着列车的停靠任务，并且在调度指挥方面发挥着至关重要的作用。与传统的铁路车站相比，高铁车站无论是在设计、建设还是运营管理方面，都提出了更高的技术要求，同时也拥有更为复杂和精细的功能布局。

4.3.1 高铁车站的特点

高铁车站不仅承担着连接城市与城市的重任，而且在促进区域经济发展、提高旅客出行效率方面发挥着至关重要的作用。这些车站通常具备以下显著特点。

1. 高铁车站的规模与功能

（1）规模宏大：高铁车站通常位于城市的重要交通枢纽位置，它们规模宏大，能够满足大量旅客的集散需求。例如，北京南站是我国北方地区最大的高铁客运枢纽之一，站房面积超过 40 万 m^2，日均发送旅客超过 20 万人。这样的规模不仅体现在车站的占地面积上，还体现在其能够容纳的旅客数量上，确保了在高峰时段也能高效运转，为旅客提供便捷的出行服务。

（2）功能多样：高铁车站不仅提供旅客上下车的基本功能，还集成了多种现代化设施和服务，大大丰富了旅客的出行体验。这些设施包括但不限于自动售票机、自助行李托运、智能安检系统等，这些都极大地提高了旅客的出行效率。除此之外，高铁车站还具备与其他交通方式的无缝衔接功能，例如地铁、公交、出租车等，使得旅客可以轻松实现多种交通方式之间的转换，为旅客提供了极大的便利。

（3）智能化服务：高铁车站广泛采用智能化技术，这些技术的运用显著提升了旅客出行体验和运营管理效率。例如，通过智能引导系统帮助旅客快速找到候车区域，减少了旅客在车站内迷路或寻找候车地点的时间，使得整个出行过程更加顺畅。同时，智能监控系统能够实时监控车站内的人员流动和设备运行状态，确保了车站的安全运营，为旅客提供了一个更加安全、舒适的候车环境。这些智能化服务的应用，不仅提高了旅客的满意度，也极大地提升了车站的运营效率。

2. 高铁车站的现代化设施

（1）站房设计：在高铁车站的站房设计方面，通常会采用现代化的建筑风格，这种风格不仅体现了当代建筑的美学理念，同时也非常注重空间感和舒适性。站房内部空间被设计得宽敞明亮，以大面积的玻璃幕墙和采光天窗为特色，这些设计元素共同作用，极大地提升了候车环境的舒适度，为旅客提供了愉悦的候车体验。

（2）站台设计：在高铁车站的站台设计上，通常会采用高站台的设计方案，这种设计使得站台的高度与列车车底板的高度保持一致，从而方便旅客上下车。此外，站台的宽度一般不小于 10 m，这样的宽度确保了旅客在站台上的通行安全，同时也为旅客提供了足够的活动空间，特别是在高峰时段，可以有效避免拥挤现象。

（3）无障碍设施：在高铁车站的设计中，无障碍设施是不可或缺的，包括无障碍通道、无障碍电梯、无障碍卫生间等，它们的存在为残疾人和行动不便的旅客提供了极大的便利。通过这些设计，高铁车站不仅提升了自身的服务水平，也体现了对所有旅客的关怀和尊重。

🔍 **知识拓展**

上海虹桥高铁站

上海虹桥高铁站是我国最大的高铁枢纽之一，其站房设计不仅现代化，而且功能布局合理，充分体现了高效与便捷。站内配备了先进的智能化设施，例如自助售票机、智能安检系统、智能导航系统等，这些高科技设备的应用，极大地提升了旅客的出行体验，使得上海虹桥高铁站成了一个高效、便捷、舒适的现代化交通枢纽。

4.3.2　高铁车站的布局与设计

高铁车站的布局与设计是确保车站高效运行的关键环节，这需要综合考虑运输需求、城市规划、旅客流量及多种其他因素。车站的设计不仅要满足日常的运输需求，还要考虑到在高峰时段能够应对大量的旅客流量，确保旅客能够快速、便捷地进出车站。此外，车站的布局设计还应与城市规划紧密结合，以促进城市的可持续发展，并且要考虑未来可能的扩展和升级，以适应不断变化的运输需求。

1.　高铁车站的站房布局

1）线侧式布局

在这种布局中，站房被设置在铁路线路的一侧，这样的设计使得旅客进出站变得非常方便，如图 4-15 所示。然而，为了确保旅客能够安全地到达站台，通常需要通过建设天桥或者挖掘地道来连接站房和站台。这种布局方式比较适合于中小规模的高铁车站，因为它在空间利用和旅客流线设计上相对简单。

图 4-15　线侧式布局

2）线正下式布局

线正下式布局的特点是站房直接位于铁路线路的正下方（图 4-16），这种设计允许旅客通过使用垂直电梯或者自动扶梯直接从站房到达站台，从而实现快速换乘。这种布局方式特别适合于大型高铁车站，它能够有效地处理大量的旅客流量，并且提供便捷的换乘体验。

图 4-16　线正下式布局

3）线上式布局

线上式布局是指站房被建造在铁路线路的上方（图 4-17），通过高架平台来连接各个站台。这种设计使得旅客在跨越站台时无须上下楼梯，从而大大提高了换乘的便捷性。线上式布局特别适用于那些地形复杂或者位于城市中心区域的车站，因为它能够在有限的空间内提供高效的旅客流动路径。

图 4-17 线上式布局

2. 高铁车站的站台与轨道设计

1）站台设计

（1）**站台长度**：根据列车编组长度进行设计，通常情况下，站台的长度不会小于 450 m，这样的设计是为了能够满足 16 节编组列车的停靠需求，确保列车能够完全停靠在站台上，方便旅客上下车。

（2）**站台宽度**：站台的宽度一般不会小于 10 m，这样的宽度设计是为了确保旅客在站台上通行的安全性，避免拥挤和踩踏事故的发生，同时也为旅客提供了足够的空间进行上下车活动。

（3）**站台高度**：站台的高度与列车车底板的高度保持一致，这样的设计是为了方便旅客上下车，减少因高度差异带来的不便，提升旅客的乘车体验。

2）轨道设计

（1）**正线**：正线是列车通过的主要轨道，一般情况下，正线的数量不会少于 2 条，这样的设计是为了保证列车能够顺畅通过，避免因轨道占用问题导致的列车延误。

（2）**到发线**：到发线是列车停靠和装卸作业的轨道，其数量需要根据车站的规模和运输需求来确定，以满足不同规模车站的运营需求。

（3）**咽喉区**：咽喉区是列车进出站和调车作业的关键区域，设计时需要确保列车的顺畅通行，避免因设计不当导致的列车拥堵和事故。

🔍 **知识拓展**

广州南站

广州南站是我国南方地区最大的高铁客运枢纽之一，该站采用了线正下式布局，站房设计现代化，功能布局合理。站内配备了先进的智能化设施，如自助售票机、智能安检系统、智能导航系统等，这些智能化设施的引入，极大地提升了旅客的出行体验，使得广州南站成了一个高效、便捷、舒适的现代化高铁站。

4.3.3　高铁车站的运营管理

高铁车站的运营管理是确保车站安全、高效运行的重要环节，它需要综合考虑客运组织、安全管理、设备维护等多方面因素。这包括了对旅客流量的合理调度，确保旅客能够顺畅进出站台；同时，对车站内部的安全措施进行严格监控，以预防和应对各种紧急情况。此外，还需要对车站内的各种设备进行定期的检查和维护，以保证设备的正常运行，从而为旅客提供一个安全、便捷的乘车环境。

1.　客运组织

1）旅客进出站管理

（1）**进站流程**：旅客在进入车站之前，首先需要通过安检环节，确保携带的物品安全无害。随后，旅客需出示有效购票信息，经过检票环节确认购票的真实性和有效性。通过这两道程序后，旅客便可以进入候车大厅，在这里，他们可以利用智能引导系统，根据系统提供的信息，轻松找到对应站台的位置，从而顺利地等待并登上即将发出的列车。

（2）**出站流程**：当旅客乘坐的列车到达目的地后，他们可以迅速从站台下车，直接进入站房。在站房内，旅客通过出站口，可以快速完成出站手续，顺利离开车站，整个过程既快捷又方便。

2）候车管理

（1）**候车区域划分**：为了提高旅客的候车效率，车站根据列车的车次和行驶方向，对候车区域进行了细致的划分。每个区域都配备了舒适的座椅和清晰的信息显示屏，旅客可以根据自己的车次信息，选择相应的候车区域，享受舒适的候车体验。

（2）**智能引导系统**：车站引入了先进的智能引导系统和信息显示屏，实时发布列车的最新动态和信息。这些系统能够帮助旅客快速了解列车的发车时间、站台位置等重要信息，从而引导他们迅速找到正确的候车区域，确保旅途顺利。

3）换乘管理

（1）**站内换乘**：为了方便旅客在不同交通方式之间进行换乘，部分车站在内部设置了便捷的通道，实现了高铁与地铁、公交等交通方式之间的无缝衔接。旅客可以在不出站的情况下，通过这些通道快速换乘到其他交通工具，大大节省了换乘时间。

（2）**站外换乘**：除了站内换乘，车站还与周边的交通枢纽紧密相连，通过这些交通枢纽，旅客可以实现高铁与其他交通方式的快速换乘。无论是前往机场、长途汽车站还是其他城市，旅客都可以在这里找到便捷的换乘方案，实现快速出行。

2.　安全与应急管理措施

1）安全管理

（1）**安检系统**：为了确保旅客的安全，车站配备了先进的安检设备，这些设备能够对旅客的行李物品及人身进行严格的安检，以防止任何可能的安全威胁。

（2）**监控系统**：车站通过视频监控系统实现了对车站内部的实时监控，这不仅包括对人员流动的监控，也包括对车站内各种设备运行状态的监控，确保了车站运营的安全性和高效性。

（3）**人员管理**：车站配备了专业的安保人员，这些安保人员负责车站内的安全巡逻工作，以及在发生紧急情况时的应急处理，他们的存在大大提高了车站的安全系数。

2）应急管理

（1）**应急预案**：车站制定了完善的应急预案，这些预案涵盖了多种突发事件，如火灾、地震、恶劣天气等，为突发事件应急处理提供了明确的指导和操作流程。

（2）**应急设施**：为了确保旅客在紧急情况下的安全疏散，车站配备了必要的应急设施，包括消防设施、应急照明及疏散通道等，这些设施为旅客的安全提供了有力保障。

知识拓展

北京西站

北京西站（图4-18）是我国北方地区重要的高铁客运枢纽之一，其运营管理高效且有序。通过智能化的设施和科学的管理流程，实现了旅客的快速进出站和换乘。同时，车站非常注重安全管理，配备了完善的安检系统和监控系统，这些措施确保了旅客的安全出行，为旅客提供了一个安全、便捷的乘车环境。

图4-18 北京西站

任务 4.4 城市轨道交通车站

扫码获取多媒体
教学资源

城市轨道交通车站是城市公共交通系统中不可或缺的一部分，它不仅承载和疏散大量的客流量，还提供了便捷的换乘服务，使得城市居民能够高效地在不同的交通线路之间转换。车站的设计、建设及后期的运营管理，对于整个城市交通网络的顺畅运作和旅客的出行体验具有决定性的影响。城市轨道交通车站需根据其特点进行布局设计及管理，三个核心方面主要为：车站的特点，车站的布局与设计，车站的运营管理。

4.4.1 城市轨道交通车站的特点

城市轨道交通车站，依据其自身所处的位置、承担的功能及技术上的特性，展现出了与众不同的运行模式和管理需求。

1. 地下、地面与高架车站

1）地下车站

地下车站（图4-19）是城市轨道交通车站的主要形式之一，它们通常位于城市中心区域或人口密集地带。地下车站的设计和建设考虑到了城市交通的高效运行，以及对城市景观的影响，它的主要优点如下：

图 4-19　地下车站示意图

（1）地下车站位于地面之下，因此不受地面交通的干扰，这使得列车能够以较快的速度运行，同时保持较高的准点率。

（2）地下车站的建设有助于节省宝贵的土地资源，因为它不占用地面空间，对城市景观的影响相对较小。

（3）地下车站由于其位置的特殊性，能够有效地降低噪声对周边居民的影响，为居民提供一个更加安静的生活环境。

尽管地下车站有诸多优点，但它的建设成本相对较高，施工难度也较大。在建设过程中，需要考虑防水、通风、抗震等多方面的问题，以确保车站的安全和长期稳定运行。

2）地面车站

地面车站通常适用于城市郊区或与其他交通方式衔接的区域（图 4-20）。它们的设计和建设旨在满足特定区域的交通需求，同时考虑到成本和运营的便利性。地面车站的优点包括：

图 4-20　地面车站（宜宾智轨 T2 线）

（1）地面车站的建设成本相对较低，施工周期也较短，这使得它成为快速建设交通基础设施的经济选择。

（2）地面车站的运营和维护相对简单，因为它不需要复杂的地下结构和设施。

（3）地面车站受到天气和地面交通的影响较大，因此通常需要设置专用道或隔离设施以保障运行效率和旅客安全。

3）高架车站

高架车站架设在高架桥上，适用于城市边缘或跨越河流、山谷等复杂地形。高架车站的设计旨在克服地形障碍，同时提供便捷的交通连接（图4-21）。其优点包括：

（1）高架车站的建设速度相对较快，对地面交通的影响较小，因为它们不需要占用大量的地面空间。

（2）高架车站的运行效率通常较高，但与地下车站相比，噪声相对较大，需要在车站设计时考虑相应的隔声措施。

（3）尽管高架车站提供了许多便利，但它们的建设成本较高，需要考虑结构安全和美观性，以确保车站的长期稳定性和城市的整体形象。

2. 车站的功能布局与服务设施

1）功能布局

城市轨道交通车站的功能布局（图4-22）需满足旅客的多样化出行需求，这包括但不限于以下几个方面：

（1）**站台**：这是旅客上下车的主要场所，站台的设计通常分为2种类型，即岛式站台和侧式站台。岛式站台因其换乘方便而受到青睐，而侧式站台则因其设计简单而被广泛采用。

（2）**站厅**：这是旅客购票、安检、候车的场所，因此站厅通常包括售票区、安检区、候车区等功能区域，以确保旅客能够顺畅地完成相关活动。

（3）**出入口**：这是连接车站与外界的通道，出入口的设计通常包括楼梯、自动扶梯、无障碍电梯等设施，以方便旅客进出车站。

（4）**换乘通道**：这是用于旅客在不同线路之间进行换乘的通道，换乘通道的设计需要确保换乘过程的便捷性，以减少旅客的换乘时间。

图4-21 高架车站（长沙地铁1号线北延线）　图4-22 地铁车站功能布局（上海地铁小南门站）

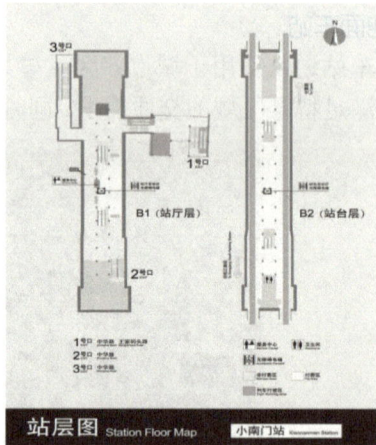

2）服务设施

城市轨道交通车站配备了多种现代化服务设施，配备这些设施的目的是提升旅客的出行体验。下面介绍常见服务设施。

（1）**自动售票机**：这些机器提供自动购票服务，支持多种支付方式，包括但不限于现金、信用卡、移动支付等，极大地方便了旅客购票。

（2）**自动检票闸机**：这些设备实现了快速验票和进出站管理，提高了车站的通行效率，减少了旅客的排队等候的时间。

（3）**信息显示屏**：这些显示屏可实时发布列车到站信息、换乘信息等，帮助旅客及时了解列车运行情况，合理规划出行路线。

（4）**无障碍设施**：这些设施包括无障碍通道、无障碍电梯、无障碍卫生间等，为残疾人和行动不便的旅客提供了极大的便利，体现了城市轨道交通的人性化设计。

知识拓展

上海地铁徐家汇站

上海地铁徐家汇站（图 4-23）是一个典型的地下换乘站，它连接了多条地铁线路。徐家汇站设计合理，功能布局完善，配备了现代化的服务设施，如自动售票机、自动检票闸机、信息显示屏等，这些设施的引入极大地提升了旅客的出行体验，使得徐家汇站成了一个高效、便捷的交通枢纽。

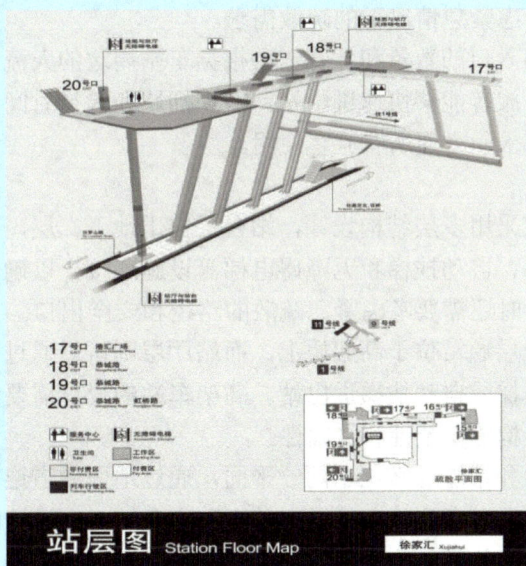

图 4-23 上海地铁徐家汇站

4.4.2 城市轨道交通车站的布局与设计

城市轨道交通车站的布局与设计是确保车站高效运行的关键环节，需要综合考虑城市规划、交通需求、施工条件、旅客舒适度和安全性等众多因素。下面介绍城市轨道交通车站布局与设计的主要内容。

（1）车站的位置选择至关重要，它需要与城市的整体规划相协调，同时也要考虑周边地区的交通流量和居民出行的便利性。车站的选址应当尽量靠近人流密集的区域，如商业中心、办公区、学校和居民区等，满足不同旅客群体的出行需求。

（2）车站的设计要充分考虑施工条件，包括地质情况、周边建筑物的结构和地下管线的分布等。设计时要确保施工的可行性，减少对周边环境的影响，并且要考虑未来可能的扩建或改造需求。

（3）车站内部布局设计非常重要，这涉及售票区、候车区、进出站口、紧急疏散通道等关键区域。设计时要确保旅客流线的顺畅，避免拥挤、混乱和对流，同时要考虑无障碍设施的设置，方便残疾人和老年人等特殊群体使用。

（4）车站的智能化和信息化水平也是设计中不可忽视的一部分。通过引入先进的信息技术和自动化设备，可以提高车站的运营效率，同时为旅客提供更加便捷和舒适的乘车体验。

1. 车站平面与竖向设计

1）平面设计

（1）**站台设计**：根据列车编组长度设计站台长度，一般情况下站台的长度不会小于列车的长度，宽度也不会小于 3 m，以确保旅客通行的安全性。设计时需要考虑到各种因素，比如列车的类型、旅客的流量及站台的使用频率等。

（2）**站厅设计**：站厅的面积需要满足高峰时段的旅客流量需求，以避免拥挤和混乱。在设计时，需要合理布置售票区、安检区、候车区等功能区域，以提高旅客的使用体验和效率。此外，站厅的设计还应考虑紧急情况下的疏散需求。

（3）**出入口设计**：出入口的数量和位置需要根据车站周边的人流分布和交通需求来合理设置。设计的目标是确保旅客能够快速进出站，减少拥堵和等待时间。同时，出入口的设计还应考虑无障碍通行的需求，方便所有旅客使用。

2）竖向设计

（1）**地下车站**：通常采用多层结构设计，站台层位于地下二层，而站厅层则位于地下一层。这两层之间通过楼梯、自动扶梯和无障碍电梯等设施连接，以确保旅客能够方便快捷地在不同层之间移动。设计时还需要考虑紧急疏散的路径和安全出口。

（2）**高架车站**：站台层通常位于高架桥上，而站厅层则可以通过高架通道或地面通道与之连接。旅客可以通过楼梯或自动扶梯进出站。高架车站的设计需要考虑到风荷载和地震等自然因素的影响，确保结构的安全性和稳固性。

（3）**地面车站**：站台和站厅通常位于同一平面，通过地面通道连接出入口。地面车站的设计相对简单，但仍然需要考虑到旅客的通行效率和安全性。在设计时，还应考虑车站周边的环境和景观，以提升车站的整体美观度。

2. 车站出入口与换乘设计

1）出入口设计

（1）**数量与位置**：为了满足车站周边人流分布和交通需求，需要合理规划出入口的数量和位置，以确保旅客能够快速、便捷地进出车站。这不仅涉及车站的使用效率，也关系到旅客的出行体验。

（2）**与周边设施衔接**：出入口的设计应当充分考虑到与周边商业、住宅、公共设施等的衔接问题，以实现无缝对接，从而为旅客提供更加便捷的出行服务。良好的衔接能够有效提升旅客的出行效率，减少不必要的绕行和等待时间。

2）换乘设计

（1）**站内换乘**：为了实现不同线路之间的快速换乘，设计中应包含便捷的换乘通道。这些通道应当尽可能短，以减少旅客的步行距离，并且通道内的标识应当清晰明确，方便旅客识别方向，避免迷路。

（2）**站外换乘**：对于那些无法在站内实现换乘的车站，可以通过地面或地下通道与其他交通方式实现有效衔接。这样的设计可以为旅客提供更多的出行选择，同时也能缓解车站内部的拥挤状况。

知识拓展

深圳地铁福田口岸站

深圳地铁福田口岸站（图 4-24）作为我国最大的地下枢纽站之一，其设计充分体现了上述出入口和换乘设计的理念。该站不仅连接了多条地铁线路和高铁线路，而且站内设计合理，功能布局完善。福田站拥有众多出入口，换乘通道短且标识清晰，这些特点极大地提高了旅客的换乘效率，使得该站成了一个高效便捷的交通节点。

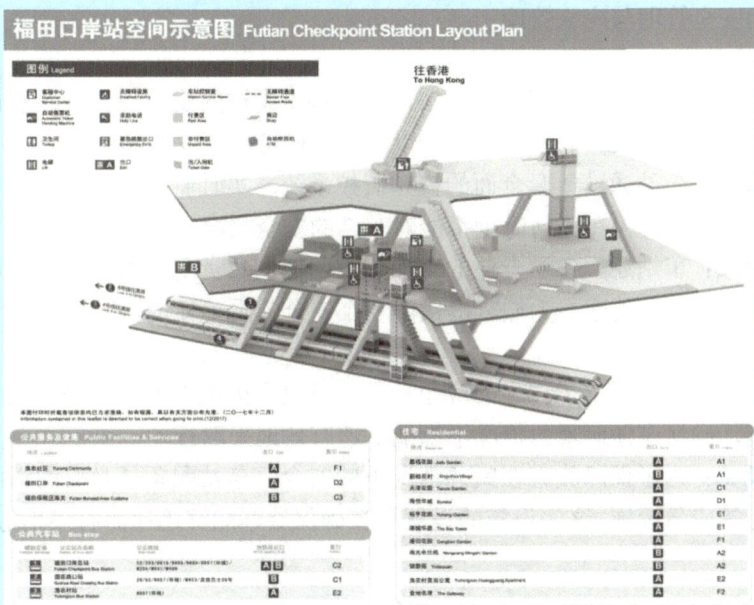

图 4-24　深圳地铁福田口岸站

4.4.3　城市轨道交通车站的运营管理

城市轨道交通车站的运营管理是确保车站安全、高效运行的重要环节，它不仅需要综合考虑客运组织、安全管理、设备维护等多方面因素，还涉及旅客服务、票务管理、应急响应及与城市交通系统的协调等多个层面。

1. 车站的客运组织

1）进出站管理

（1）**进站流程**：旅客需先通过安全检查，随后前往售票窗口或自动售票机购买车票。购票后，旅客需向工作人员出示车票以进行验票。完成这些步骤后，旅客便可以进入站台区域，通过楼梯或自动扶梯前往对应的站台等待列车。

（2）**出站流程**：列车抵达车站后，旅客从站台进入站厅。站厅内设有快速出站口，旅客通过出入口离开车站。

2）候车管理

（1）**候车区域划分**：车站根据列车的车次和方向，将候车区域进行合理划分，并在每个区域配备座椅和信息显示屏，方便旅客查看列车信息。

（2）**智能引导系统**：车站内设有智能导航系统和信息显示屏，实时更新列车动态，帮助旅客快速定位到自己的候车区域，减少等待时间，提升候车体验。

3）换乘管理

（1）**站内换乘**：车站内部设有便捷的换乘通道，连接不同的线路，使得旅客可以在不出站的情况下快速地从一条线路换乘到另一条线路。

（2）**站外换乘**：车站与城市其他交通枢纽紧密相连，如公交站、地铁站等，为旅客提供与其他交通方式的无缝换乘服务，方便旅客前往目的地或离开城市。

2. 车站的安全管理与应急管理

1）安全管理

（1）**安检系统**：为了确保旅客的安全，车站配备了先进的安检设备，这些设备能够对旅客的行李和人身进行细致入微的严格安检，以防止任何可能的安全隐患。

（2）**监控系统**：车站通过一套全面的视频监控系统，实时监控车站内的人员流动情况和各种设备的运行状态，确保在任何时刻都能对车站的安全状况了如指掌。

（3）**人员管理**：车站还配备了专业的安保人员，他们负责车站内的安全巡逻工作，以及在发生紧急情况时的应急处理，为旅客提供了一个安全的乘车环境。

2）应急管理

（1）**应急预案**：车站制定了详尽的应急预案，涵盖了火灾、地震、恶劣天气等多种突发事件的应对措施，确保在任何紧急情况下都能迅速有效地采取行动。

（2）**应急设施**：为了保障旅客在紧急情况下的安全，车站配备了必要的消防设施、应急照明和疏散通道等应急设施，这些设施的设置旨在确保旅客能够迅速而有序地进行安全疏散。

知识拓展

北京地铁西直门站

　　北京地铁西直门站是一个典型的换乘站，它连接了地铁 2 号线、4 号线和 13 号线，同时与北京北站相连。该站的运营管理高效而有序，通过智能化的设施和科学的管理流程，实现了旅客的快速进出站和换乘。此外，车站非常注重安全管理，配备了完善的安检系统和监控系统，这些措施共同确保了旅客的安全出行。

扫码获取多媒体
教学资源

任务 4.5　磁浮交通车站

　　磁浮交通车站（图 4-25）作为磁浮交通系统的关键组成部分，它不仅具有独特的技术特征，而且在运营管理方面也提出了特别的要求。与传统的轨道交通车站相比，磁浮交通车站在其设计、建设及运营管理等多个方面，都必须遵循更为严格的技术规范，并且在功能布局上也显得更为复杂和精细。

图 4-25　凤凰磁浮观光快线揽胜站

4.5.1　磁浮交通车站的特点

磁浮交通车站的设计和运营不仅充分体现了磁浮技术的独特优势，而且在满足更高的技术标准和安全要求方面也做出了显著的努力。这些车站通过采用先进的磁浮技术，实现了交通工具的平稳悬浮和高速运行，为旅客提供了前所未有的舒适体验。同时，为了确保旅客的安全，磁浮交通车站的设计者和运营者必须遵循严格的技术规范和安全准则，这包括对车站结构的坚固性、磁浮列车的稳定性和紧急情况下的应对措施等方面进行细致的考量和周密的规划。

1.　磁浮交通车站的结构与功能布局

1）车站结构

磁浮交通车站（图 4-26）的结构设计需要特别考虑磁浮列车的运行特性，以确保其能够适应这种新型交通方式，这主要包括以下几个方面。

图 4-26　长沙轨道交通 S2 线㮾梨站

（1）**轨道梁**：磁浮列车运行在专用的轨道梁上，轨道梁必须拥有极高的精度，这是为了确保磁浮列车能够稳定地悬浮在轨道上，并且能够顺畅地运行。

（2）**站台**：磁浮交通车站的站台设计通常采用高站台的形式，其高度与磁浮列车的车厢高度保持一致，这样可以极大地便利旅客上下车。同时，站台的宽度一般不会小于 4 m，这样的设计是为了确保旅客在站台上的通行安全，避免拥挤和潜在的安全风险。

（3）**站厅**：站厅是旅客购票、候车的主要场所。为了提供更加便捷和舒适的候车体验，站厅内通常会配备自动售票机、安检设备、信息显示屏等现代化设施，这些设施的设置旨在提高车站的服务质量和效率。

2）功能布局

磁浮交通车站的功能布局必须满足高效旅客集散的需求，以确保旅客能够快速、便捷地完成上下车、候车、换乘等操作。具体来说，功能布局主要包括以下几个方面：

（1）**客运功能**：磁浮交通车站需要提供一系列基本的客运功能，包括但不限于旅客上下车、候车、换乘等服务，以满足旅客的基本出行需求。

（2）**智能化服务**：为了进一步提升旅客的出行体验，磁浮交通车站会配备智能导航系统、自助售票机、智能安检设备等现代化设施。这些智能化服务能够帮助旅客更加便捷地获取信息、完成购票和安检等流程，从而提高整体的出行效率。

（3）**交通衔接功能**：磁浮交通车站还承担着与其他城市交通方式实现无缝衔接的重要功能。通过与城市公交、地铁、出租车等其他交通方式的有效衔接，磁浮交通车站能够提高整个城市交通网络的综合效率，为旅客提供更加便捷的出行服务。

2. 磁浮交通车站的智能化设施

1）智能导航系统

在磁浮交通车站中，智能导航系统扮演着至关重要的角色。通过设置在车站各处的信息显示屏，以及通过手机应用，系统能够实时发布列车的最新运行信息。这些信息不仅包括列车的到站和离站时间，还包括列车的运行状态和任何可能影响旅客行程的变更通知。此外，智能导航系统还能够通过精确的室内定位技术，引导旅客快速找到正确的候车区域，从而减少旅客在车站内的徘徊和等待时间，确保他们能够顺利且高效地完成旅行。

2）自助服务设施

为了进一步提升旅客的出行体验并提高车站的运营效率，磁浮交通车站内广泛设置了各种自助服务设施，如自动售票机，旅客可以通过这些机器快速购买车票，无须排队等待人工售票。此外，自助行李托运设备也大大减少了旅客携带行李的不便，使得旅客能够轻松地将行李寄存，从而更加便捷地乘坐磁浮列车。这些自助服务设施的引入，不仅减少了对人工服务的需求，而且还显著提升了车站的整体运营效率。

3）智能监控系统

为了确保车站的安全，磁浮交通车站配备了先进的智能监控系统。该系统由高清视频监控摄像头组成，能够实时监控车站内的人员流动情况及各种设备的运行状态。通过这些高清摄像头，车站安全人员可以清晰地观察到车站内的每一个角落，及时发现并处理任何异常情况。此外，智能监控系统还具备智能分析功能，能够自动识别潜在的安全威胁，如遗失物品、可疑行为等，从而为旅客提供一个更加安全可靠的乘车环境。

上海磁浮列车龙阳路站

上海磁浮列车龙阳路站（图 4-27）是我国首个投入使用的磁浮交通车站，其站内设计不仅现代化，而且功能布局极为合理。车站内部配备了多种先进的智能化设施，例如自动售票机、智能安检系统、智能导航系统等。这些智能化设施的引入，极大地提升了旅客的出行体验，使得乘坐磁浮列车成为一种高效、便捷且舒适的旅行方式。通过这些技术的应用，上海磁浮列车龙阳路站不仅成为磁浮交通的典范，也为其他车站提供了宝贵的经验和参考。

图 4-27　上海磁浮列车龙阳路站

4.5.2　磁浮交通车站的布局与设计

磁浮交通车站的布局与设计是确保车站高效运行的关键环节，这一点至关重要。为了实现这一目标，设计者需要综合考虑众多因素，包括但不限于技术标准、运输需求、城市规划，以及旅客的舒适度和安全性。车站的设计不仅仅是一个技术问题，它还涉及城市发展的战略规划，需要与城市的长远目标和愿景相协调。此外，车站的布局设计还应考虑未来可能的技术升级和扩展需求，以确保车站能够适应不断变化的交通需求和技术创新。因此，车站的设计和布局必须具有全面性、前瞻性，旨在打造一个既高效又可持续的交通系统。

1.　磁浮交通车站的站房与站台设计

1）站房设计

磁浮交通车站的站房通常采用现代化建筑风格，注重空间感和舒适性。站房内部空间宽敞明亮，配备大面积的玻璃幕墙和采光天窗，以自然光线为主，营造出明亮、舒适的候车环境。此外，站房设计还充分考虑了人流的导向和疏散，确保在高峰时段也能保持良好的秩序。整体设计不仅满足了功能性需求，同时也体现了城市交通的现代化形象。

2）站台设计

（1）**站台长度**：根据列车编组长度设计，一般不小于 100 m，以满足磁浮列车的停靠需求。这样的设计保证了列车能够安全、稳定地停靠在站台上，同时也为旅客提供了足够的上下车空间。

（2）**站台宽度**：一般不小于 4 m，确保旅客通行安全。宽敞的站台不仅方便了旅客的流动，也便于紧急情况下的疏散，为旅客提供了更加安全的候车环境。

（3）**站台高度**：与列车车厢高度一致，方便旅客上下车。这种设计消除了旅客上下车时的高度差，对于携带行李或行动不便的旅客来说，这样的设计显得尤为重要。

3）无障碍设施

车站注重无障碍设计，配备了无障碍通道、无障碍电梯、无障碍卫生间等设施，为残疾人和行动不便的旅客提供便利。无障碍通道确保轮椅和婴儿车等可以顺畅通行，无障碍电梯则为行动不便的旅客提供了垂直交通的便利，而无障碍卫生间则考虑到了特殊人群的隐私和使用需求。这些设施的设置，体现了车站对所有旅客的关怀和尊重，确保了每个人都能享受到平等的出行体验。

2. 磁浮交通车站的换乘与衔接设计

1）站内换乘

磁浮交通车站通常与其他轨道交通线路或交通方式实现无缝衔接。为了确保旅客能够享受到更加便捷的换乘体验，换乘通道的设计需要尽量缩短距离，并且要配备清晰、明确的标识系统，这样可以方便旅客在不同交通方式之间快速而有效地进行换乘。

2）与其他交通方式的衔接

车站的出入口设计应当与城市公交、地铁、出租车等交通方式实现良好的衔接，以方便旅客出行。例如，在长沙磁浮快线的车站设计中，就充分考虑了与城市公交、出租车站点的距离，确保这些站点与磁浮交通车站的距离相对较近，从而方便旅客换乘。这样的设计，不仅提高了旅客的换乘效率，也增强了整个城市交通网络的连通性。

知识拓展

长沙磁浮快线的车站

长沙磁浮快线（图 4-28）的车站设计充分考虑了与城市交通的衔接，站内换乘便捷，出入口与公交、出租车站点距离较近，极大地提高了旅客的出行效率，如图 4-28 所示。通过优化换乘通道，以及确保出入口与城市主要交通方式的近距离衔接，长沙磁浮快线成功地为旅客提供了一个高效、便捷的出行解决方案，从而显著提升了整个城市交通系统的运行效率和旅客的满意度。

图 4-28　长沙磁浮快线

4.5.3　磁浮交通车站的运营管理

磁浮交通车站的运营管理是确保车站安全、高效运行的重要环节，它需要综合考虑客运组织、安全管理、设备维护及客户服务等多方面因素。在客运组织方面，需要合理安排列车时刻表，优化旅客流线，确保旅客能够快速、有序地进出站。在安全管理方面，要制定严格的应急预案，定期进行安全演练，确保在紧急情况下能够迅速有效地处理各种突发事件。在设备维护方面，要定期对磁浮列车及其轨道进行检查和保养，以预防故障的发生，保障列车的正常运行。此外，还需关注旅客服务体验，提供清晰的指示标识、舒适的候车环境，以及便捷的购票和咨询系统，从而提升车站的整体运营管理水平。

1.　磁浮交通车站的客运组织

1）进出站管理

（1）**进站流程**：旅客在进入车站之前，首先需要通过安检环节，确保携带的物品安全无害。通过安检后，旅客可以前往购票窗口或使用自动售票机购票。接着，旅客需要通过验票环节，以确保车票的有效性。完成这些步骤后，旅客便可以进入候车大厅，在这里，通过智能导航系统的帮助，旅客能够轻松找到对应站台的位置，以便准时乘车。

（2）**出站流程**：当旅客乘坐的列车到达目的地后，他们下车后可以直接进入站房。在站房内，旅客通过出站口，可以快速离开车站，整个过程简便快捷，确保了旅客能够高效地完成出站流程。

2）候车管理

（1）**候车区域划分**：为了提高旅客的候车效率，车站根据列车的车次和行驶方向对候车区域进行了明确的划分。每个区域都配备了舒适的座椅和清晰的信息显示屏，方便旅客在等待期间休息和获取最新的列车动态。

（2）**智能引导系统**：车站引入了智能导航系统和信息显示屏，实时发布列车的到发信息，包括车次、时间、站台等重要信息。这些系统和显示屏共同构成了一个智能引导系统，帮助旅客快速、准确地找到自己的候车区域，大大提升了候车的便利性和效率。

3）换乘管理

（1）**站内换乘**：对于需要在站内不同线路之间换乘的旅客，车站提供了便捷的换乘通道。这些通道设计合理，指示清晰，使得旅客能够快速、安全地从一个线路的站台转移到另一个线路的站台，极大地缩短了换乘时间。

（2）**站外换乘**：对于需要与其他交通方式如公交、地铁、出租车等进行换乘的旅客，车站周边设有完善的交通枢纽设施。这些设施与车站无缝对接，为旅客提供了方便快捷的换乘服务，确保了旅客能够顺畅地在不同交通方式之间进行转换，提升了整个交通网络的连通性和效率。

2.　磁浮交通车站的安全管理与设备维护

1）安全管理

（1）**安检系统**：为了确保旅客安全，车站配备了先进的安检设备，这些设备能够对旅客的行李和人身进行严格而细致的安检，以排除任何潜在的安全隐患。

（2）**监控系统**：通过视频监控系统实时监控车站内的人员流动和设备运行状态，以确保车站的安全和秩序，及时发现并处理任何异常情况。

（3）**人员管理**：车站配备专人负责站内安全巡逻和应急处理，以确保车站的安全和旅客的安全。

2）设备维护

（1）**轨道梁维护**：定期检查轨道梁的精度和稳定性，以确保列车的平稳运行，避免任何可能的事故。

（2）**磁浮系统维护**：定期检查磁浮系统的电磁铁和传感器，以确保列车的悬浮性能，为旅客提供平稳舒适的乘车体验。

（3）**供电系统维护**：定期检查供电设备，以确保列车运行的电力供应，避免因电力问题导致的列车延误或故障。

3）应急管理

（1）**应急预案**：制定了完善的应急预案，包括火灾、地震、恶劣天气等突发事件的应对措施，以确保在紧急情况下能够迅速有效地处理突发事件。

（2）**应急设施**：配备了消防设施、应急照明、疏散通道等应急设施，以确保在紧急情况下旅客能够安全疏散，避免伤害。

知识拓展

上海磁浮交通龙阳路站

上海磁浮交通龙阳路站（图4-29）的运营管理高效有序，通过智能化设施和科学的管理流程，实现了旅客的快速进出站和换乘。同时，车站注重安全管理，配备了完善的安检系统和监控系统，确保旅客的安全出行。这些措施使得龙阳路站成了一个安全、便捷、高效的交通枢纽。

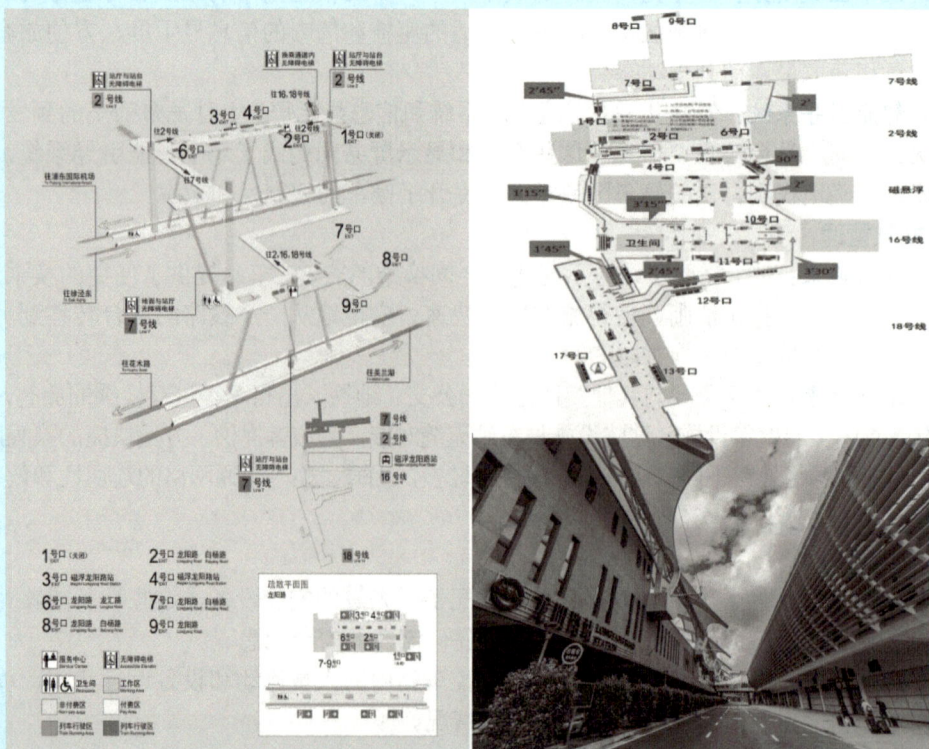

图4-29　上海磁浮交通龙阳路站

任务工单

1. 任务描述

学习相关知识并复习整理后，进行轨道交通车站相关的知识竞赛。

2. 小组分工

以 3～5 人为一组，选出组长并进行任务分工，制订合理的工作计划，并将小组成员信息及分工情况填入表 4-1 中。

表 4-1　小组成员信息及分工情况

班级			组号	
小组成员	姓名	学号	任务分工	
组长				
组员				

3. 获取信息

在进行具体工作前，需要掌握轨道交通车站相关的知识。各组组长组织组员收集相关资料，回答下列问题。

（1）按照车站的位置进行划分，可以将车站分为_____、_____和_____。

（2）铁路车站站台的类型包括_____、_____和_____。

（3）铁路车站的站场布置主要包括咽喉区、_____和正线。

（4）高铁车站的站房设计通常采用_____建筑风格，注重空间感和舒适性。

（5）　城市轨道交通车站的出入口设计需根据车站周边的人流分布和_____需求合理设置。

（6）磁浮交通车站的站台宽度一般不小于_____m。

（7）铁路车站的平面设计主要包括哪些内容？

（8）高铁车站的站房布局方式有哪些？各有什么优缺点？

（9）城市轨道交通车站在运营管理中常见的问题有哪些？如何进行有效管理？

4. 任务实施

组长带领组员复习轨道交通车站相关知识。复习结束后，由教师组织全体学生进行知识竞赛，每个小组作为一支参赛队伍，教师提出与本任务内容相关的问题，各小组进行抢答。学生将任务实施情况填入表4-2中。

表4-2　任务实施情况

学生姓名		本人答对题数		小组答对题数	
答错或不会的题目及答案					

5. 考核评价

竞赛结束后，学生配合教师完成如表4-3所示的考核评价。

表4-3　考核评价表

评分标准	实际得分	备注
积极参与知识竞赛（20分）		
答题正确（每答对1题计5分）		
表述流畅（5分）		
附加分（20分，计入答题正确数第一的小组）		
总分		

轨道交通载运工具

本项目系统阐释轨道交通移动装备技术体系，涵盖传统铁路列车、高速动车组、城市轨道车辆及磁浮列车的核心技术，重点解析载运工具的动力系统、走行机构、控制技术等关键模块，对比分析不同制式车辆的运行特征与维护要求。通过前沿技术案例，展现载运工具智能化、绿色化发展趋势。

教学目标

1. 知识目标
（1）掌握各型载运工具的技术参数与性能指标。
（2）理解电力牵引与磁浮核心技术原理。
（3）了解车辆检修规程与故障诊断方法。

2. 能力目标
（1）能进行车辆选型与编组配置。
（2）能进行车辆能耗分析与优化。

3. 素质目标
（1）培养装备技术迭代的敏锐洞察力。
（2）强化精益求精的工匠精神。
（3）形成绿色交通发展责任感。

任务 5.1 轨道交通载运工具概述

扫码获取多媒体
教学资源

轨道交通载运工具，作为轨道交通系统中至关重要的组成部分，其性能的优劣和设计的合理性，直接决定了整个轨道交通系统的运行效率、安全性、舒适性及经济性，下面将从3个主要方面对轨道交通载运工具进行相关知识介绍。首先介绍轨道交通载运工具的概念，并阐述其在轨道交通系统中所扮演的角色和承担的功能。其次介绍轨道交通载运工具的大致分类，并简要介绍其组成部分。最后探讨轨道交通载运工具的技术发展趋势，分析当前和未来可能的技术革新，以及这些技术革新如何影响轨道交通载运工具的性能和设计。通过本任务对轨道交通载运工具的认知，学生能从整体上了解轨道交通载运工具，在后面的任务中再分别介绍铁路列车、城轨车辆、磁浮列车。

5.1.1 轨道交通载运工具的定义与功能

轨道交通载运工具是指在轨道交通系统中用于运输旅客或货物的各类车辆。这些载运工具通过与轨道的紧密结合，能够实现高效、安全、可靠的运输服务。下面介绍轨道交通载运工具的主要功能。

（1）旅客运输：轨道交通载运工具为城市居民和城际旅客提供快速、便捷的出行服务，满足日常通勤、商务和旅游等多样化需求，如图5-1所示。

图5-1 轨道交通承担旅客运输任务

（2）货物运输：轨道交通载运工具承担着大量的煤炭、矿石、粮食等大宗货物的运输任务，对支持区域经济的发展起到了至关重要的作用，如图5-2所示。

图5-2 轨道交通承担货物运输任务

（3）应急救援：在自然灾害或突发事件中，轨道交通载运工具可以作为应急救援的重要工具，快速输送救援人员和物资，为受灾地区提供及时的帮助，如图5-3所示。

图 5-3　轨道交通承担应急救援任务

（4）**城市物流配送**：部分城市轨道交通车辆还可以用于城市内部的小件货物配送，这不仅提升了物流效率，还缓解了城市交通压力，如图 5-4 所示。

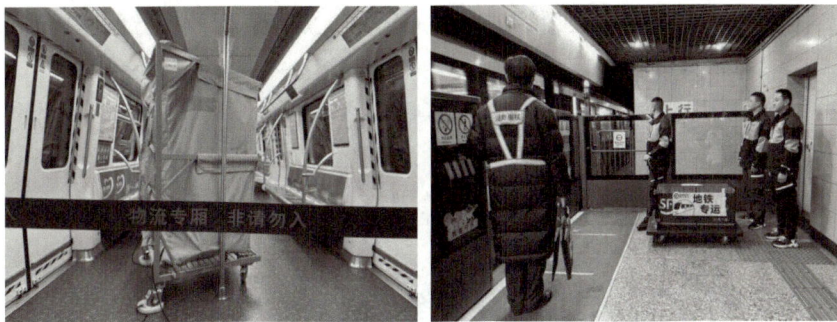

图 5-4　轨道交通承担城市物流配送任务

由于轨道交通载运工具具有高效性和可靠性，所以它们已经成为现代交通体系中不可或缺的一部分。特别是在城市化和区域一体化进程中，轨道交通载运工具发挥着越来越重要的作用，目前已经成为推动社会经济发展的重要力量。

5.1.2　轨道交通载运工具的分类与组成

1.　轨道交通载运工具的分类

轨道交通载运工具根据其运行环境、功能和技术特点，可以分为以下几类。

（1）**铁路列车**：包括普通列车、重载列车等，如图 5-5 所示。铁路列车主要用于干线铁路运输，承担着大量货物和旅客的运输任务。

图 5-5　铁路列车

（2）**高速动车组**：以高速运行和高舒适性为特点，用于高速铁路客运。这类列车能够显著缩短城市间的旅行时间，为旅客提供快捷舒适的出行体验，如图5-6所示。

图5-6　高速动车组

（3）**城市轨道交通车辆**：包括地铁车辆、轻轨车辆、有轨电车等，主要用于城市内部的公共交通。如图5-7所示。它们在缓解城市交通压力、提高出行效率方面发挥着重要作用。

图5-7　城市轨道交通车辆

（4）**磁浮列车**：利用磁浮技术实现无接触运行，具有高速、低噪声、高舒适性等特点，如图5-8所示。磁浮列车作为一种新型的高速轨道交通工具，正逐渐成为未来城市间快速交通的有力竞争者。

图5-8　磁浮列车

2.　轨道交通载运工具的组成

每种轨道交通载运工具的组成结构虽有差异，但通常包括以下几个主要部分。

（1）**车体**：用于容纳旅客或货物，是车辆的主体结构。车体通常采用高强度铝合金或不锈钢材料，具有轻量化、高强度和良好的抗腐蚀性。车体的设计和制造质量直接影响载运工具的整体性能和旅客的乘坐体验。

（2）**转向架**：用于支撑车体、引导车辆沿轨道运行，并承受各种载荷。转向架通常由构架、轮对、悬挂装置等组成，其设计直接影响列车的运行稳定性和舒适性。一个优秀的转向架设计应能够确保列车在高速运行时的平稳性和安全性。

（3）**动力系统**：用于为车辆提供动力，包括内燃机、电动机等。动力系统的设计取决于车辆的运行环境和功能需求，例如高速动车组通常采用电力牵引，而部分铁路列车可能采用内燃机牵引。动力系统的效率和可靠性是决定载运工具性能的关键因素之一。

（4）**制动系统**：用于确保车辆在运行过程中能够安全、可靠地减速或停车。制动系统通常包括空气制动、电制动和手制动等。一个高效的制动系统应能够在紧急情况下迅速响应，保障旅客和列车的安全。

（5）**电气系统**：用于为车辆提供电力供应和控制，包括牵引供电、辅助供电、信号系统等。电气系统的设计需要满足车辆的运行需求，并确保安全性和可靠性。电气系统的稳定运行是保障列车正常运行的基础。

（6）**车钩缓冲装置**：用于连接车辆，传递牵引力和缓冲车辆间的冲击力。车钩缓冲装置的设计需要确保车辆在运行过程中保持良好的连接状态，减少因碰撞或冲击造成的损害。

（7）**车内设施**：包括座椅、扶手、空调、照明等，为旅客提供舒适的乘车环境。车内设施的设计需要兼顾舒适性和功能性，以满足旅客在旅途中的各种需求，提升乘车体验。

5.1.3　轨道交通载运工具的技术发展趋势

随着科技的不断进步和社会对轨道交通需求的日益增长，轨道交通载运工具的技术也在不断地向前发展。这一发展主要体现在以下几个方面。

（1）**高速化**：通过不断优化车辆的结构设计，采用新型的材料和先进的技术手段，轨道交通载运工具正朝着更高的运行速度迈进，从而显著缩短人们的旅行时间。例如，目前高速动车组的设计时速已经可以达到 350 km 以上，而在一些试验线路上，这个速度甚至更高。

（2）**智能化**：轨道交通载运工具正在引入一系列先进的信息技术，包括自动驾驶系统、智能监控技术及故障诊断功能等，这些技术的应用，不仅显著提升了车辆的运行效率和安全性，而且还有效减少了因人为操作失误而引发的风险。

（3）**轻量化**：为了降低能源消耗并减少环境污染，轨道交通载运工具开始采用高强度的铝合金、碳纤维等轻质材料来减轻车辆的自重。轻量化设计不仅有助于降低能源消耗，还能提升车辆的运行性能，使得整个运输过程更加高效。

（4）**舒适化**：为了提升旅客的乘车体验，轨道交通载运工具在车内环境的改善上下足了功夫，包括提升座椅的舒适性、降低噪声和振动等。舒适化的设计对于提升旅客的满意度至关重要，特别是在长途旅行中，它能够显著提高旅客的舒适度。

（5）**绿色化**：轨道交通载运工具正越来越多地采用电力牵引、混合动力等环保技术，以减少尾气排放和降低能源消耗，从而实现可持续发展的目标。绿色技术的应用与全球环保趋势相契合，有助于减少轨道交通对环境的负面影响。

（6）**模块化与标准化**：在车辆设计中采用模块化结构，不仅便于生产和维护，还便于未来的升级。同时，推动零部件的标准化，可以有效降低生产成本。总之，模块化和标准化的设计，有助于提高生产效率，降低维护成本。

轨道交通载运工具的技术进步不仅极大地提升了运输效率和服务质量，而且推动了整个轨道交通行业的持续发展，为社会经济繁荣提供了有力的支持。

任务 5.2 铁路列车

扫码获取多媒体
教学资源

铁路列车作为轨道交通系统中最为传统且广泛应用的载运工具，其技术成熟、适应性强，广泛应用于客运和货运领域。下面将从铁路列车的特点、组成与结构，以及运行与维护 3 个方面进行详细介绍，以全面掌握铁路列车的核心知识。

5.2.1 铁路列车的特点

1. 普通列车与重载列车

铁路列车根据其运输对象和功能的不同，可以划分为两大类：普通列车和重载列车。这两种列车在设计理念、结构及运行方式上都呈现出各自独特的特点。

1）普通列车

（1）定义与功能：普通列车主要是为了满足客运和一般货物的运输需求而设计的，它构成了铁路运输的基础。客运列车通常由一台或多台机车，以及相应的客车车厢组成，车厢内部配备了舒适的座椅、空调系统、餐饮服务设施等，旨在为旅客提供一个舒适、便捷的出行环境。而货运列车则根据所运输货物的种类和特性，配备不同类型的车厢，例如用于运输散装货物的敞车、装载货物的棚车，以及专门用于液体或气体货物的罐车等，如图 5-9 所示。

(a)敞车

(b)棚车

(c)罐车

图 5-9 普通列车

（2）**特点**。普通列车具有以下特点。

① **运行速度适中**：普通客运列车的设计时速一般为 120～160 km，而货运列车的速度则相对较低，设计时速通常为 80～120 km。这样的速度设计既保证了运输效率，又兼顾了安全性和经济性。

② **编组灵活**：普通列车的编组数量可以根据实际的运输需求进行灵活调整，这种灵活性使得列车能够适应各种不同的客运和货运任务，从而提高了铁路运输的适应性和效率。

③ **适应性强**：普通列车能够在多种类型的铁路线路上运行，无论是电气化铁路还是非电气化铁路，都能够顺利通行，这大大增强了铁路运输的灵活性和覆盖范围。

④ **经济性高**：普通列车的建设和运营成本相对较低，这使得它非常适合用于中长途的运输任务，能够在保证运输效率的同时，有效控制成本。

2）重载列车

（1）**定义与功能**：重载列车主要用于运输大宗货物，例如煤炭、矿石等。这类列车的特点是载重量大、编组数量多、运行速度相对较慢，以确保在运输过程中能够保持稳定性和安全性。

（2）**特点**：重载列车具有以下特点。

① **大载重量**：重载列车的牵引重量通常在万 t 以上，在某些特定的铁路线路上其载重量甚至可以达到数万 t，这使得重载列车成为大宗货物运输的主力。

② **多机牵引**：为了满足大载重量的需求，重载列车通常会采用多台大功率电力机车或内燃机车进行牵引，以提供足够的动力来拉动重载列车。

③ **低速运行**：考虑到安全性和轨道设施的可靠性，重载列车的运行速度一般控制在 60～80 km/h，这样的速度可以有效减少对轨道的冲击和磨损。

④ **专用线路**：重载列车通常运行在专门为重载运输设计的铁路线上，这些线路的轨道结构经过特别加固，能够承受更大的轴重，确保了重载列车在运行过程中的稳定性和安全性。

2.　铁路列车的动力系统

铁路列车的动力系统是其运行的核心，负责提供列车前进的动力，确保列车能够安全、高效地运行。根据能源类型的不同，铁路列车的动力系统可以分为两大类：内燃机车和电力机车。

1）内燃机车

（1）**定义与结构**：内燃机车（图 5-10）是一种以柴油机作为主要动力源的机车类型。它通过机械传动或液力传动的方式，将动力有效地传递给车轮，从而驱动列车前进。内燃机车主要由柴油机、传动装置、车体、转向架等关键部分构成。

图 5-10　内燃机车

（2）**特点**：内燃机车具有以下特点。

① **机动灵活**：内燃机车不依赖外部电气设施，因此可以在非电气化铁路线路上自由运行，特别适合在山区和偏远地区使用。

② **噪声较大**：在运行过程中，内燃机车会产生较大的噪声，这可能会对周围环境造成一定的影响。

③ **污染较大**：由于使用柴油作为燃料，内燃机车在运行时会产生尾气，这些尾气中含有多种有害物质，对环境造成了一定的污染。

④ **维护成本高**：柴油机的结构相对复杂，需要定期进行维护和检修，这使得内燃机车的维护成本相对较高。

2）电力机车

（1）**定义与结构**：电力机车（图5-11）是一种通过接触网获取电能的机车类型。它利用受电弓从接触网中获取电流，然后通过牵引变压器和牵引变流器将高压电能转换为机车所需电能，牵引电机将电能转化为机械能，驱动运行。电力机车动力系统主要由受电弓、牵引变压器、牵引变流器、牵引电动机等关键部件组成。

（2）**特点**：电力机车具有以下特点。

① **功率大**：电力机车的牵引能力较强，能够轻松应对重载和高速运行的需求。

② **效率高**：电力机车在运行过程中，电能转换效率较高，因此运行成本相对较低。

③ **无污染**：电力机车在运行过程中不会产生尾气排放，是一种符合现代环保要求的交通工具。

④ **依赖电气化设施**：电力机车需要依赖电气化设施，如接触网供电，因此其运行线路必须是电气化的，这在一定程度上限制了其适用范围。

图5-11 电力机车

5.2.2 铁路列车的组成与结构

1. 车体与转向架

1）车体

车体作为列车的核心结构部分，承担着承载旅客或货物的重要职责。它不仅是一个简单的容纳空间，更是列车安全运行的基础。在材料选择上，传统列车的车体多采用高强度的钢材，这种材料以其出色的强度和耐久性而受到青睐。然而，随着科技的进步和对能效要求的提高，一些现代化的新型列车开始采用铝合金材料制造车体。铝合金的使用显著减轻了车体的重量，从而提高了列车的能效，降低了能源消耗。常见车体结构如图 5-12 所示。

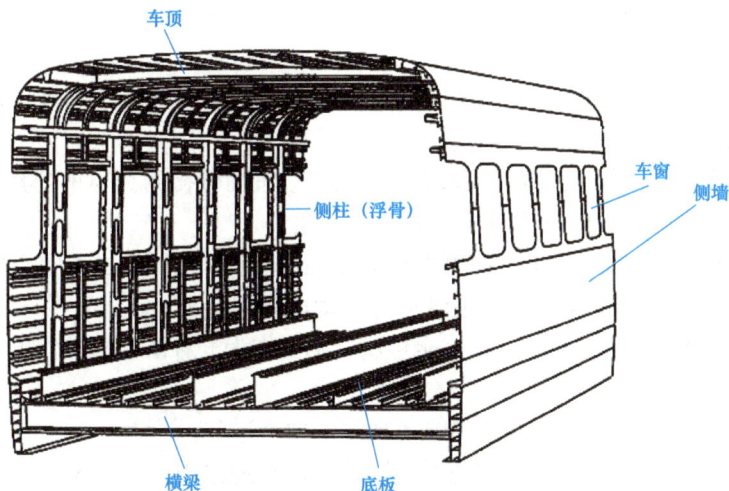

图 5-12 常见车体

车体的内部布局设计是根据其用途来决定的。对于客运列车而言，内部空间被精心规划，以满足旅客的多样化需求。旅客座椅区、行李架、卫生间、餐车等区域的设置，都是为了给旅客提供更加舒适和便利的旅行体验。而货运列车的车体设计则更加注重实用性，根据不同的货物类型设计出不同的车厢结构。例如，敞车适用于装载散装货物，棚车则为保护性运输提供了遮蔽，罐车则专门用于装载液体或气体货物。

2）转向架

转向架（图 5-13）是列车中不可或缺的关键部件，它连接着车体与轨道，确保列车能够平稳、安全地沿着轨道行驶。转向架的主要功能包括支撑车体重量、引导车辆沿轨道正确行驶，以及承受来自不同方向的载荷。一个设计优良的转向架能够显著提升列车的运行稳定性和乘坐舒适度。其结构通常包括构架、轮对、悬挂装置等关键部分，这些部分的合理设计和精确制造是确保转向架性能的关键。

图 5-13 转向架

转向架类型多样，可适应不同类型的列车和运行条件。普通列车一般采用两轴转向架，这种设计简单、成本较低，适用于标准载重和速度的列车。而对于需要承载更重货物或在恶劣条件下运行的列车，多轴转向架则成为首选。多轴转向架通过增加更多的轮对来分散重量，从而提高了列车的承载能力和稳定性，尤其在重载运输中显示出其独特的优势。

2. 制动系统与电气系统

1）制动系统

（1）**功能与组成**：制动系统是确保列车安全运行的重要装置，通常有 3 种主要的制动方式，分别是空气制动、电制动和手制动。

① **空气制动系统**：通过压缩空气来驱动制动缸，进而使得闸瓦与车轮紧密接触，从而产生必要的制动力，以确保列车能够安全地减速或停止。

② **电制动系统**：利用牵引电机的再生制动原理，将列车在制动过程中产生的动能转换成电能，这些电能可以回馈到电网中，或者通过制动电阻消耗掉。

③ **手制动系统**：主要应用于列车完全停稳之后，作为一种防溜措施，防止列车在静止状态下发生意外滑动。

这 3 种制动方式相互配合，共同保障了列车的安全运行。

（2）**特点**：在现代铁路列车的制动系统设计中，普遍采用了冗余设计的理念。这种设计理念意味着，即使制动系统中的某一部分发生故障或失效，列车依然能够依靠其他正常工作的系统部分来实施安全制动，从而极大地提高了列车运行的安全性。

2）电气系统

（1）**功能与组成**：电气系统的主要功能是为列车提供所需的电力供应和控制，它包括多个关键组成部分，如牵引供电系统、辅助供电系统及信号系统等，如图 5-14 所示。在电力机车中，电气系统还包括受电弓、牵引变压器和牵引变流器、牵引电机等关键部件，这些部件协同工作，将接触网上的电能有效地转化为机械能，进而驱动列车前进。对于内燃机车而言，电气系统则主要负责为机车的辅助设备和控制系统提供所需的电力，确保机车的正常运行和控制。

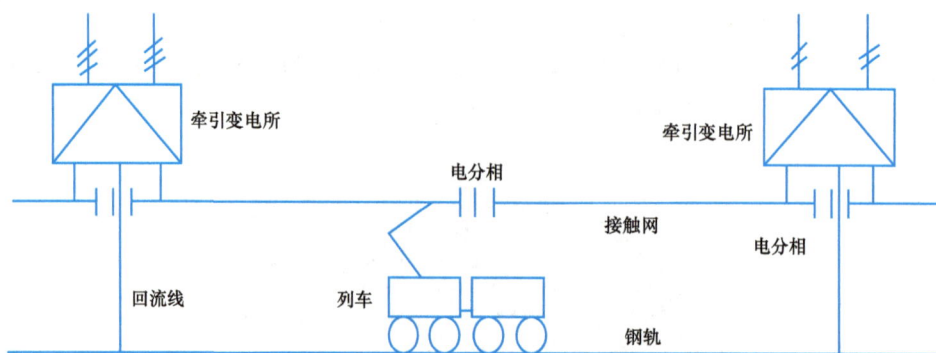

图 5-14　铁路电气系统

（2）**特点**：电气系统的设计必须充分考虑到列车运行的实际需求，同时还要确保系统的安全性和可靠性。这意味着电气系统不仅要能够提供稳定的电力供应，还要具备足够的冗余和故障处理能力，以应对各种可能发生的紧急情况，从而保障列车运行的连续性和旅客的安全性。

5.2.3 铁路列车的运行与维护

1. 列车运行控制

1）列车调度指挥

（1）**功能与系统**：列车调度指挥（图5-15）是通过列车调度系统对列车的运行进行实时监控和指挥，合理安排列车的运行计划，确保列车按时、有序运行。调度指挥系统通常包括调度中心、车站联锁设备、列车运行监控装置等。调度中心作为整个系统的核心，负责收集和处理来自各个车站和列车的运行信息，同时根据列车运行图和实时运行情况，发布调度命令，调整列车运行计划，以应对各种突发情况，保障铁路运输的高效和安全。

（2）**运行图与调度命令**：列车调度员根据列车运行图和实时运行情况，发布调度命令，调整列车运行计划。运行图是列车运行的蓝图，它详细记录了列车在各个时间段内的运行状态和位置，调度员依据运行图来判断列车是否按照既定计划运行。在实际操作中，调度员需要密切关注列车的实时位置和速度信息，一旦发现列车运行出现偏差，便立即通过调度系统发出相应的调度命令，纠正列车运行状态，确保列车能够安全、准时地到达目的地。

2）列车运行监控装置

列车运行监控装置（LKJ）是安装在机车上的监控设备（图5-16），用于实时监测列车的运行速度、位置等信息，并与地面信号系统进行通信。当列车运行速度超过规定值或遇到危险情况时，LKJ会自动发出警报或实施紧急制动，确保列车运行安全。LKJ系统通过精确的传感器和先进的数据处理技术，能够实时收集列车的运行数据，并与地面控制中心保持持续的通信，以确保列车运行在安全的速度范围内。此外，LKJ还具备记录功能，能够记录列车运行过程中的各种数据，为事故调查和分析提供重要依据。

图 5-15 列车调度指挥

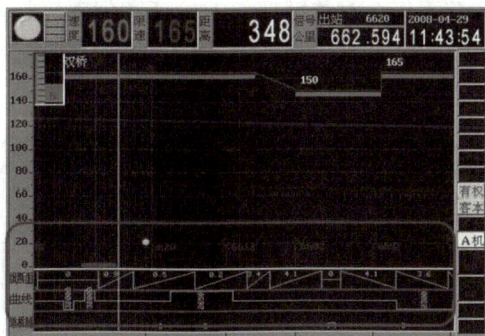

图 5-16 LKJ2000 型监控装置

3）列车自动控制系统

在一些现代化铁路线路上，采用列车自动控制（automatic train control，ATC）系统实现列车的自动驾驶、自动停车等功能。ATC系统通过车地通信设备实时传输列车运行信息，提高列车运行的自动化水平和安全性。ATC系统集成了先进的信号处理技术和自动控制理论，能够自动控制列车的起动、加速、减速和停车，极大地减少了人为操作的失误，提高了列车运行的准确性和可靠性。此外，ATC系统还能够与列车调度系统协同工作，实现列车运行的优化调度，进一步提升铁路运输的效率和安全性能。ATC系统架构如图5-17所示，其中TWC （train-to-wayside communication）代表车地通信，ATS（automatic train supervision）代表列车自动监控。

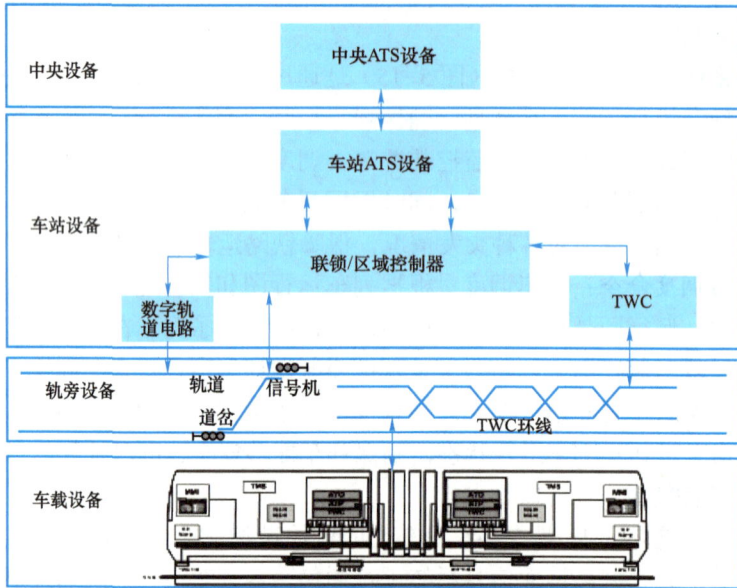

图 5-17　ATC 系统架构

2. 列车维护与检修策略

1）日常维护

日常维护是确保列车安全运行的重要环节，其内容与流程包括：对列车外观的仔细检查和清洁工作、对关键部件的检查和保养。这里的关键部件通常包括车轮、制动系统、电气设备等。日常维护工作通常在列车完成日常运行任务后，返回车库时进行。整个过程由专业的检修人员按照既定的维护流程和标准来完成（图 5-18），以确保列车的性能和安全。

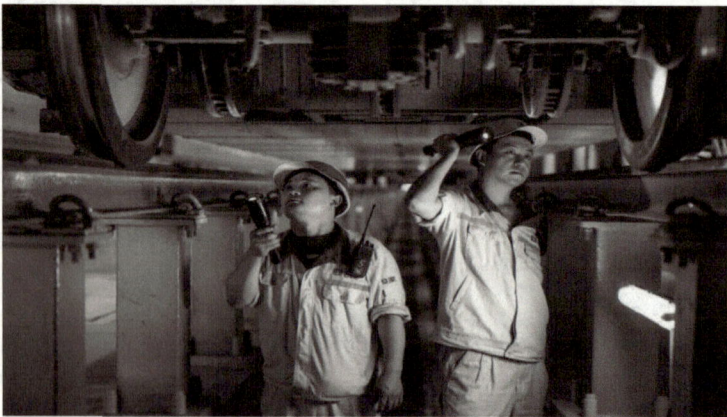

图 5-18　列车日常维护

2）定期检修

定期检修（图 5-19）是根据列车的运行里程或运行时间来安排的，目的是对列车进行全面的检查和维修工作。这种检修工作分为 3 个不同的等级，分别是小修、中修和大修。

（1）小修：主要针对列车中容易磨损和损坏的部件进行更换和修复，以保证列车的正常运行。

（2）中修：比小修更加深入，它涉及对列车的主要部件进行分解检查和进行必要的维修工作，以确保这些部件的性能和可靠性。

（3）大修：最为全面的检修，它要求对列车进行彻底的解体检查，并对所有需要修复的部分进行修复，从而恢复列车的整体技术性能，确保列车能够继续安全、高效地运行。

图 5-19　列车定期检修

3）故障诊断与应急处理

随着技术的进步，现代铁路列车已经配备了先进的故障诊断系统，这些系统能够实时监测列车各部件的运行状态，并在出现异常时及时发出警报。检修人员利用这些故障诊断系统提供的信息，可以迅速地定位故障点，并采取相应的应急措施进行处理，确保列车在发生故障时能够尽快恢复正常运行，减少对列车运行计划的影响，保障旅客的安全和列车的运行效率。

任务 5.3　高速动车组

扫码获取多媒体
教学资源

高速动车组（图 5-20）作为现代轨道交通技术领域的一项重要成果，它不仅代表了铁路运输技术的最高水准，而且在铁路客运领域扮演着至关重要的角色。这种列车以其高速运行、高效运输、安全可靠及乘坐舒适等显著特点，赢得了广大旅客的青睐，并且已经成为铁路客运的主力军。下面将从高速动车组的独特特点、组成部分与结构构造，以及列车的运行机制和日常维护保养这 3 个方面进行深入而详细的介绍。通过本任务的学习，读者能对高速铁路动车组有一个全面的了解。

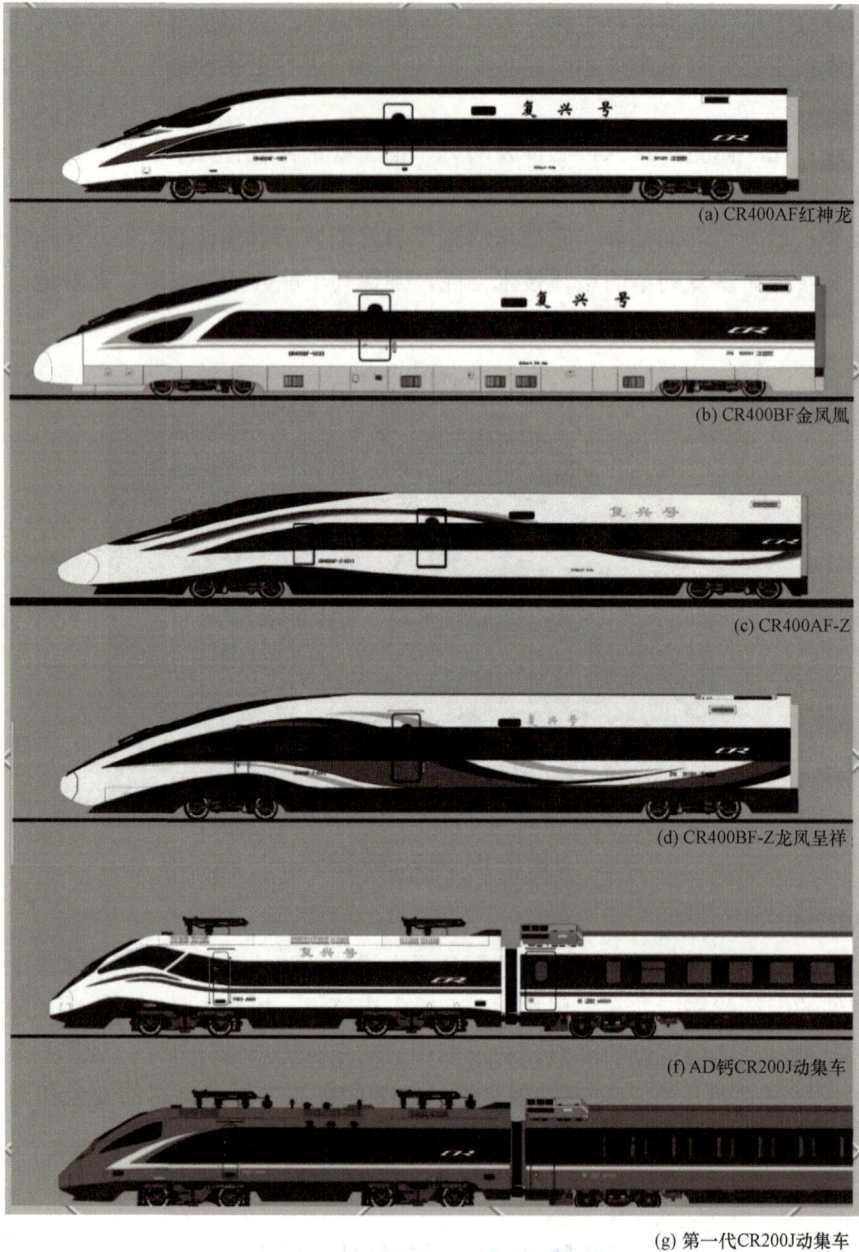

(a) CR400AF红神龙

(b) CR400BF金凤凰

(c) CR400AF-Z

(d) CR400BF-Z龙凤呈祥

(f) AD钙CR200J动集车

(g) 第一代CR200J动集车

图 5-20　高速动车组

5.3.1　高速动车组的特点

1.　高速动车组的性能指标

高速动车组的设计和运行指标显著高于普通铁路列车，其主要性能指标如下。

1）高速运行能力

高速动车组的设计时速通常在 250 km 以上，部分线路甚至可达 350 km 或更高。其高速运行能力得益于流线型车体设计、强大的动力系统和先进的轨道技术。例如，我国的"复兴号"动车组在试验中时速达到了 400 km。

2）高舒适性

高速动车组采用先进的减震和隔声技术，配备舒适的座椅、宽敞的车厢空间、空调系统和先进的照明设施，为旅客提供优质的乘车体验。车内噪声控制在较低水平，即使在高速运行时，旅客也能享受到平稳舒适的旅程。此外，动车组内部的环境控制系统能够根据外部温度和旅客需求自动调节，确保车厢内温度适宜，进一步提升了旅客的乘坐舒适度。

3）高可靠性

高速动车组采用冗余设计和先进的故障诊断系统，能够实时监测列车各系统的运行状态，及时发现并处理潜在故障，确保运行安全。其关键部件如转向架、制动系统和电气系统均经过严格测试，可靠性极高。这些措施大大降低了故障发生的概率，使得高速动车组在日常运营中能够保持较高的准点率和运行效率。

4）低能耗与环保

高速动车组通常采用电力牵引，能源利用效率高，且运行过程中无尾气排放，符合环保要求。部分动车组还配备了再生制动系统，将制动能量回馈至电网，进一步提高能源利用效率。这些环保措施不仅减少了对环境的影响，也降低了运营成本，体现了高速动车组在可持续发展方面的优势。

2. 高速动车组的智能化技术

在现代铁路运输中，高速动车组已经广泛地应用了智能化技术，这些技术的集成显著地提升了列车的运行效率，并能确保运行过程中的安全性。

1）列车自动驾驶系统

高速动车组通过先进的列车自动控制（auomatic train operation，ATO）系统实现了自动驾驶功能，该系统能够自动控制列车的起动、加速、减速以及停车。通过这种方式，可以有效减少人为操作中可能出现的误差，从而进一步提高列车的运行效率和安全性。图 5-21 为列车自动驾驶系统的架构。

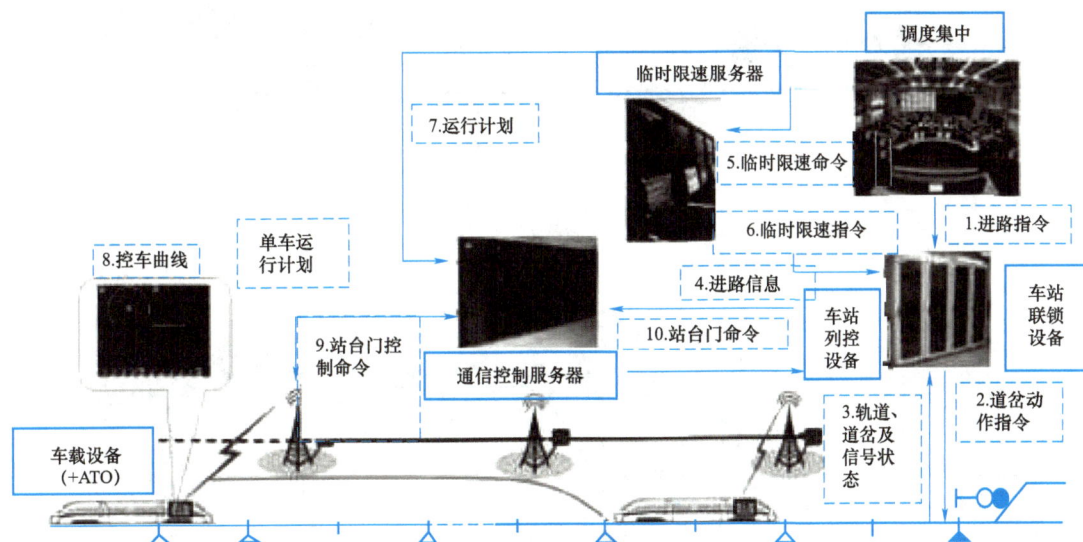

图 5-21　列车自动驾驶系统的架构

2）智能监控与诊断系统

列车内部装备了尖端的智能监控与诊断系统，该系统能够实时监测包括牵引系统、制动系统、转向架等多个关键系统的运行状态。通过这种实时监控，系统能够及时发现潜在的故障并发出预警信号，这使得维修人员能够迅速响应并采取相应的维护措施。图5-22为智能监控与诊断系统的架构。

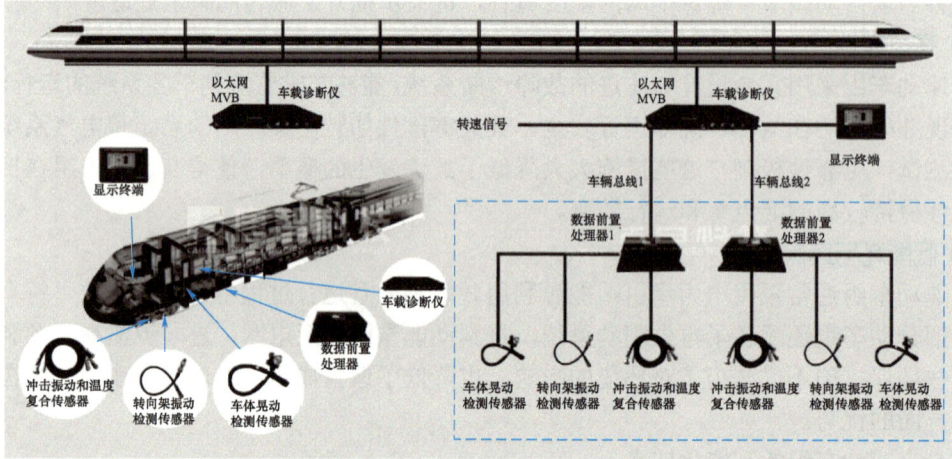

图5-22 智能监控与诊断系统的架构

3）智能调度与通信系统

通过智能调度与通信系统（图5-23）高速动车组与地面调度中心之间实现了实时通信，这使得列车运行状态可以被动态监控，同时调度指令能够被迅速传达给列车。调度系统还具备自动调整列车运行计划的能力，通过这种方式可以优化列车的运行效率，确保列车运行的顺畅和准时。图5-23为智能调度与通信系统的架构。

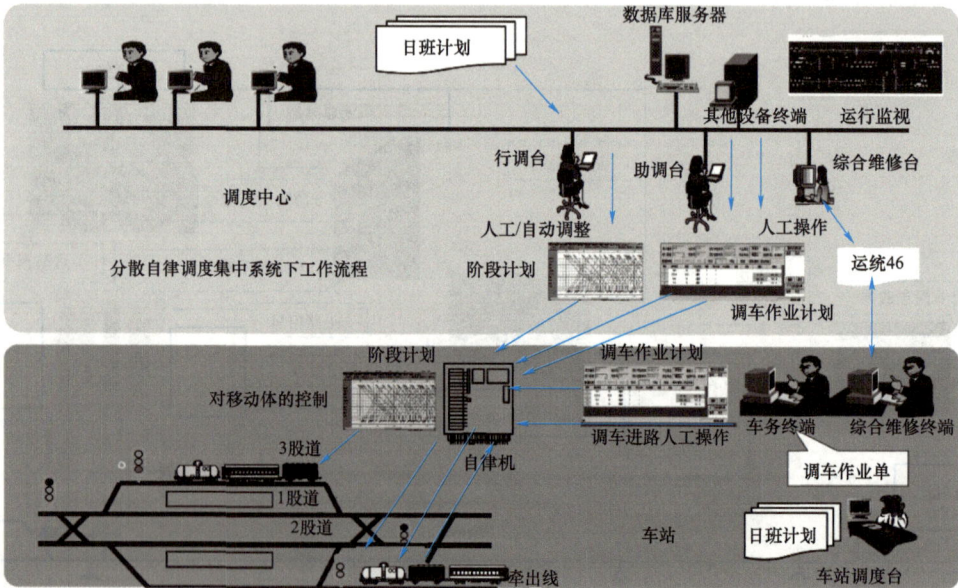

图5-23 智能调度与通信系统的架构

4）旅客信息系统

高速动车组的旅客信息系统（passenger information system，PIS）为旅客提供了丰富的实时信息，包括列车运行信息、到站信息及多媒体服务等。这些信息和服务的提供，极大地提升了旅客的旅行体验，使旅途更加舒适和便捷。图 5-24 为旅客信息系统的架构。

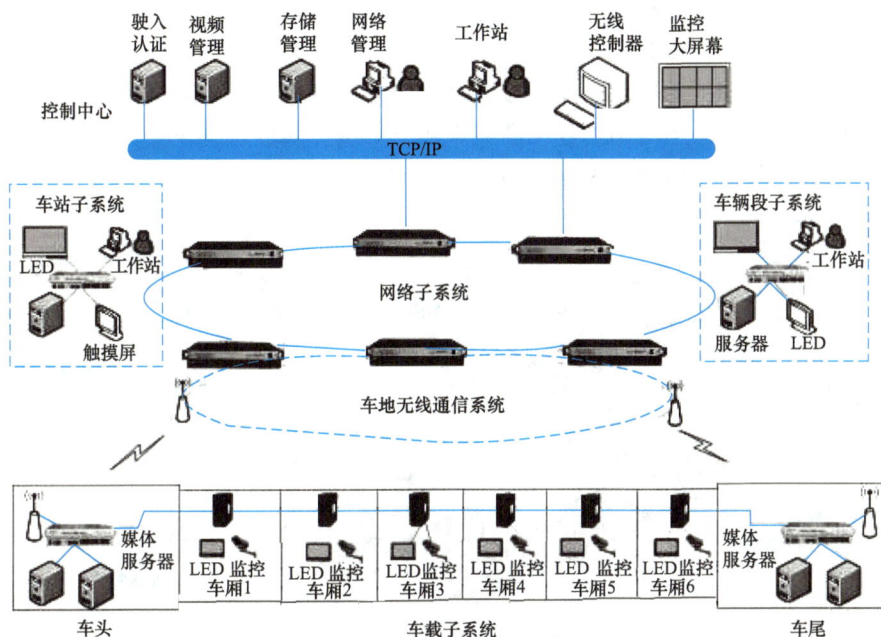

图 5-24　旅客信息系统的架构

5.3.2　高速动车组的组成与结构

动车组的组成与结构如图 5-25 所示，下面重点介绍车体与动力系统、列车网络与控制管理系统。

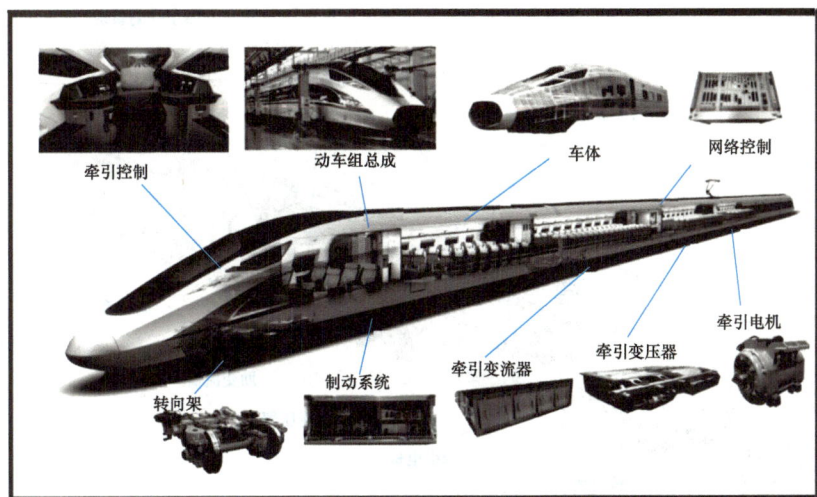

图 5-25　高速动车组的组成与结构

1. 车体与动力系统

1）车体结构

高速动车组的车体通常采用高强度铝合金或不锈钢材料，这些材料不仅赋予了车体轻量化的特点，还确保了其具有高强度和良好的抗腐蚀性。

车体设计为流线型，这种设计的主要目的是减少空气阻力，从而提高运行效率，使列车在高速行驶时更加平稳和节能。

车内空间布局合理，通过精心规划设置了多个功能区域，包括驾驶室、旅客车厢、餐车等。在一些高端车型中，还特别设置了商务座和一等座，为旅客提供更为舒适和高端的旅行体验。高速动车组车体结构如图 5-26 所示。

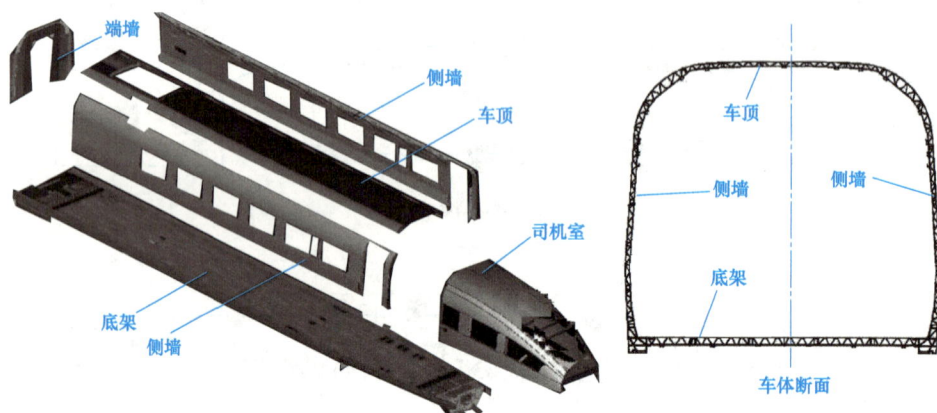

图 5-26　高速动车组车体结构

2）动力系统

高速动车组采用的是分布式动力系统，这种系统将动力单元分散布置在多个车厢中，从而显著提高了列车的牵引能力和运行稳定性。

动力系统通常包括牵引变压器、牵引变流器和牵引电机，这些关键组件协同工作，将接触网的电能有效地转化为机械能，进而驱动列车高速运行。高速动车组动力系统如图 5-27 所示。

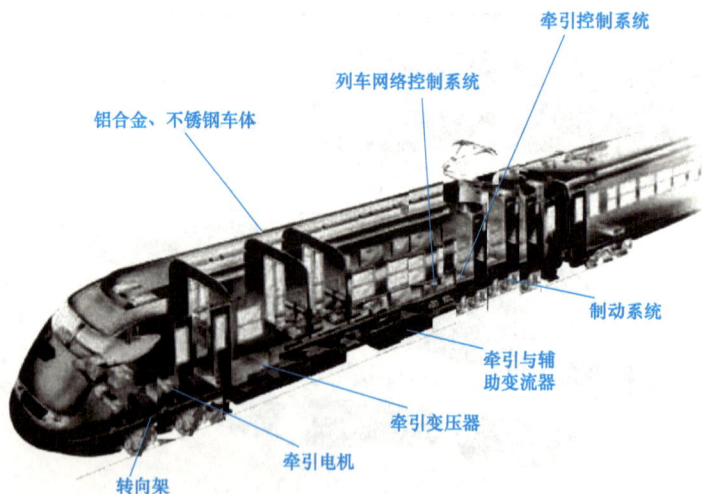

图 5-27　高速动车组动力系统

部分先进的动车组还配备了再生制动系统，这种系统能够在制动过程中将部分制动能量回馈给电网，从而提高能源的利用效率，并有助于降低能耗。

2. 列车网络与控制管理系统

1）列车控制和管理系统

高速动车组通过列车控制和管理系统（train control and management system，TCMS）实现各子系统（如牵引、制动、空调等）的集中控制和管理（图5-28）。这种先进的控制和管理系统通过整合列车上的各种功能模块，确保了列车运行的高效性和安全性。

TCMS 系统采用冗余设计，确保系统的高可靠性。这意味着在关键组件上会有备份，当系统发生故障时，备份系统能够立即接管，从而保障列车运行的连续性和旅客的安全性。

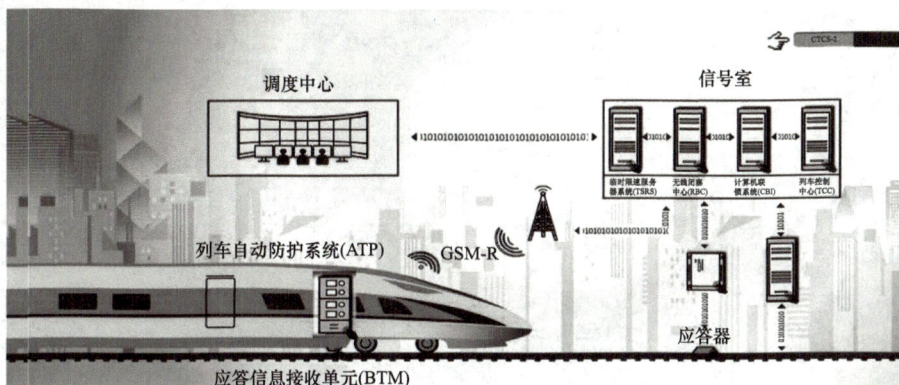

图 5-28　TCMS 系统的架构

TCMS 系统能够实时监控列车状态，记录运行数据，便于故障分析和维护。通过持续的监控和数据记录，TCMS 系统为维护人员提供了宝贵的实时信息，有助于快速定位问题并采取相应的维护措施，从而减少故障停机时间，提高列车的可用性和可靠性。

2）列车运行监控系统（ATP/ATO）

ATP 系统用于确保列车运行安全，防止超速和碰撞。它通过传感器和控制算法来监控列车的速度和轨道条件，确保列车在安全的速度范围内运行，避免了潜在的危险情况。高速动车组 ATP 系统的架构如图5-29 所示。

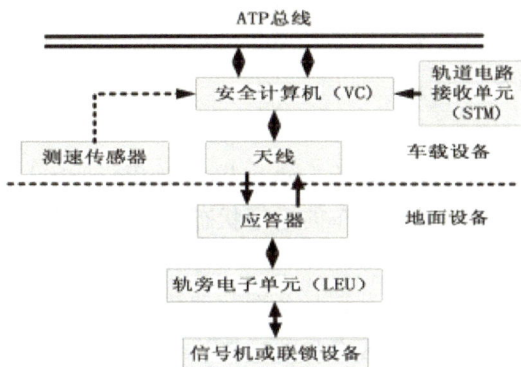

图 5-29　高速动车组 ATP 系统的架构

ATO 系统实现列车的自动运行，提高运行效率和乘坐舒适性。ATO 系统通过精确的定时和速度控制，使得列车能够平稳地加速和减速，为旅客提供更加舒适的乘坐体验，并且通过优化列车运行的时间表，提高了整个路网的运输效率。高速动车组 ATO 系统的架构如图 5-30 所示。

图 5-30　高速动车组 ATO 系统的架构

5.3.3　高速动车组的运行与维护

1.　高速动车组的运行控制

1）列车自动驾驶与防护系统

ATP/ATO 系统通过车地通信技术实现列车的自动运行和安全防护。

在列车运行过程中，该系统实时监测列车的速度、位置及前方线路的状态，根据监测到的数据自动调整列车的运行速度，确保列车安全、高效地运行。

此外，ATP/ATO 系统还具备故障诊断和应急处理功能，能够在出现异常情况时迅速采取措施，保障旅客和列车的安全。

2）调度指挥系统

高速铁路采用的是集中调度指挥系统（centralised traffic control，CTC），通过先进的计算机网络技术，调度中心能够实时监控列车的运行状态，从而指挥列车的运行。调度集中指挥大厅如图 5-31 所示。

调度系统不仅能够实时监控列车，还具备自动调整列车运行计划的能力，通过优化列车运行路径和时间表，提高列车运行的效率和准时率。

图 5-31　调度集中指挥大厅

此外，调度指挥系统还能够处理各种突发事件，通过智能算法快速制定应对措施，确保铁路运输的连续性和可靠性。

2. 高速动车组的检修与保养

高速动车组的检修与保养（图 5-32）采用日常维护与定期检修相结合的形式，具体如下。

图 5-32　高速动车组的检修与保养

1）日常维护

在每日的运行任务结束后，工作人员需要对列车的外观进行仔细的检查，确保没有明显的损伤或污渍，并对车底设备及车轮踏面等关键部位进行彻底的清洁，以保持列车的清洁和运行效率。

此外，还需要对列车的关键部件进行检查，这些部件包括制动系统、电气设备等，以确保它们的运行状态正常。对于那些易损件，一旦发现有磨损或损坏的迹象，应立即进行更换，以防止可能发生的故障。

2）定期检修

为了确保列车的长期稳定运行，需要根据列车的运行里程或时间来进行定期检修。这些检修工作可以分为三个级别：一级修（日常检查）、二级修（专项检修）和高级修（大修）。

一级修主要是对列车进行日常的检查和维护，二级修则涉及更为专项的检查和维护工作。至于高级修，通常需要在专业的检修基地进行，它包括对列车进行全面的解体检查，对发现的问题进行修复，恢复列车的技术性能，确保其安全可靠地运行。

3）故障诊断与处理

高速动车组装备了先进的故障诊断系统，这些系统能够实时监测列车各系统的工作状态，包括动力系统、制动系统、电气系统等，从而快速准确地定位故障点。

一旦故障被诊断系统发现，检修人员会立即根据诊断信息进行分析，采取相应的措施进行故障处理。目标是尽快排除故障，使列车能够迅速恢复运行，减少对旅客出行的影响。

任务 5.4　城市轨道交通车辆

扫码获取多媒体
教学资源

城市轨道交通车辆在现代城市公共交通系统中扮演着至关重要的角色，是地铁、轻轨、有轨电车等多种城市内部的轨道交通系统的核心载运工具。由于这些车辆具有高效、便捷、环保的显著特点，因而已经成为解决城市交通拥堵问题和改善居民出行条件的重要设备。城市轨道交通车辆一般在全封闭或半封闭的线路上，根据信号及预先编制的列车运行图，在行车组织部门的指挥下有序行驶。本任务主要介绍城市轨道交通车辆特点、组成与结构，以及日常的运行与维护流程，读者可以较全面地了解城市轨道交通车辆。

5.4.1　城市轨道交通车辆的特点

1. 地铁车辆与轻轨车辆

城市轨道交通车辆是专为城市轨道交通设计的电动化载客工具，根据其运行环境及功能需求的不同，主要划分为两大类：地铁车辆和轻轨车辆。

1）地铁车辆

地铁车辆（图 5-33）主要运行在地下隧道或者高架线路的轨道上，其主要特点如下：

（1）运行速度快：地铁车辆在设计时通常会设定一个时速范围，一般在 80～120 km 之间。在实际的运行过程中，它们能够达到的时速大约在 60～80 km。

（2）载客量大：为了满足大运量的需求，地铁车辆通常会采用 6 节或者 8 节的编组方式。每节车厢能够容纳大约 200～300 人，这样的设计使得它们能够高效地运送大量旅客。

（3）运行环境复杂：由于地铁车辆是在地下隧道或者高架桥上运行，因此对车辆的密封性、安全性和可靠性有着更高的要求。

（4）供电方式：地铁车辆一般采用直流供电方式，供电电压一般为 750 V 或 1 500 V，它们通过接触网或者第三轨来获取电力。

图 5-33 地铁车辆

2）轻轨车辆

轻轨车辆（图 5-34）在地面上或者高架线路的轨道上运行，主要服务于城市中小运量的公共交通需求。轻轨车辆的特点如下：

（1）运行速度适中：轻轨车辆的设计时速一般在 60～80 km，而实际运行时速则可以达到 40～60 km。

（2）载客量适中：轻轨车辆一般采用 2 节或者 4 节的编组方式，每节车厢可以容纳大约 100～200 人，这样的设计满足了中小运量的需求。

（3）灵活性高：轻轨车辆的转弯半径相对较小，这使得它们能够很好地适应城市中复杂的地形和街道环境。

（4）供电方式：轻轨车辆同样采用直流供电方式，供电电压一般为 600 V 或 750 V，它们也是通过接触网或者第三轨来获取电力。

图 5-34 轻轨车辆（重庆轻轨）

2. 城市轨道交通车辆的动力系统

城市轨道交通车辆的动力系统是其运行的核心，通常采用电力牵引的方式，这种系统不仅高效而且环保，同时还能保持较低的噪声水平，能为旅客提供一个舒适和安静的乘坐环境。图5-35为电力牵引系统的架构。

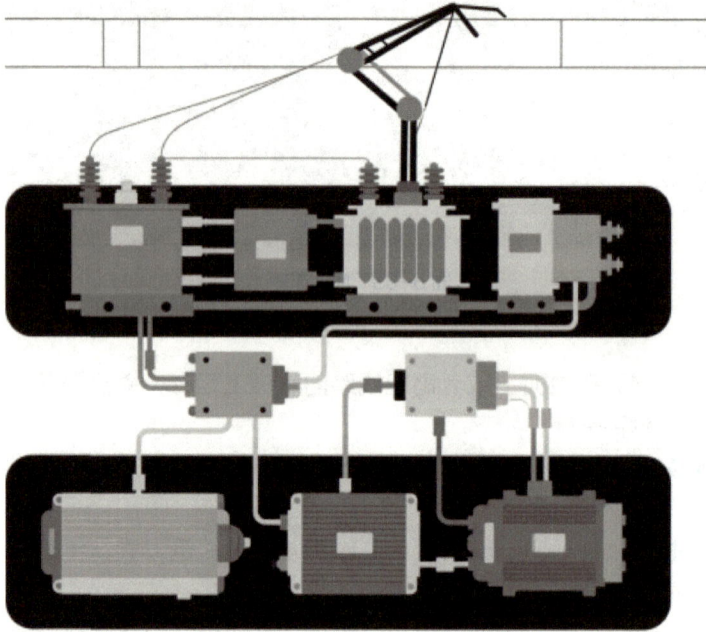

图5-35 电力牵引系统的架构

1）定义与结构

城市轨道交通车辆的动力系统主要由受流装置、牵引变流器、牵引电机和制动系统组成。受流装置通过接触网或第三轨获取电能，牵引变流器将电能转换为适合牵引电机使用的电能，牵引电机将电能转换为机械能驱动车轮运行，从而推动整个车辆前进。

2）特点

（1）**高效节能**：电力牵引系统在能量转换方面表现出色，具有很高的效率，这直接导致了运行成本的降低，为运营公司节省了大量开支。

（2）**环保，低噪声**：电力牵引系统在运行过程中不会产生尾气排放，这不仅减少了对环境的污染，而且由于其具有低噪声的特性，也符合了城市对环保和噪声控制的要求。

（3）**再生制动**：车辆在制动时，牵引电机可以转换为发电机模式，将车辆的动能转化为电能，并将这些电能回馈到电网中，这种再生制动技术进一步提高了能源的利用效率，减少了能源的浪费。

5.4.2 城市轨道交通车辆的组成与结构

1. 车体与转向架

1）车体

车体是城市轨道交通车辆的重要组成部分，用于承载驾驶员和旅客，其结构与材料的选择对于车辆的整体性能有着至关重要的影响。通常情况下，城市轨道交通车辆的车体采用高强度铝合金或不锈钢材料，这些材料不仅能够实现车辆的轻量化，还能够提供高强度的支撑，同时具备良好的抗腐蚀性能。在设计车体时，工程师们特别注重旅客的舒适性和安全性，力求使内部空间宽敞，布局合理，以确保旅客在旅坐过程中的舒适体验。城市轨道交通车辆车体如图 5-36 所示。

车体的内部布局被精心规划，以满足不同功能区域的需求。车体内部分为驾驶室、旅客车厢等功能区域。驾驶室是司机操控列车的地方，而旅客车厢则是旅客乘车的主要空间。在旅客车厢内，配备了座椅、扶手、空调、通风系统和信息显示屏等设施，这些设施的设置都是为了满足旅客的舒适性需求，让旅客在旅途中能够享受到更加舒适的乘坐环境。

2）转向架

转向架（图 5-37）作为连接车体与轨道的关键部件，其功能与结构对于确保车辆安全、稳定运行至关重要。转向架的主要功能是支撑车体重量、引导车辆沿轨道安全运行，并且能够承受来自不同方向的各种载荷。城市轨道交通车辆的转向架通常采用无摇枕结构，这种设计不仅提高了车辆的稳定性和舒适性，还能够有效降低车辆运行时的噪声。

图 5-36 城市轨道交通车辆车体

图 5-37 转向架

根据不同的载重和运行速度需求，地铁车辆和轻轨车辆的转向架在设计上会有所差异。尽管如此，它们都采用了先进的悬挂系统，这种系统能够显著提高车辆运行的平稳性，减少运行过程中的振动和冲击，从而为旅客提供更加平稳舒适的乘坐体验。

2. 制动系统与电气系统

1）制动系统

制动系统（图 5-38）是确保车辆安全运行的重要装置，它通常包括电制动和空气制动两种制动方式。电制动是通过牵引电机的再生制动来实现的，这种方式可以有效地回收能量，提高能源的利用效率。而空气制动则是通过压缩空气驱动制动缸来实现的机械制动，它在制动过程中能够提供强大的制动力，确保车辆能够迅速且安全地减速或停止。

城市轨道交通车辆的制动系统通常采用冗余设计，这种设计可以确保即使在单一系统发生故障的情况下，车辆依然能够安全地进行制动操作。此外，制动系统还能够实现快速制动，这对于满足城市轨道交通高密度运行的要求至关重要，因为这可以有效地缩短列车之间的间隔时间，提高运输效率。

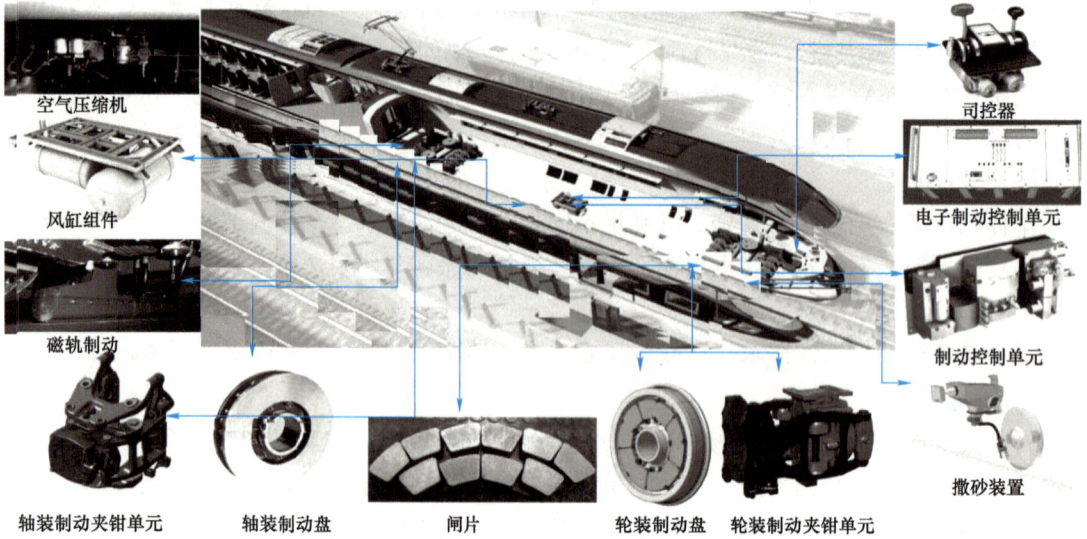

空气压缩机

风缸组件

磁轨制动

轴装制动夹钳单元　　　轴装制动盘　　　闸片　　　轮装制动盘　　　轮装制动夹钳单元

司控器

电子制动控制单元

制动控制单元

撒砂装置

图 5-38　制动系统

2）电气系统

电气系统（图 5-39）的主要功能是为车辆提供电力供应和控制，它包括多个关键组成部分，如牵引供电系统、辅助供电系统及信号系统等。牵引供电系统通过受流装置从接触网或其他电源获取电能，为车辆运行提供动力。辅助供电系统则为车辆的空调、照明、控制系统及其他辅助设备提供必要的电力支持，确保车辆的正常运行和旅客的乘坐舒适度。

电气系统的设计非常注重安全性和可靠性，它采用了一系列先进的控制技术和保护装置，以确保车辆在各种不同的工况下都能够稳定运行。这些技术和装置包括过载保护、短路保护、电压和电流的实时监控等，它们共同作用，为车辆提供了一个安全、稳定的电力环境。

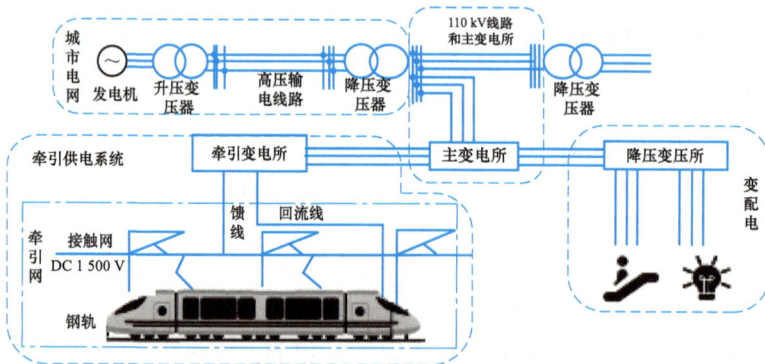

图 5-39　电气系统

5.4.3　城市轨道交通车辆的运行与维护

1.　列车运行控制

1）列车自动控制系统

城市轨道交通车辆广泛采用（ATC）系统，该系统主要负责实现列车的自动驾驶、自动停车及安全防护。ATC 系统通过车地通信设备实时传输列车运行信息，确保列车运行的安全性和高效性。这种系统对于提升城市轨道交通的自动化水平和保障旅客安全具有重要作用。

（1）ATP 系统：该系统的主要职责是防止列车超速和碰撞，通过精确的计算和监控，确保列车在运行过程中的安全。

（2）ATO 系统：该系统负责实现列车的自动运行，通过先进的控制技术，提高列车运行的效率和旅客乘坐的舒适性。

（3）ATS 系统：该系统实时监控列车的运行状态，自动调整列车运行计划，以应对各种运行情况，确保列车运行的顺畅和高效。

2）调度指挥系统

城市轨道交通采用集中调度指挥系统，该系统由调度中心通过计算机网络实时监控列车运行状态，并指挥列车运行。调度系统能够根据实时运行情况自动调整列车运行计划，提高运行效率，从而实现对整个轨道交通网络的高效管理。

2. 列车维护与检修策略

日常维护对于车辆的稳定运行至关重要。通过每日的检查和维护，可以及时发现车辆潜在的故障和问题，从而避免在次日运行中出现突发状况，确保车辆能够安全可靠地为旅客提供服务。日常维护内容和流程如下。

（1）每日运行任务结束后，工作人员需要对车辆的外观进行仔细检查和清洁，确保车辆表面无污渍、划痕等异常现象。

（2）对车底设备和车轮踏面等关键部位进行彻底的检查和清洁工作。

（3）对于车辆的关键部件，例如制动系统、电气设备等，进行细致的运行状态检查，一旦发现有磨损或损坏的迹象，必须及时更换，确保这些易损件处于良好的工作状态。

1）定期检修

定期检修是确保车辆长期稳定运行的关键措施。通过定期的全面检查和维护，可以有效延长车辆的使用寿命，降低故障发生的概率，从而减少因车辆故障导致的停运时间，确保车辆能够持续稳定地为旅客提供服务。

根据车辆的运行里程或时间周期，对车辆进行不同周期的定期检修，这些检修包括月检、季检、年检及更为全面的大修。在这些检修过程中，会对车辆的各个系统进行全面的检查、维护和必要的部件更换，以确保车辆的技术性能始终处于最佳状态。

2）故障诊断与处理

故障诊断系统大大提高了车辆检修的效率和准确性。它不仅能够缩短故障处理的时间，减少车辆停运的时长，而且还能有效保障运营的安全性，确保旅客能够享受到安全、可靠的轨道交通服务。

城市轨道交通车辆通常配备有先进的故障诊断系统，这些系统能够实时监测车辆各系统的工作状态，一旦出现异常，系统能够快速定位故障点。检修人员会根据故障诊断系统提供的信息，迅速采取措施，及时处理故障，以确保车辆能够尽快恢复正常运行。

任务 5.5　磁浮列车

磁浮列车（图 5-40）是现代轨道交通技术中最具创新性和前瞻性的载运工具之一，其独特的运行原理使得它在高速运输领域具有显著的优势。下面将从磁浮列车的特点、组成与结构，以及运行与维护 3 个方面进行详细介绍。

图 5-40　磁浮列车（凤凰磁浮线）

5.5.1　磁浮列车的特点

1.　磁浮列车的运行原理

磁浮列车是一种利用磁力悬浮和驱动的列车系统，其运行原理基于电磁感应和磁力作用。具体来说，磁浮列车通过以下两种主要技术实现悬浮和运行：

1）电磁浮

电磁浮（electromagnetic suspension，EMS）技术利用电磁铁产生的磁场与轨道上的磁性材料相互作用，从而使得列车能够悬浮在轨道上方约 10 mm 的位置。这种悬浮方式需要精确控制，以确保列车能够稳定地悬浮在轨道之上，不会发生接触摩擦，从而减少磨损、降低噪声。

为了实现这种悬浮，电磁浮系统必须实时地调整电磁铁中的电流，以适应不同的运行条件和保持稳定的悬浮高度。这种精确的控制是通过先进的电子控制系统来完成的，确保列车在起动、运行和停止的整个过程中都能保持悬浮状态。

2）电动悬浮

电动悬浮（electrodynamic suspension，EDS）技术则利用超导磁体或电磁感应原理，当列车在轨道上运行时，产生一个与轨道上的磁场相互作用的磁场，从而实现列车的悬浮。这种技术的一个关键特点是，列车通常需要达到一定的速度后才能有效地产生足够的磁场，以实现悬浮。

电动悬浮系统的设计允许列车在高速运行时依然保持悬浮状态，这不仅提高了列车的运行速度，还减少了对轨道的磨损。此外，由于列车与轨道之间没有直接接触，因此电动悬浮列车在运行时几乎无声，能为旅客提供一个更为舒适和安静的旅行环境。

2.　磁浮列车的技术优势

（1）高速运行能力：磁浮列车之所以能够实现高速运行，是因为它采用了无接触的运行方式，这种运行方式显著减少了机械摩擦，从而使得列车能够达到比传统轮轨列车更高的运行速度。例如，我国磁浮列车的试验速度已经达到 600 km/h，这充分展示了磁浮技术在高速运行方面的巨大潜力。

（2）低噪声与低振动：磁浮列车在运行过程中，由于不存在轮轨接触，因此产生的噪声和振动水平非常低，这对沿线的居民生活及整个环境的影响相对较小。这种低噪声和低振动的特性，使得磁浮列车成了一种更加环保和友好的交通工具。

（3）高舒适性：磁浮列车在运行时，由于悬浮技术的应用，大幅度减少了机械冲击，从而提供了极高的运行平稳性。旅客在乘坐磁浮列车时，能够获得到非常舒适的体验，这使得磁浮列车在舒适性方面具有明显的优势。

（4）维护成本低：磁浮列车相较于传统轮轨列车，其机械部件数量较少，这直接导致了磨损和故障率的降低。由于机械部件的减少和运行方式的特殊性，磁浮列车的维护成本相对较低，这对于运营方来说是一个重要的经济优势。

（5）环境友好：磁浮列车采用的是电力驱动，这种驱动方式不会产生尾气排放，因此它完全符合当前的环保要求。在当前全球日益重视环境保护和可持续发展的背景下，磁浮列车的这一特性尤为重要，它为未来交通的发展提供了一种绿色、清洁的解决方案。

5.5.2　磁浮列车的组成与结构

1. 车体与悬浮系统
磁浮列车的车体与悬浮系统如图 5-41 所示。

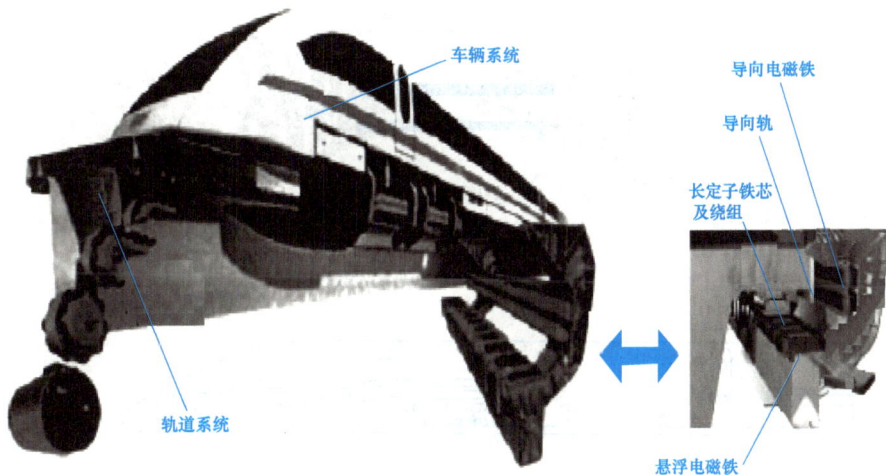

图 5-41　磁浮列车的车体与悬浮系统

1）车体结构
磁浮列车的车体设计往往采用轻量化的设计理念，主要使用的材料包括高强度铝合金或者先进的复合材料，这样的设计可以有效地减轻车体的自重，从而达到提高能源使用效率的目的。

在车体的外形设计上，通常采用流线型的外观，这种设计可以显著减少空气阻力，进而提升列车的运行效率，使得磁浮列车在高速行驶时更加平稳和节能。

2）悬浮系统
（1）电磁浮系统：这一系统主要由电磁铁、传感器及控制单元构成，它能够实时地监测列车的悬浮状态，并且根据需要调整悬浮高度，确保列车稳定地悬浮在轨道之上。

（2）**电动悬浮系统**：这种系统利用超导磁体或者电磁感应的原理，通过在轨道上铺设的线圈产生强大的磁场，从而实现列车的悬浮和导向功能，确保列车在运行过程中的稳定性和安全性。

2. 制动系统与电气系统

1）制动系统

磁浮列车的制动系统主要由两种不同的制动方式构成，分别是电磁制动和机械制动。电磁制动的工作原理是通过改变磁场的方向来产生制动力，这种方式在列车高速运行时尤其有效，而机械制动则主要应用于列车低速运行或者在紧急情况下需要立即停车的场合。

在设计制动系统时，特别注重系统的安全性和可靠性。这确保了在任何紧急情况下，列车都能够迅速地进行制动，从而最大限度地降低事故发生的可能性，保障旅客和列车的安全。

2）电气系统

磁浮列车的电气系统（图5-42）是一个复杂的网络，它由三个主要部分构成：牵引供电系统、悬浮控制系统和辅助供电系统。牵引供电系统为列车提供必要的动力，确保列车能够高效地运行。悬浮控制系统负责精确地控制列车的悬浮高度，保持列车稳定悬浮在轨道之上。辅助供电系统则为列车内部的空调、照明及其他电子设备提供稳定的电力支持。

电气系统采用了先进的控制技术，这些技术能够确保列车在不同的运行工况下，如加速、减速、爬坡等，都能够保持稳定和高效。通过精确的控制和监测，电气系统能够实时响应列车运行中的各种需求，从而为旅客提供一个安全、舒适的乘坐环境。

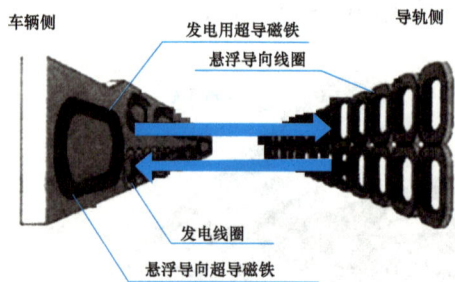

(a)非接触式车内供电原理图

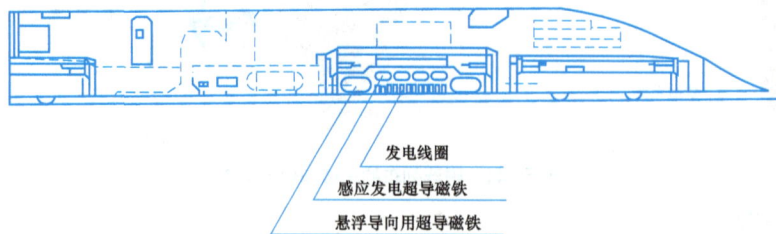

(b)感应发电装置结构

图5-42　磁浮列车的电气系统

5.5.3　磁浮列车的运行与维护

1. 磁浮列车的运行控制

1）列车自动控制系统

磁浮列车广泛采用先进的ATC系统，这一系统能够实现自动驾驶、自动停车及安全防护功能。

通过车地通信设备，ATC 系统能够实时传输列车运行信息，从而确保列车运行的安全性和高效性。

这种先进的自动控制系统不仅提高了列车运行的自动化水平，还通过精确的控制和监测，大大增强了运行过程中的安全系数。

2）调度指挥系统

磁浮列车的调度指挥系统采用集中控制模式，调度中心通过计算机网络实时监控列车运行状态，并指挥列车运行。

调度系统能够根据列车实时运行情况自动调整列车运行计划，提高运行效率，确保列车能够按照最优化的路线和时间表运行。

此外，调度指挥系统还具备应急处理能力，能够在遇到突发情况时迅速做出反应，调整列车运行策略，保障旅客安全。

2.　磁浮列车的检修与保养

1）日常维护

在每日的运行任务结束后，工作人员需要对列车的外观进行仔细的检查，确保没有明显的刮痕或损伤，并对列车进行彻底的清洁，以保持其良好的外观状态。此外，悬浮系统作为磁浮列车的核心部分，其运行状况直接关系到列车的安全与平稳，因此需要特别关注，确保悬浮系统无异常。同时，电气设备的检查和清洁也是必不可少的，以防止灰尘或污垢积累导致的电气故障。

在检查过程中，工作人员还需要特别留意关键部件的运行状态，如果发现有磨损或损坏的迹象，应立即进行更换，以避免因部件故障导致的列车运行中断。及时更换易损件是保证列车安全运行和延长使用寿命的重要措施。

2）定期检修

定期检修是指根据列车的运行里程或时间周期，定期对列车进行的检修工作。检修工作包括对悬浮系统、牵引系统、制动系统等关键部分进行全面的检查和维护。这些系统的检查和维护工作是确保列车安全运行的基础，任何小的疏忽都可能导致严重的后果。

定期检修不仅能够延长列车的使用寿命，而且能够有效降低故障率，减少因故障导致的运行中断，从而提高列车的运行效率和旅客的出行体验。通过定期的维护和检修，可以及时发现并解决潜在的问题，确保列车长期保持最佳的运行状态。

3）故障诊断与处理

磁浮列车配备了先进的故障诊断系统，该系统能够实时监测列车各系统的工作状态，包括悬浮系统、牵引系统、制动系统等关键部分。通过实时监测，故障诊断系统可以快速定位故障点，为检修人员提供准确的故障信息。

检修人员在接收到故障诊断系统的提示后，将根据诊断信息迅速采取行动，对故障进行及时处理，目标是尽快排除故障，恢复列车的正常运行，以减少对旅客出行的影响。通过这种高效的问题解决机制，磁浮列车能够保持较高的运行效率和可靠性。

任务工单

1. 任务描述

查阅相关资料，制作 PPT 文件，展示轨道交通运载工具，展示内容可包含轨道交通运载工具的类型、特点、功能等。

2. 小组分工

以 3～5 人为一组，选出组长并进行任务分工，制订合理的工作计划，并将小组成员信息及分工情况填入表 5-1 中。

表 5-1　小组成员信息及分工情况

班级			组号	
小组成员	姓名	学号	任务分工	
组长				
组员				

3. 获取信息

在进行具体工作前，需要掌握轨道交通运载工具相关的知识。各组组长组织组员收集相关资料，回答下列问题。

（1）轨道交通载运工具的主要功能包括＿＿＿＿＿＿＿＿＿＿＿＿＿＿。

（2）高速动车组的设计时速通常在＿＿＿＿＿以上。

（3）磁浮列车的运行原理基于＿＿＿＿＿和＿＿＿＿＿。

（4）铁路列车的动力系统根据能源类型可以分为＿＿＿＿＿和＿＿＿＿＿。

（5）为减少空气阻力，提高运行效率，高速动车组的车体设计为＿＿＿＿＿型。

（6）高速动车组的技术发展趋势有哪些？

（7）城市轨道交通车辆的特点有哪些？

（8）磁浮列车的运行原理是什么？

4. 任务实施

每组学生结合所学知识，查询轨道交通运载工具的相关资料并将其制作成 PPT 文件。每组派出一名代表在课堂上进行讲解。（讲解时间为 5～10 min）

教师进行点评，其他学生分享自己的感受与建议，并将自己在观看过程中学到的新知识及对各组展示内容的感悟记录在表 5–2 中。

表 5–2　任务实施情况

学习到的新知识	对各组展示内容的感悟

5. 考核评价

任务结束后，学生配合教师完成如表 5–3 所示的考核评价。

表 5–3　考核评价表

评分标准	实际得分	备注
积极参与（25 分）		
展示内容正确、清晰（25 分）		
表述流畅（25 分）		
团队配合默契（25 分）		
总分		

项目6

轨道交通供电系统

项目描述

在轨道交通系统中，大多数载运工具都是电动车组，因此轨道交通系统的运行离不开供电系统的电能供应。照明、通风、空调、电梯等机电设备的运行，也离不开供电系统的电能供应。那么，轨道交通系统的供电系统是怎样的呢？

本项目围绕轨道交通供电系统概述、铁路供电系统、城市轨道交通供电系统、磁浮供电系统等方面对轨道交通供电系统的知识进行介绍。通过学习，让学生了解轨道交通供电系统的架构与功能、供电方式分类、铁路供电系统、城市轨道交通供电系统、磁悬交通浮供电系统方面的相关知识。

教学目标

1. 知识目标

（1）了解轨道交通供电系统的架构与功能。

（2）了解轨道交通供电系统的供电方式。

（3）熟悉铁路供电系统的组成。

（4）熟悉城市轨道交通供电系统的组成。

（5）了解磁浮交通供电系统的发展与应用。

2. 能力目标

（1）具备介绍轨道交通供电系统架构的能力。

（2）具备区分牵引供电方式的能力。

（3）具备说出不同类变电所功能的能力。

（4）具备区分架空式接触网和接触轨式接触网不同点的能力。

3. 素质目标

（1）了解轨道交通供电系统的功能，激发学生的科技强国热情。

（2）培养学生严谨认真的工作态度、实事求是的科学作风。

（3）培养学生主动探索知识的求知欲。

任务 6.1　轨道交通供电系统概述

扫码获取多媒体
教学资源

轨道交通供电系统是为列车运行及车站、车辆段等设施提供电能的综合系统，由供电线路、变电站及接触网等组成，是保障轨道交通安全、高效运营的核心基础设施，具有高压大功率、复杂网络化、高可靠性等特点。其核心任务是将外部电网电能安全、稳定地输送至列车及沿线设施。其设计应满足高可靠性、高稳定性和经济性要求。

6.1.1　系统架构与功能

1.　外部电源

从城市电网获取电能，从城市电网引入高压电源（通常为 110 kV 或 220 kV），为轨道交通提供原始电力，需设置多路电源互为备用。

2.　主变电所（或电源开闭所）

其作用是将高压电降压为适合轨道交通的中压（10 kV 或 35 kV），配置继电保护装置，实现故障隔离。

3.　牵引供电系统

（1）**牵引变电所**：将中压电转换为直流电（如 DC 1 500 V 或 DC 750 V）。作为整个轨道交通系统的能量来源，需设置多路电源互为备用，通过接触网或第三轨为列车提供动力。图 6-1 为成渝中线高铁牵引变电所。

牵引供电系统还配置有整流机组（12 脉波或 24 脉波整流），用于降低谐波干扰。

图 6-1　成渝中线高铁牵引变电所

（2）**接触网（或第三轨）**：向列车传输牵引电能。

（3）**回流系统**：构成电流回路（含钢轨、回流电缆）。

（4）**供电分区**：每 2～4 km 划分供电区段，设置分区所，通过断路器实现故障隔离。

4. 动力照明供电系统

其作用是为车站、隧道、信号系统、通风设备等提供交流 380 V/220 V 电源。

（1）降压变电所：将 10 kV 中压电转换为 400 V 低压电，供给车站照明、电梯、通风等设备。

（2）应急电源：配置 UPS（不间断电源）和柴油发电机，保障停电时关键设备（如信号系统）运行 30 min 以上。

5. 电力监控系统（SCADA）

（1）功能：实时监测供电设备状态（电压、电流、温度）、远程控制开关、故障报警与记录。

（2）网络架构：采用光纤环网通信，支持 ms 级响应。

知识拓展

轨道交通系统的电源

轨道交通系统的电源来源分为三个部分：

（1）城市电网：大多数轨道交通线路通过城市电网获取电源，稳定可靠。

（2）分布式电源：部分轨道交通线路利用分布式电源，如太阳能、风能等，提高供电系统的可持续性。

（3）备用电源：为确保运营安全，轨道交通通常配备备用电源系统，确保在突发情况下正常供电。

6.1.2 供电方式分类

轨道交通供电方式分为接触网供电、第三轨供电、储能式供电。

1. 接触网供电

结构：通过架空接触网（刚性/柔性）为列车供电，如图 6-2 所示。

电压：DC 1 500 V（地铁常用）或 AC 25 kV（市域铁路）。

优点：功率容量大，适用于长距离、高密度运营。

图 6-2　接触网供电

缺点：景观影响大，维护成本高。

典型应用：地铁（如北京地铁）、高铁、市域铁路。

2. 第三轨供电

结构：平行于轨道的导电轨（上部接触或下部接触），列车通过受流器取电，如图 6-3 所示。

电压：DC 750 V（如上海地铁 3 号线）或 DC 1 500 V（广州地铁部分线路）。

优点：空间占用小，适合地下隧道。

缺点：易受冰雪覆盖影响，安全防护要求高（需设置绝缘罩）。

图 6-3 第三轨供电

3. 储能式供电（现代有轨电车）

技术：车载超级电容或电池组，在站台通过短时接触充电（如广州黄埔有轨电车）。

优势：无须架空线，景观友好。

局限：续航里程短（3～5 km），适合低密度线路。

6.1.3 发展趋势

轨道交通供电系统是集电力电子、自动化、材料科学于一体的复杂工程，需在安全、效率、成本之间取得平衡。与低碳化、智能化趋势相对应，轨道交通供电技术未来将向柔性供电、能量自治、数字孪生方向演进。

随着技术的不断发展和进步，轨道交通供电技术的未来发展趋势将主要体现在以下几个方面。

（1）智能供电系统：未来的轨道交通供电系统将更加智能化，能够实现实时监测、远程控制、故障诊断等智能化管理，提高供电系统的安全性和可靠性。应用数字孪生技术实现预测性维护。

（2）环保和节能：未来的轨道交通供电技术将更加注重环保和节能，将采用更多的新能源和清洁能源，减少对环境的影响和污染。

（3）自动化：通过应用自动化技术，未来的轨道交通供电系统将能够实现自动化运行和自动化维护，提高工作效率和减少人力成本。

（4）高电压和大容量：为了满足高速铁路的发展需要，未来的轨道交通供电技术将朝着高电压、大容量的方向发展，以提供更高的供电质量和更稳定的电能。

扫码获取多媒体教学资源

任务 6.2　铁路供电系统

6.2.1　铁路供电系统简介

电力系统是从发电、输电、变电、配电到用电的一个有机整体，其动力源可以是水能、热能等传统能源，也可以是太阳能、风能、核能等新能源，而铁路供电系统是电力系统中具有特殊负荷特性的一个子系统。

铁路供电系统包括电力供电系统和牵引供电系统。电力供电系统为调度指挥、通信信号、旅客服务等业务提供可靠的电力保障，而牵引供电系统为电气化铁路的电力机车（动车组）提供电能。

1.　电力供电系统

铁路电力供电线路一般由沿铁路全线设置的一条一级负荷电力贯通线和一条综合电力贯通线构成。电力贯通线电压等级通常为 10 kV，供电距离为 30～50 km。特殊情况下，如青藏铁路，采用 35 kV 电压等级，供电距离超过 100 km。铁路沿线与行车有关的通信、信号、综调系统等由一级负荷电力贯通线主供，综合电力贯通线备供。其他用电负荷及各牵引变电所由综合电力贯通线提供电源，在区间各用电点设置 10 kV 箱式变电站。

2.　牵引供电系统

牵引供电系统是将电能从电力系统传送给电力机车的电力装置的总称，主要由牵引变电所和接触网两大部分组成。牵引变电所将电力系统输电线路电压从 110 kV（或 220 kV）降压到 27.5 kV，经馈电线将电能输送至接触网；接触网沿铁路上空架设，电力机车通过受电弓从接触网取得电能，用以牵引列车。牵引变电所所在地的接触网设有分相绝缘装置，两相邻牵引变电所之间设有分区亭，接触网在此也相应设有分相绝缘装置。牵引变电所与分区亭之间的接触网（含馈电线）称供电臂。

牵引供电回路是由牵引变电所—馈电线—接触网—电力机车—钢轨—回流线—（牵引变电所）接地网组成的闭合回路，其中流通的电流称为牵引电流，闭合或断开牵引供电回路会产生强烈的电弧，处理不当会造成严重的后果。通常将接触网、钢轨回路（包括大地）、馈电线和回流线统称为牵引网。

牵引供电设备的检修运行由供电段负责，牵引供电系统的运行调度则由供电调度负责。供电调度通常设在铁路局集团公司的调度所。

知识拓展

高速铁路供电

高铁动车组的动力来源于蓄电池和外部供电系统。

（1）**蓄电池供电**。每列高速动车组一般都装备有蓄电池组，用于存储电能。这些蓄电池组通常由大容量的铅酸蓄电池组成，能够在动车组离开电网或发生故障时为列车提供必要的电力。在动车组进入电网供电区域时，将会优先选择以外部供电为主，同时蓄电池也会继续进行充电以备不时之需。

（2）**外部供电系统供电**。高铁动车组通过接触网供电系统获取电能。接触网供电系统通过向架空线路供电，使列车通过与接触网接触的受电弓来获取动力（图6-4）。在我国，高铁动车组主要采用的是 25 kV 交流供电系统。接触网由轨道上方的导线构成，高速动车组上的受电弓升起后与接触网接触，通过接触实现电能吸收，为列车供电。在高铁动车组运行过程中，接触网所提供的电能经由牵引变流器转换成动车组所需要的直流电能，进而驱动动车组行驶。

除了 25 kV 交流电供电系统外，目前一些高速铁路还在采用额定电压为 3 kV 的直流供电系统。这种供电系统的运行方式与 25 kV 供电系统类似，只是电压的大小不同。不仅如此，为了确保高铁供电系统的可靠性和安全性，还需要采取一系列的保护措施，如绝缘子、避雷器等。这些保护措施可以有效防止因外界环境的影响而导致高铁供电系统故障或停止运行。

在高铁供电系统中，还有一些辅助设备，如配电设备、线路维护设备等，这些设备在确保高铁运行平稳、安全方面起着重要作用。值得一提的是，随着科技的不断进步，我国也在不断研发新的高铁供电系统，如可穿戴式太阳能装备，万一发生突发情况，依然可以保证高铁的基本运行。

图6-4　高铁供电系统

6.2.2　铁路供电系统的组成

铁路供电系统主要由 3 部分组成：变电所、接触网和回流系统。

（1）**变电所**：变电所是铁路供电系统的核心，是电能转换与分配的中枢，它通过变压器等设备将电网电能调整为适合铁路设备使用的低压电，并安全送至接触网。变电所一般位于铁路沿线，变电所内根据需要设置多台变压器，以实现电压转换和电流分配。

（2）**接触网**：接触网作为系统的关键一环，负责将电能直接输送给运行中的电气化列车。其结构包括支柱、接触线等，接触线是电能传输的核心通道，通常由悬挂于铁轨上方的高压线组成，通过受电弓与电力机车或动车组的受电装置接触，将电能传输给列车。

（3）**回流系统**：回流系统负责将列车制动时产生的电能返回到供电系统中，以实现能源的回收再利用。回流系统主要由回流线、均流线等组成，负责将列车制动时产生的电流返回到供电系统中，提高能源利用效率。

6.2.3 牵引供电

牵引供电是为电力机车或动车组提供电能的供电方式。牵引供电系统是指铁路从地方电力系统引入 220（110）kV 电源，通过牵引变电所降压到 27.5 kV 送至电力机车的整个供电系统。

牵引供电方式分为直接供电方式、吸流变压器供电方式（BT 方式）、带回流线的直接供电方式、自耦变压器供电方式（AT 方式）等。

1. 直接供电方式

直接供电方式较为简单，是将牵引变电所输出的电能直接供给电力机车的一种供电方式，主要设备有牵引变压器、断路器、隔离开关、所电变、电压互感器、电流互感器、母线、接地系统、交流盘、直流盘、硅整流盘、控制盘、保护盘等设备。

直接供电方式的供电回路为：

牵引变压器—牵引母线—馈电线—接触网—电力机车或动车组—区间钢轨—回流线—牵引变压器接地端子。

这种供电方式的优点是结构简单、造价低，主要缺点是对铁路沿线通信干扰大。早期的牵引网和边远山区的牵引网多采用这类供电方式。

2. 吸流变压器供电方式

吸流变压器供电方式就是在牵引网中每隔一段距离（1.5～4 km）设置一台吸流变压器（变比为 1:1），其原边串入接触网，次边串入回流线或钢轨上（简称 NF 线，架在接触网支柱田野侧，与接触悬挂等高），每两台吸流变压器之间有一根吸上线，将回流线与钢轨连接，其作用是将钢轨中的回流"吸上"去，经回流线返回牵引变电所，起到防干扰效果，如图 6-5 所示。

相较于直接供电方式，这种设计在一定程度上能够减少对周边通信线路的干扰。由于大地回流及所谓的"半段效应"，吸流变压器供电方式的防护效果并不理想。此外，接触网中串接的吸流变压器会导致牵引网阻抗和供电臂压降增大，进而缩短牵引变电所的供电距离。同时，这种供电方式还会使接触网的结构变得复杂，导致建设成本和维护费用都相对较高。因此，现在这种供电方式已经很少被采用。

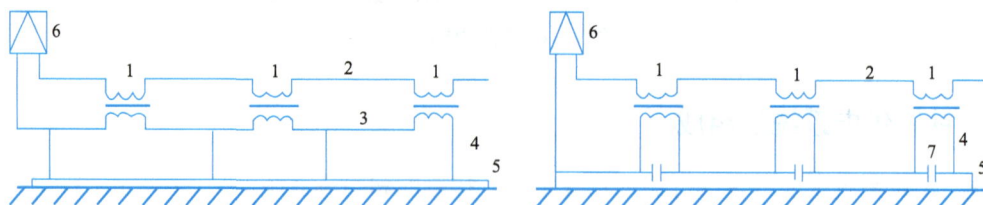

(a)吸—回方式   (b)吸—钢轨方式

1—吸流变压器；2—接触网；3—回流线；4—吸上线；5—钢轨；6—牵引变电所；7—绝缘轨缝。

图 6-5　吸流变压器供电方式

3. 带回流线的直接供电方式

在直接供电方式的基础上，增加与钢轨并联的架空回流线，即带回流线的直接供电方式，如图 6-6 所示。这种带回流线的直接供电方式取消了吸流变压器供电方式中的吸流变压器，保留了回流线，利用接触网与回流线之间的互感作用，使钢轨中的回流尽可能地由回流线流回牵引变电所，因而部分抵消接触网对临近通信线路的干扰，其防干扰效果不如吸流变压器供电方式，通常在对通信线路防干扰要求不高的区段采用。

这种供电方式的优点是设备简单，因此供电设备的可靠性得到了提高；但由于取消了吸流变压器，只保留了回流线，导致牵引网阻抗比直供方式低一些，供电性能好一些，造价也不太高，所以这种供电方式在我国电气化铁路上得到了广泛应用。

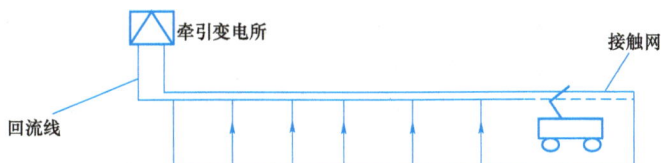

图 6-6　带回流线的直接供电方式

这种供电方式的牵引电流回路为：牵引变压器—牵引母线—馈电线—接触网—电力机车—区间钢轨和回流线—牵引变压器接地端子。

这种供电方式使原来流经大地和钢轨的部分电流经架空回流线回牵引变电所，架空回流线中的电流与接触网电流方向相反，距离近，两者产生的电磁场明显较直接供电方式小，对铁路沿线通信干扰小，这是带回流线的直接供电方式的优点。

4. 自耦变压器供电方式

随着铁路的提速，高速、大功率电力机车的不断投入运行，机车通过吸流变压器处的接触网分段时，会产生很大的电弧，极易烧损受电弓滑板和接触线，且吸流变压器供电方式的单位牵引网阻抗大，造成很大的电压和电能损失。为此引入自耦变压器供电方式，即自耦变压器供电方式，如图 6-7 所示。

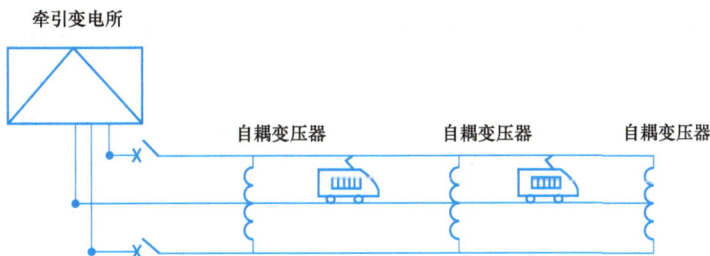

图 6-7　自耦变压器供电方式

采用自耦变压器供电方式时，牵引变电所主变压器输出电压为 55 kV，经自耦变压器，（变比 2:1）向接触网供电，一端接接触网，另一端接正馈线（简称 AF 线，亦架在田野侧，与接触悬挂等高），其中点抽头则与钢轨相连。AF 线的作用同吸流变压器供电方式中的 NF 线一样，起防干扰作用，但效果较前者好。此外，在 AF 线下方还架有一条保护（PW）线，当接触网绝缘破坏时起到跳闸保护作用，同时亦兼有防干扰及防雷效果。

自耦变压器供电方式接触网结构也比较复杂，田野侧挂有两组附加导线，AF 线电压与接触网电压相等，PW 线也有一定电位（约几百伏），导致故障概率增加。当接触网发生故障，尤其是断杆事故时更是麻烦，抢修困难，对运输干扰极大。但由于牵引变电所馈出电压高，变电所间距可增加一倍，并可适当提高末端网压，在电力系统网络比较薄弱的地区有其优越性。

知识拓展

铁路供电系统中的"天窗"作业,你了解多少?

1. "天窗"究竟是何方神圣?

在铁路系统中,"天窗"并非指一扇真实的窗户,而是特指一段时间。在列车运行图中,为了确保营业线行车设备的正常运作,会预留出一段时间,这段时间被称为"天窗"。在这段时间内,通常会进行施工、维修等作业,以保障铁路线路的安全与畅通。

通俗地讲,"天窗"就是铁路部门为了保障线路安全与畅通,而在特定区段封闭铁路线路的一段时间。在这段时间内,专业人员会对铁路设备进行必要的养护与维修。

"天窗"的开设方式主要分为垂直天窗和 V 形天窗。

垂直天窗通常在需要同时影响上下行正线行车设备时使用,其特点是作业时间集中,接触网检修时会对铁路上行线与下行线同时停电,从而快速对大面积的接触网设备进行检修。而 V 形天窗则是在列车运行图中预留的,主要用于对运营线单方向行车设备进行维修。在接触网检修时,它只对铁路上行线或下行线单向停电,这样,供电检修人员在停电的线路上作业时,就不会影响另一条线路的行车,作业方式更加灵活,作业时间也相对宽裕。

2. "天窗"时段内主要进行的工作

首先,作业组的领导人员须与驻站联络员进行电调命令的核对,确保各项作业指令准确无误。

接着,作业领导人员须将核对无误的命令及时传达给现场的防护人员。现场防护人员接收到核对无误的命令后,应立即着手布置必要的安全措施。

在安全措施布置妥当之后,现场防护人员须及时将相关信息反馈给作业领导人员,确保作业环节的顺畅与安全。

在收到现场防护人员的反馈后,作业领导人员须立即向作业组发出相应的作业指令,以确保作业流程的连贯性和安全性。

作业车辆抵达预定作业地点,随即展开相关作业。作业人员升至 6 m 高的作业车平台,对接触网的线索、附加导线及悬挂装置、分段绝缘器等关键设备展开细致的检修与维护工作。

地面测量人员利用专业仪器,对即将进行作业的设备及已经完成检修的设备进行细致的参数测量工作。

任务 6.3　城市轨道交通供电系统

扫码获取多媒体
教学资源

6.3.1　城市轨道交通供电系统的组成

城市轨道交通供电系统从城市电网引入中高压电源,并将引入的电源进行变压、整流或直接分配至各牵引变电所和降压变电所,为机车和辅助设备提供电能。城市轨道交通供电系统如图 6-8 所示。

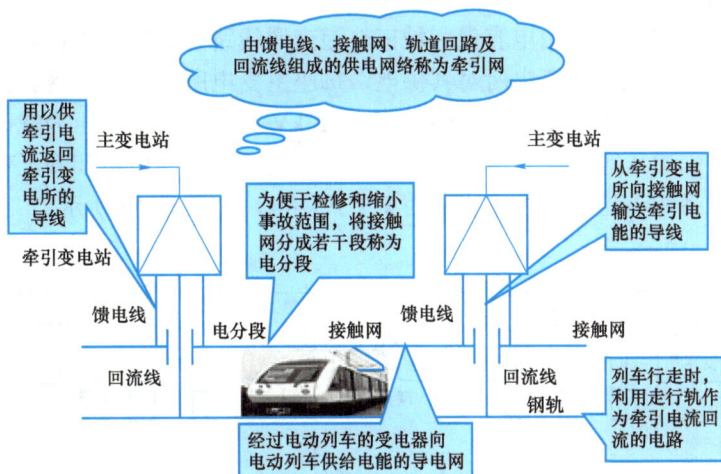

图 6-8 城市轨道交通供电系统

城市轨道交通供电系统为城市轨道交通的正常运营提供所需电能，包括列车运行和运营辅助服务两方面的供电。在运营中，供电一旦中断，不仅会造成城市轨道交通运输的瘫痪，而且还会危及旅客生命安全，造成财产损失。因此，高度安全可靠而又经济合理的电力供给是城市轨道交通正常运营的重要保证和前提。

城市轨道交通供电系统由供电系统和电力监控系统组成，供电系统一般包括外部高压供电系统和内部供电系统，其中内部供电系统包括牵引供电系统和动力照明供电系统等子系统。

1. 外部高压供电系统

外部高压供电系统是城市公共电网对城市轨道交通系统的主变电所提供电能的系统，有分散式、集中式和混合式 3 种供电方式，采用何种方式一般视各城市的具体情况而定。

1）分散式供电

从城市轨道交通沿线分散引入城市中压电源，直接或通过电源开闭所间接为牵引变电所和降压变电所供电，电压等级一般为 10 kV，这类供电方式称为分散式供电，如图 6-9 所示。分散式供电应保证每座牵引变电所和降压变电所皆能获得两路电源。沈阳地铁、长春轻轨、大连轻轨、北京八通线、北京地铁 5 号线采用的是分散供电系统。

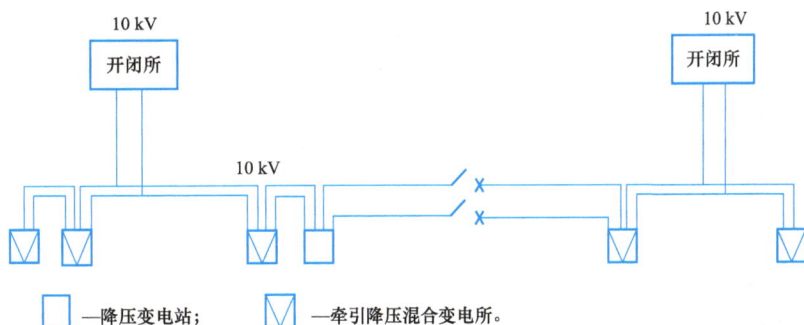

□—降压变电站; ▽—牵引降压混合变电所。

图 6-9 分散式供电

2）集中式供电

根据城市轨道交通系统的用电容量和城市轨道交通线路的长短，建设城市轨道交通专用的主变电所，由发电厂或区域变电所对其供电，每座主变电所由城市电网提供两路独立可靠的电源，供电电压一般为 110 kV。主变电所将 110 kV 高压交流电降压为城市轨道交通系统内部供电系统所需的电压等级（35 kV 或 10 kV），输送至牵引变电所和降压变电所，并通过联络开关实现电源备用，这类供电方式称为集中式供电，如图 6-10 所示。

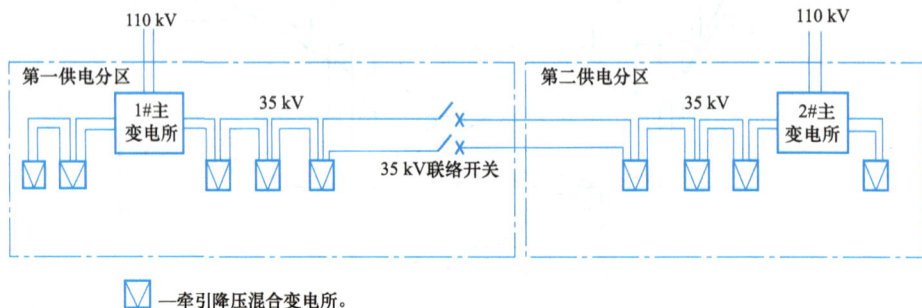

图 6-10　集中式供电

📎 知识拓展

电网电压

我国规定的电网标称电压有 3 kV、6 kV、10 kV、20 kV、35 kV、110 kV、220 kV、330 kV、500 kV、750 kV、1 000 kV，其中 3～220 kV 为高压，330～750 kV 为超高压，1 000 kV 为特高压。城市电网主要由 10 kV、110 kV、220 kV、500 kV 供电网络构成。

3）混合式供电

混合式供电是前两种供电方式的结合，以集中式供电为主，同时具备分散式供电的经济效益和集中式供电的可靠性，在电力资源充足的路段采用分散式供电以降低成本，而在电力资源紧张的路段则采用集中式供电以保证供电的可靠性。但在实际应用中，实现真正的混合式供电尚需时日。

2. 牵引供电系统

牵引供电系统提供电动列车运行所需电能，在城市轨道交通供电系统中占据着举足轻重的地位，该系统的好坏直接影响城市轨道交通的运营效果。

1）牵引供电系统的构成

在牵引供电系统中，电能从牵引变电所经馈电线、接触网输送给电动车组，再从电动车组经走行轨、回流线流回牵引变电所。由馈电线、接触网、走行轨及回流线组成的供电网络称为牵引网，如图 6-11 所示。

牵引供电系统各组成部分的功能如下。

（1）**牵引变电所**：供给城市轨道交通一定区域内的牵引电能。

（2）**馈电线**：从牵引变电所正极向接触网输送电能。

（3）**接触网**：通过电动车组的受流装置向电动车组供给电能。

（4）**电动车组**：从接触网获取电能，通过电气传动控制系统将电能转换成机械能，实现列车位移。

（5）**走行轨**：在供电系统中充当牵引电流返回牵引变电所负极的回路。

（6）**回流线**：使走行轨上的牵引电流返回牵引变电所。

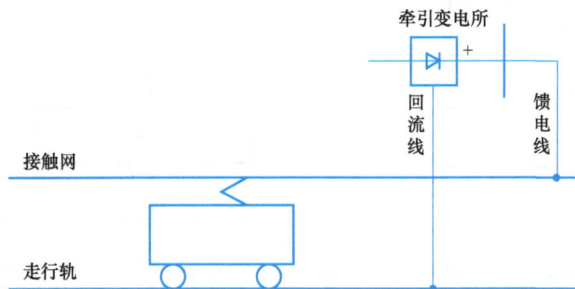

图 6-11　牵引供电系统的构成

2）牵引供电系统的供电制式

所谓供电制式，是指供电系统向电动车组供电所采用的电流和电压制式。电流制式有直流、交流两类，国际电力牵引设备委员会建议城市轨道交通牵引供电系统采用的电压如下。

（1）**直流**：600 V、750 V、1 500 V、3 000 V（标称值）。

（2）**交流**：6 250 V、15 000 V、25 000 V（标称值）。

我国城市轨道交通系统采用的电压制式为直流 750 V 或直流 1 500 V。例如，北京地铁基本上采用直流 750 V，上海、广州等城市大都采用直流 1 500 V。因此，牵引供电系统中的牵引变电所输入电压一般为 35 kV，经降压整流后输出电压为接触网所需的直流 750 V 或直流 1 500 V。

3.　动力照明供电系统

动力照明供电系统为以下两类设备提供电源：

（1）车站和区间的各类照明、扶梯、风机、水泵等动力机械设备；

（2）通信、信号、自动化等设备。

动力照明供电系统由降压变电所及动力照明设备组成。每个车站应设降压变电所，若地下车站负荷较大，降压变电所一般设于站台两端，其中的一端可以和牵引变电所合建成混合变电所；若地面车站负荷较小，可设一个降压变电所。

动力照明供电系统中各组成部分功能如下：

（1）**降压变电所**：将来自主变电所的中高压三相交流电源进线电压降为三相 380 V 或 220 V 交流电。

（2）**配电所（室）**：仅起到电能分配作用，将来自降压变电所的 380 V 或 220 V 交流电分别供给动力设备或照明设备。

（3）**配电线路**：配电所（室）与用电设备之间的连接线路。

6.3.2　城市轨道交通供配电

1.　城市轨道交通供配电过程

城市轨道交通供电系统的主要功能是满足城市轨道交通系统的用电需求，向各种机电设备提供安全、可靠、优质的电力供应，其供电过程如图 6-12 所示。

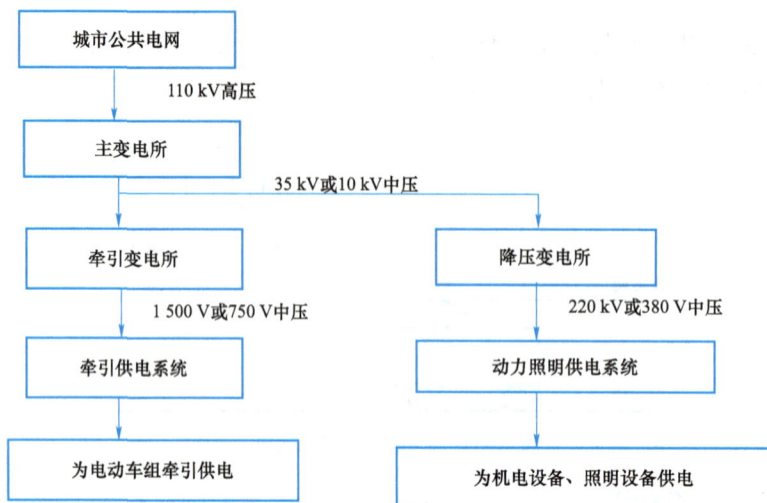

图6-12　城市轨道交通供电过程

1）接收并分配电能

首先从城市公共电网引入110 kV高压交流电源至城市轨道交通供电系统主变电所，降压成城市轨道交通供电系统使用的10 kV/35 kV交流电，再通过城市轨道交通供电系统将电能分配到车站和车辆段内的牵引变电所和降压变电所。

2）降压整流及输送直流电能

10 kV/35 kV中压交流电通过牵引变电所的降压、整流，变成1 500 V或750 V直流电，并通过牵引网不间断地供给运行中的电动车组。

10 kV/35 kV中压交流电通过降压变电所降压成380 V/220 V交流电，向车站和区间隧道的各种动力、照明设备供电，保证机电设备的正常运行。

供电系统各级供电网络还应具有在正常、事故、灾害情况下控制、监测、监视、计量、调整的功能，以及安全操作联锁设备的故障保护功能。

2. 供电负荷

根据供电对象的重要性不同，可将供电负荷分为以下3级：

（1）一级负荷：电动车组、通信及信号设备、消防设备等，通常采用两路电源供电，当任何一路电源发生故障时，系统能自动、迅速地切换电源，以确保对该类用户进行不间断供电。

（2）二级负荷：车站照明、自动扶梯等，停电后会影响系统的服务质量，但不会影响列车的安全运行，通常采用二路进线电源，分片、分区供电。

（3）三级负荷：商业用电、广告照明等，此类用户并不直接影响客运服务质量，应确保正常供电，并能根据电网负荷情况进行调整。

知识拓展

国内率先！南京地铁构建"都市圈线网智能电力调度系统"

在南京地铁线网指挥中心，技术人员打开"都市圈线网智能电力调度系统"，点击三维地图上的"所街主变电所",地图上立即呈现多条动态光束,它们代表着这个主变电所"流"向地铁 2 号线和 7 号线的电力。

采集实时电力数据,智慧大脑迅捷计算,给出科学调度决策,是系统的主要功能。这是国内城市轨道交通领域首个线网级电力调度系统,由南京地铁、南瑞继保联合研发,在中国城市轨道交通协会组织的评选中荣获 2023 年度城市轨道交通科技进步奖一等奖。

随着地铁织线成网,两条甚至多条线路共享主变电所,地铁的供电系统也向网络化方向发展。要提高全线网供电灵活性、跨域线路供电协调性,处理好支援供电、故障恢复供电等应急操作,单凭人工经验、单线管理是不够用的,需要一个网络化、智能化的系统提供支撑。

"都市圈线网智能电力调度系统"可接入南京地铁 13 条线路的电力监控系统,采集线网内 19 个主变电所、375 个牵引/降压变电所、1 450 台变压器等所有供电设备的信息,并通过对线网供电系统的完整建模,实现调度方案管理、智能告警、电压无功协调控制等功能,可提升调度分析决策能力,提高供电系统运营效率。

该系统对地铁线网的供电数据进行"汇—存—算—管—用",推动电力调度由"人工经验调度"向"数据智能决策"转型,由"单线路管理"向"线网协同调控"发展,解决地铁网络化发展带来的复杂供电问题。系统还具备程序化控制能力,原本调度员需要多次操作才能完成一项任务,而系统可一键执行。

任务 6.4　磁浮交通供电系统

扫码获取多媒体
教学资源

磁浮铁路的核心是磁浮系统。磁浮系统是利用异性相吸、同性相斥的电磁感应原理,以直线电机驱动列车的。列车运行时,车体悬浮或吸浮于导轨上方,并与导轨保持一定间隙。磁浮列车运行时不与导轨接触,没有轮轨摩擦,因此不受黏着条件限制。

磁浮列车的供电系统是其运行的核心支撑,需满足悬浮导向、牵引驱动、车载设备供电等多重需求,具有非接触供电、高功率密度、动态响应快等特点。

处于超导状态的超导磁铁,通电后电流将半永久性地流动不绝,因此列车行驶时没有必要像普通电力机车那样从外部获取电流。但列车运行时,车内的照明、空调等电气设备需要大量电力。对于超高速磁浮铁路,这种电力不可能像城市轨道交通那样靠供电轨或架空线提供,只能采用无接触供电的方式。众所周知,旋转电机可以改造成发电机,与此原理相同,磁浮铁路使用的导轨磁铁也可以在车辆绕组中产生感应电流,用这种感应电流为车内电气设备供电,这种供电方式称为非接触车内供电,也称为感应发电装置,电悬浮的基本原理如图 6-13 所示。

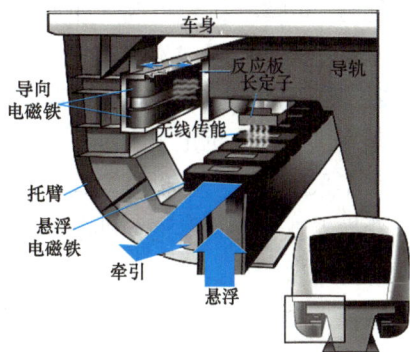

图 6-13　电磁浮的基本原理

6.4.1 磁浮供电系统的技术架构

磁浮供电系统从功能上可划分为主变电所、牵引供电系统、动力供电系统三部分。主变电所将电力系统 110 kV 电源经主变压器降压为 20 kV 中压电源后，对牵引供电系统及动力供电系统供电。牵引供电系统将 20 kV 中压电降压后整流为直流电，再经过逆变器变换为可调压、调频、调流的三相交流电后，馈电至沿线定子绕组，用于列车的牵引或制动；动力供电系统将主变电所 20 kV 电源，通过 20 kV 中压环网电缆送至沿线轨旁变电所，轨旁变电所将 20 kV 电源降压或整流后对车站及沿线动力负荷进行供电。

1. 系统功能划分

1）悬浮与导向供电

通过电磁铁或超导线圈产生磁场，实现列车与轨道的非接触悬浮（悬浮间隙 8～10 mm）和稳定导向。列车运行中，需持续供电以维持悬浮力，能耗占系统总功率的 30%～40%。

2）牵引驱动供电

采用直线同步电机（linear synchronous motor，LSM）或直线感应电机（linear induction motor，LIM）驱动列车，由地面供电装置提供电能。牵引功率可达 5～10 MW（如上海磁浮列车单列功率约 8 MW）。

3）车载设备供电

为空调、照明、控制系统等提供低压电源（通常为 380 V 交流电或 600 V 直流电）。

2. 供电方式分类

1）长定子供电（德国 Transrapid 技术）

地面供电：在轨道沿线铺设分段供电的定子线圈，仅在列车所在区段通电，可减少能耗。

长定子直线同步电机驱动的磁浮系统采用 LSM 直线同步电机，通过在地面上设置的大功率变流器来控制地面推进绕组的三相交流电。变电站按照牵引控制系统所要求的速度，将公共电网的电能转变为变频变压的交流电，并保持该交流电与车速同步，然后向直流电机供电以满足直线同步电机所需牵引力。由于将铁路全线的推进绕组划分为各个区段，所以变电站可仅向车辆运行的区段供电，以提高直线电机功率因数和效率。

优势：功率大、速度高（如上海磁浮交通最高时速 430 km）。

缺点：轨道建设成本高。

2）短定子供电（日本超导磁浮技术）

车载供电：电机定子安装在列车上，通过受电弓或感应取电从轨道获取电能。

列车采用一对一的供电方式，即一台功率变换器对应一辆列车。当列车在区段内运行时，功率变换器就会向列车进行供电。

优势：轨道结构简单。

缺点：功率密度较低，适用于中低速场景。

知识拓展

磁浮列车控制

与传统铁路列车不同，磁浮列车的走停不是在列车上由司机控制的，而是由变电站内的电子计算机控制，可实现磁浮列车的自动运行。此外，为保持与直线同步电机LSM 的同步运行，要连续准确地检测地面推进绕组与车上超导磁铁的位置，以实现同步控制。

6.4.2　关键设备与技术参数

1. 地面供电设备

（1）变电所：将电网高压（如 110 kV）转换为中频交流电（如 1.5～3 kV，20～50 Hz），供给轨道线圈。

采用四象限变流器实现能量双向流动（制动时电能回馈电网）。

（2）分段开关装置：动态控制轨道线圈的通电区间，仅激活列车前方约 1 km 的区段，降低空载损耗。

2. 车载供电设备

（1）超导磁体：使用液氮冷却的铌钛合金超导线圈，电阻接近零，可维持强磁场（悬浮高度 100 mm 以上）。

（2）车载储能装置：配置超级电容或飞轮储能，应对短时供电中断（如轨道断电 0.5 s 内维持悬浮）。

3. 能量传输技术

（1）非接触供电（感应式）：通过轨道与车载接收线圈的电磁感应传输电能（效率可达 90%），减少机械磨损。

（2）混合供电（应急模式）：低速运行时启用车载蓄电池，确保紧急情况下列车安全停靠。

6.4.3　磁浮供电系统与传统轮轨供电系统比较

磁浮供电系统与传统轮轨供电系统相比，存在不少异同点，如表 6-1 所示。

表 6-1　磁浮供电系统与传统轮轨供电系统比较

对比项	磁浮供电系统	传统轮轨供电系统
供电方式	地面分段供电/车载超导	接触网或第三轨供电
能量效率	悬浮能耗较高，但牵引效率高（无摩擦）	牵引能耗低，但轮轨摩擦损耗大
维护成本	轨道维护成本低，但供电设备复杂度高	接触网易磨损，需定期更换
适用场景	高速干线、城市中低速线	普速铁路、地铁

知识拓展

我国研制的时速 600 km 高速磁浮交通系统

2021 年 7 月 20 日，由中国中车承担研制、具有完全自主知识产权的我国时速 600 km 高速磁浮交通系统在青岛成功下线，这是世界首套设计时速达 600 km 的高速磁浮交通系统，标志着我国掌握了高速磁浮成套技术和工程化能力。

这套时速 600 km 高速磁浮交通系统是世界首套时速 600 km 速度级的高速磁浮交通系统，采用成熟可靠的常导技术，其基本原理是：利用电磁吸力使列车悬浮于轨道上方，实现无接触运行，具有高效快捷、安全可靠、运能强大、编组灵活、准点舒适、维护便利、绿色环保等技术优势。

时速 600 km 高速磁浮是当前可实现的速度最快的地面交通工具。按"门到门"实际旅行时间计算，是 1 500 km 运程范围内最快捷的交通模式。采用"车抱轨"的运行结构，安全等级高，空间宽敞，乘坐舒适。单节载客量可超过百人，并可在 2 ~ 10 辆范围内灵活编组，满足不同载客量需求。行驶中车辆不与轨道接触，无轮轨磨耗，维护量少，大修周期长，全寿命周期经济性好。

图 6-14 我国首列时速 600 km 高速磁浮工程化列车

该高速磁浮交通系统成功攻克关键核心技术，系统解决了速度提升、复杂环境适应性、核心系统国产化等难题，实现了系统集成、车辆、牵引供电、运控通信、线路轨道等成套工程化技术的重大突破。

图 6-14 是我国首列时速 600 km 高速磁浮工程化列车。

6.4.4　技术挑战与发展趋势

1.　核心难题

（1）高功率动态响应：列车加速时需瞬时提供兆瓦级功率，对电网冲击大（需配置动态无功补偿装置）。

（2）电磁兼容性：强磁场可能干扰车载电子设备，需优化屏蔽设计。

2.　未来方向

（1）高温超导技术：采用液氮冷却（−196 ℃）的 YBCO 超导材料，降低制冷成本（如韩国 EMU 磁浮）。

（2）混合能源供电：结合光伏、储能电池，构建绿色供电网络（如德国 Emsland 试验线）。

（3）全域无线供电：通过磁共振耦合技术实现全路段非接触供电，取消分段开关（实验室阶段）。

磁浮系统

常导吸引型磁浮系统（electromagnetic suspension，EMS）是一种吸力悬浮系统，它利用机车上的电磁铁和导轨上的铁磁轨道相互吸引产生悬浮力，使列车浮起并平稳运行。常导吸引型磁浮列车工作时，首先调整车辆下部的悬浮和导向电磁铁的电磁吸力，使其与地面轨道两侧的绕组发生作用将列车浮起，再通过一套高精度电子调整系统保持车辆与行车轨道之间的悬浮间隙为 10 mm。此外，由于列车的悬浮与列车运行速度无关，所以即使在停车状态下，列车仍然可以保持悬浮状态，EMS悬浮原理如图 6-15 所示。

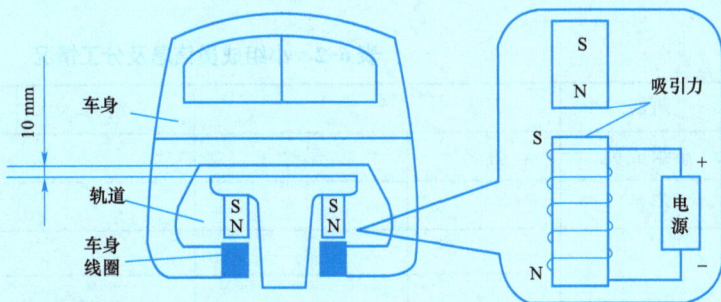

图 6-15 EMS悬浮原理

超导排斥型磁浮系统（electrodynamic suspension，EDS）是一种斥力悬浮系统，它利用置于车底的超导磁体与铺设在轨道上的线圈之间的相对运动来产生悬浮力，使列车浮起并平稳运行。车辆底部安装有超导磁体（由超导磁铁及超导绕组组成），并在地面轨道两侧铺设一系列铝环线圈（悬浮绕组）。列车运行时，接通车底的超导磁体电路，产生强磁场，切割铝环线圈，在铝环内产生感应电流，感应电流产生的磁场与列车上超导磁体的磁场方向相反，两个磁场产生排斥力。当排斥力大于车辆重量时，车辆浮起，高度可达 100 mm 左右。超导排斥型磁浮系统控制较稳定，列车运行速度较高，可达 500～600 km/h，EDS悬浮原理如图 6-16 所示。

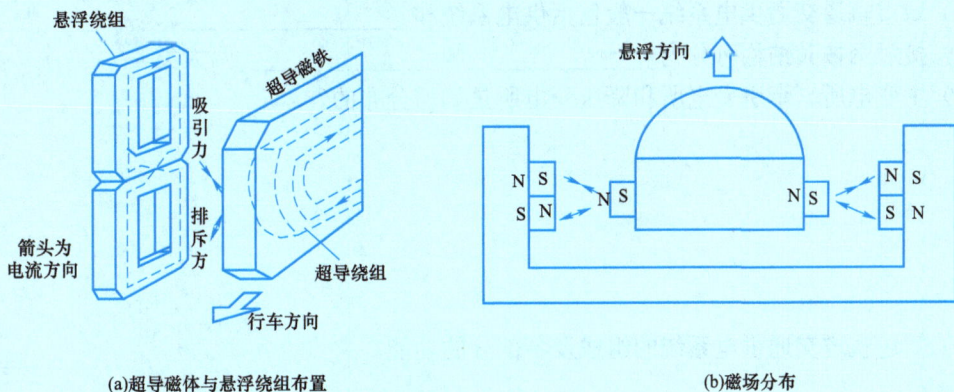

(a)超导磁体与悬浮绕组布置

(b)磁场分布

图 6-16 EDS悬浮原理

任务工单

1. 任务描述

学习相关知识并复习整理后，进行轨道交通供电系统相关的知识竞赛。

2. 小组分工

以 3～5 人为一组，选出组长并进行任务分工，制订合理的工作计划，并将小组成员信息及分工情况填入表 6-2 中。

表 6-2　小组成员信息及分工情况

班级			组号	
小组成员	姓名	学号	任务分工	
组长				
组员				

3. 获取信息

在进行具体工作前，需要掌握轨道交通供电系统相关的知识。各组组长组织组员收集相关资料，回答下列问题。

（1）轨道交通供电方式分为_____、_____和_____。

（2）铁路供电系统包括_____系统和_____系统。

（3）牵引供电方式分为_____、_____、_____和 AT 供电方式等。

（4）城市轨道交通供电系统一般包括供电系统和_____。

（5）接触网按其结构可分为_____和_____两大类。

（6）主变电所、牵引变电所和降压变电所是如何分布的？

（7）简述轨道交通供电系统的组成及各部分的功能。

（8）对比分析接触网供电、第三轨供电和储能式供电的优缺点。

4. 任务实施

组长带领组员复习轨道交通供电系统相关知识。复习结束后，由教师组织全体学生进行知识竞赛，每个小组作为一支参赛队伍，教师提出与本任务内容相关的问题，各小组进行抢答。学生将任务实施情况填入表 6-3 中。

表 6-3　任务实施情况

学生姓名		本人答对题数		小组答对题数	
答错或不会的题目及答案					

5. 考核评价

竞赛结束后，学生配合教师完成如表 6-4 所示的考核评价。

表 6-4　考核评价表

评分标准	实际得分	备注
积极参与知识竞赛（20分）		
答题正确（每答对 1 题计 5 分）		
表述流畅（5分）		
附加分（20分，计入答题正确数第一的小组）		
总分		

项目 7

轨道交通信号与通信系统

项目描述

信号系统是保证列车运行安全、实现行车指挥和列车运行现代化、提高运输效率的关键系统；通信系统是指挥列车运行的重要手段，也是传递各种信息的关键途径。它们在保障轨道交通运输安全、提升轨道交通经济效益和社会效益等方面发挥着重要作用。本项目旨在让学生了解轨道交通信号系统和通信系统的相关知识。

教学目标

1. 知识目标
（1）了解轨道交通信号设备和通信设备的种类和作用。
（2）掌握铁路信号基础设备的组成及功能。
（3）了解铁路综合数字移动通信系统的功能和优势。
（4）熟悉城市轨道交通信号系统的信号基础设备。
（5）掌握城市轨道交通信号系统的组成及功能。
（6）了解城市轨道交通通信系统的组成及功能。

2. 能力目标
（1）具备读懂信号灯含义的能力。
（2）具备解释轨道电路、计轴器工作原理的能力。
（3）具备分析 ATC 系统运行方式的能力。
（4）能绘制城市轨道交通信号系统的结构示意图。
（5）能绘制城市轨道交通通信系统的结构示意图。

3. 素质目标
（1）感受信号系统、通信系统的技术创新，增强民族自信心及自豪感。
（2）培养学生严谨认真的工作态度、实事求是的科学作风。
（3）培养学生主动探索知识的求知欲。

任务 7.1　轨道交通信号与通信系统概述

7.1.1　轨道交通信号与通信系统的定义与作用

轨道交通信号与通信系统是保障轨道交通安全、高效运营的核心技术体系，两者相辅相成，共同支撑现代轨道交通的智能化与自动化。

1.　轨道交通信号系统

轨道交通信号系统是通过技术手段对列车运行进行实时监控、调度和控制的系统，其核心目标是确保列车在轨道上的安全、有序运行。现代信号系统多采用计算机、通信与自动化技术（如 CBTC、ATP、ATO 等），实现高精度列车控制。其核心作用主要有以下 3 个方面：

（1）安全防护：通过 ATP（automatic train protection，列车自动保护）系统实时监测列车速度、位置，自动触发紧急制动以防止追尾、超速或闯入禁区；通过联锁系统确保道岔、信号机与轨道区段的逻辑互锁，避免冲突。

（2）效率优化：体现在 ATS（automatic train supervision，列车自动监控）系统能动态调整发车间隔，缩短高峰期候车时间（如地铁最小间隔可压缩至 90 s）；移动闭塞技术可根据实时位置动态计算安全距离，提升线路通过能力 30% 以上。

（3）自动化驾驶：ATO（automatic train operation，列车自动运行）系统能实现站间精准对标停车（误差 ±0.3 m），降低人为操作失误；GoA4 级全自动运行系统（如北京燕房线）可完全无人驾驶。图 7-1 为高铁 ATO 自动化运行系统。

图 7-1　高铁 ATO 自动化运行系统

2.　轨道交通通信系统

通信系统是构建车—地、站—站、人—设备间信息交互的神经网络，采用有线/无线传输、光纤网络等技术，保障数据、语音、视频的实时可靠传输，其核心作用主要有以下 3 个方面：

（1）**实时信息传输**：车地无线通信，如基于通信的列车控制系统 CBTC（communication-based train control system）每 500 ms 可更新列车位置信息，支撑信号系统动态控制；承载闭路电视系统（closed-circuit television system，CCTV）监控视频流，实现调度指挥中心对车站/列车的可视化监控。

（2）**运营协同**：调度电话系统可支持多优先级通话，确保紧急指令直达司机；TD-LTE 专网承载 PIS（passenger information system，旅客信息系统），动态更新车厢拥挤度（如上海地铁实时推送满载率）。

（3）**应急保障**：光纤自愈环网在单点故障时 50 ms 内切换备用路径，保障灾备通信；紧急广播系统可在 3 s 内触发全线路警报（如火灾场景）。

7.1.2　轨道交通信号与通信系统的分类

1.　轨道交通信号系统的分类

按轨道交通信号系统的技术演进分类，轨道交通信号系统可分为传统信号系统与现代信号系统。

1）传统信号系统

（1）**联锁系统**（computerbaced interlocking sytem，CBI）：控制道岔、信号机、轨道区段间的逻辑联锁（如 6502 电气集中联锁）。

（2）**闭塞系统**：包括固定闭塞（如三显示/四显示自动闭塞）和准移动闭塞（基于轨道电路）。

（3）**轨道电路系统**：检测列车占用状态（如 50 Hz 交流轨道电路）。

2）现代信号系统

（1）**CBTC 系统**：采用无线通信（LTE-M/5G）实现连续车—地双向通信。

（2）**全自动运行**（fully automatic operation，FAO）**系统**：GoA4 级无人驾驶（如上海地铁 10 号线）。

（3）**云化信号系统**：资源虚拟化部署（如深圳地铁云信号平台）。

2.　轨道交通通信系统的分类

轨道交通通信系统按功能分类如下。

（1）**传输网**：骨干光纤环网（OTN/PTN），提供大带宽与高可靠性（自愈时间＜50 ms）。

（2）**无线通信**：专用无线系统（如 LTE-M、5G-R），支持 CBTC、PIS、CCTV 等多业务承载。

（3）**公务电话**：数字程控交换系统（如软交换），支持紧急呼叫与调度通话。

（4）**广播系统**：车站/列车广播，支持自动语音播报与应急指挥。

（5）**旅客信息系统**：动态显示列车到站、拥挤度（如北京地铁实时车厢人流监测）。

（6）**时钟系统**：全网时间同步（北斗/GPS 双模授时），误差＜1 ms。

7.1.3　轨道交通信号与通信系统的发展趋势

轨道交通信号与通信系统的发展正经历深刻变革，主要受到智能化、数字化、网络化和绿色化等技术革命的驱动，以下是当前及未来发展的核心趋势。

1. 智能化与自动化

（1）全自动运行系统：基于 AI 和深度学习的自动驾驶技术逐步普及，支持无人驾驶（unattended train operation，UTO）、司机值守无人驾驶（driverless train operation，DTO）等模式，提升运行效率和安全性。图 7-2 为没有司机的苏州地铁 S1 号线。

图 7-2　没有司机的苏州地铁 S1 号线

（2）智能调度与控制：利用大数据和 AI 算法优化列车调度，实现动态调整时刻表、预测拥堵和应急响应。

（3）自主感知与决策：通过车载传感器和边缘计算实现环境感知（如障碍物识别），支持实时自主决策。

2. 通信技术升级

（1）车—车通信（V2V）与车—地通信（V2I）：基于 5G、Wi-Fi 6 或专用无线网络（如 LTE-M、5G-R），实现低时延、高可靠的数据交互，推动列车协同控制。

（2）基于通信的列车控制（CBTC）：向更灵活的"移动闭塞"演进，缩短行车间隔，提升线路容量。

（3）卫星与北斗导航：结合北斗高精度定位，增强列车定位可靠性，减少对传统轨旁设备的依赖。

3. 数字化与虚拟化

（1）数字孪生技术：构建信号系统的虚拟镜像，用于仿真测试、故障诊断和运维优化。

（2）云平台与边缘计算：将控制逻辑迁移至云端，降低轨旁设备复杂度；边缘计算支持实时数据处理（如视频分析、状态监测）。

（3）大数据与 AI 运维：通过采集设备运行数据，预测信号设备寿命、识别潜在故障，实现预防性维护。

4. 网络融合与标准化

（1）统一通信协议：推动 ETCS、CTCS 等标准互联互通，支持跨国/跨线网运营。

（2）多网融合：整合信号、视频监控、旅客信息系统等，构建统一的 IP 化通信网络（如 TETRA+5G 混合组网）。

（3）开放架构：采用模块化设计，便于新功能扩展和第三方系统接入。

5. 安全与韧性提升

（1）**功能安全与网络安全**：遵循 IEC 62443、EN 50129 等标准，强化系统抗网络攻击能力（如量子加密技术）。

（2）**冗余与容灾设计**：通过多重备份（双网、双电源）和快速切换机制保障高可用性。

（3）**韧性交通系统**：应对极端天气、突发事件的快速恢复能力（如自适应信号调整）。

6. 绿色节能与可持续发展

（1）**能源管理优化**：通过智能信号控制减少列车起停能耗，实现再生制动能量回收。

（2）**轻量化与低功耗设备**：采用新型材料（如 GaN 半导体）降低设备能耗，延长生命周期。

（3）**生态友好设计**：减少轨旁设备数量（如虚拟联锁），降低轨道设备建设和维护对环境的影响。

7. 新兴技术融合

（1）**区块链技术**：用于数据安全共享（如多主体运维记录）和智能合约管理。

（2）**元宇宙与 AR/VR**：辅助信号设备远程维修和人员培训。

（3）**太赫兹通信**：探索超高速无线传输，支持未来超密集列车群控。

随着技术更新换代，轨道交通信号与通信系统将逐步从"人控"转向"智控"，形成更高效、灵活、安全的"智慧轨道"生态。中国、欧洲都已率先试点下一代系统（如基于 5G 的全自动 FAO），预计到 2030 年，智能化渗透率将超过 60%，同时网络安全和跨系统协同将成为关键挑战。

知识拓展

车载运控设备冗余控制专利申请

国家知识产权局信息显示，北京全路通信信号研究设计院集团有限公司申请一项名为"一种车载运控设备的冗余控制方法、系统、设备及介质"的专利，公开号 CN 119734734 A，申请日期为 2025 年 3 月。该专利申请具有以下特点：

（1）涉及的是轨道交通技术领域，特别涉及一种车载运控设备的冗余控制方法、系统、设备及介质。

（2）车载双系均为独立单元，双系与外设交互数据通道独立，主备系之间周期性进行数据交互，在双系同步的数据中增加本系各类型故障标志位，快速判断对系运行情况，主系宕机备系快速响应切换为备系运行，满足 600 km/h 列车高速运行切换场景，使轨道交通列车自动防护系统可用性更高，更加安全可靠。

（3）车载双系均为独立单元，单独使用时都可以与外设正常通信，控制列车运行，避免因一路干扰导致车载双系通信异常而影响列车运行。

（4）可避免短时通信干扰、丢包等导致备系宕机、热备功能失效的情况，提高双系冗余的可用性，保证列车正常运行。

知识拓展

轨道交通"国家队"加速新质生产力发展

1. "国家卓越工程师团队"引领高质量发展

2024 年 1 月，广州地铁"城市轨道交通系统安全与运维保障国家工程研究中心"（以下简称中心）荣获"国家卓越工程师团队"称号。作为唯一由地铁建设与运营企业牵头组建的国家级创新平台，中心为我国城市轨道交通核心技术实现从无到有、从追赶到领跑作出了突出贡献，成为推动行业新质生产力发展的"国家队"。

中心从"十二五"国家"863"项目、到"十三五"以及"十四五"的国家重点研发计划项目，每个五年周期均牵头国家级科技项目，实现多项关键技术和重大装备突破，创新成果已在我国多个城市推广应用，辐射"一带一路"轨道交通建设运营，先后获得政府科学技术奖 40 项、授权发明专利 125 项，编制并发布标准 134 项，以科技创新引领行业高质量发展。

中心的主要研究成果应用覆盖广州地铁已运营的地铁线路，提升了线网运行安全性和服务质量。根据国际地铁协会（CoMET）2023 年数据，在全球 45 家大型地铁中，广州地铁多项主要运营指标位居行业领先，安全指标连续多年保持第一，服务可靠度排名第一。科研成果还将应用于粤港澳大湾区在建的 22 条 638 km 轨道交通线路，同时孵化成立了 4 家高新技术公司，培育壮大了一批机电装备制造企业，助力广州市轨道交通产业年产值逐年攀升。

2. 国内首个可迭代的轨道交通智慧操作系统

与智能手机可不断更新迭代的操作系统不同，传统的轨道交通建设存在着系统架构与功能固化等问题，越来越难以满足旅客日益增长的高品质、精准化出行需求。2019 年，广州地铁与深圳腾讯公司成立"穗腾联合实验室"，尝试将互联网技术与轨道交通专业经验相融合，研发可迭代升级的轨道交通智慧操作系统——穗腾 OS。

团队成功于 2019 年 9 月发布穗腾 OS 1.0 版本，2022 年 9 月发布穗腾 OS 2.0 版本，研发成果先后在广州地铁 3 号线广州塔站和 18、22 号线工程中得以应用。

一键开关站等智慧车站应用上线后，原本需要 1 h 完成的巡站工作，现在 10 min 即可完成，18、22 号线生产检修部门配员减少了 16%；通过穗腾 OS，仅需 3 周即可完成防洪防汛功能研发及上线。基于穗腾 OS 建设的 18、22 号线，全面实现了各专业的数据融合和业务融合，实现了全息感知的车站管理、体系迭代的智能运维、灵活便捷的旅客服务、集成一体的安防应急、绿色环保的节能控制等业务功能。

穗腾 OS 先后荣获国际数博会优秀科技成果奖、中城协科技进步奖一等奖等奖项，累计经济效益达 8.43 亿元。

任务 7.2 　铁路信号与通信系统

扫码获取多媒体
教学资源

铁路信号与通信系统是保障列车安全运行、提升运输效率的核心技术体系，涵盖信号控制、列车定位、数据传输、设备监控等功能。

现代化铁路信号系统是计算机技术、现代通信技术和自动控制技术在铁路运输生产过程中的具体应用，是铁路运输的"中枢神经"，是铁路现代化的重要标志之一，在行车工作中，向乘务人员与行车有关人员指示相关运行条件，即指示列车运行及调车作业的命令。

7.2.1 铁路信号

铁路信号是向有关行车及调车人员发出的指示和命令。为了确保行车安全，行车及调车人员必须严格执行信号显示的要求。

1. 信号的分类

铁路信号按感官可分为听觉信号和视觉信号两大类。

1）听觉信号

听觉信号指以不同声响设备发出音响的强度、频率、音响长短和数目等特征表示的信号，包括用号角、口笛、响墩发出的音响，以及机车、轨道车的鸣响等。

其中，响墩是一种紧急铁路信号装置，通过火车将响墩碾爆产生巨响提醒司机紧急停车。火车鸣笛一长声是它开动或接近车站、道口、桥梁等地的预报，鸣笛一长三短声是发生重大事故需要救援或发现前方有不安全因素的警报信号，鸣笛二长声是火车要倒退行驶的信号。

2）视觉信号

视觉信号是通过各种信号器具的颜色、形状、位置、数目或数码显示等特征表示的信号，如信号机、信号表示器、机车信号、信号灯、信号牌、信号旗、火炬等。火炬是一种在风雨天都能点燃并发出火光的视觉信号，司机发现火炬信号的火光时应立即停车。

视觉信号按其位置可否移动又分为固定信号、移动信号和手信号 3 种。

（1）固定信号是指固定安装在一定位置的信号机，如各种用途的固定信号机。

（2）移动信号是为防护线路施工地点而临时设置的信号，如信号方牌、信号圆牌等。

（3）手信号是指用手拿信号旗、信号灯或直接用手势发出的信号，目前已经很少使用。

2. 固定信号

固定信号是指安装在运行线路一定位置，用以指示列车运行和调车工作的信号，包括信号机、行车信号标志牌、信号表示器等。固定信号的主要作用是确保列车的安全运行和调度。固定信号可以根据不同的标准进行分类：

（1）按设置部位分为地面信号和机车信号。

（2）按信号机构造分为色灯信号机和臂板信号机。

（3）按用途分为信号机和信号表示器两大类。

（4）按地位分为主体信号机和从属信号机。

（5）按安装方式分为高柱信号机、矮型信号机、信号托架和信号桥。

3. 移动信号

移动信号用于线路故障、站内或区间施工时，临时性禁止列车驶入或要求慢行的地段，采用的是可以随时设置或撤除的移动式信号牌。

移动信号分停车信号、减速信号和减速防护地段终端信号。

1）停车信号

停车信号显示为：白天柱上一个红色方牌；夜间柱上一个红色灯光，如图 7-3 所示。

2）减速信号

减速信号为表面有反光材料的黄底黑字圆牌，标明列车限制速度。在施工及其限速区段，在减速信号牌外方增设的特殊减速信号牌为表面有反光材料的黄底黑"T"字圆牌。

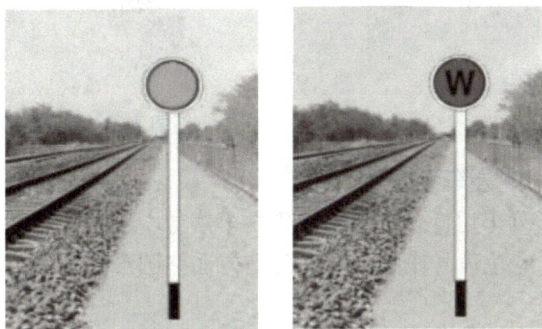

3）减速防护地段终端信号

减速防护地段终端信号为表面有反光材料的绿色圆牌。在单线区段，司机应看线路右侧减速信号牌背面的绿色圆牌。在有 1 万 t 或 2 万 t（含 1.5 万 t）货物列车运行的线路增设的 1 万 t、2 万 t（含 1.5 万 t）减速防护地段终端信号牌为表面有反光材料的绿底黑"W"字（1 万 t）或黑"L"字（1.5 万 t 和 2 万 t）圆牌，如图 7-4 所示。

图 7-3　停车信号显示　　　　　　　　图 7-4　减速防护地段终端信号

4.　手信号

手信号是铁路运输工作中广泛采用的一种视觉信号。根据行车工作的要求，手信号可以机动地指挥列车运行和调车作业，也可作为联系和传达行车有关事项的旗（灯）语。

1）停车手信号

列车运行手信号中的"停车信号"如图 7-5 所示，表示要求列车停车。信号显示为：白天展开红色信号旗；夜间红色灯光。如果白天没有信号旗，可将两臂高举头上向两侧急剧摇动；如果夜间没有红色灯光，也可用白色灯光上下急剧摇动。

图 7-5　停车的手信号显示

2）减速手信号

列车运行手信号中的"减速信号"如图 7-6 所示，表示要求列车降低到要求的速度。信号显示为：白天展开黄色信号旗；夜间黄色灯光。如果白天没有黄色信号旗，可将绿色信号旗下压数次；如果夜间没有黄色灯光，也可用白色或绿色灯光下压数次。

图7-6　减速的手信号显示

3）发车手信号

列车运行手信号中的"发车信号"如图7-7所示，表示要求司机发车。信号显示为：白天展开绿色信号旗上弧线向列车方面作圆形转动；夜间绿色灯光上弧线向列车方面作圆形转动。

图7-7　发车的手信号显示

> 提示：显示手信号时，必须严肃认真，应做到横平、竖直、灯正、圈圆。

7.2.2　铁路信号基础设备

铁路信号设备是保证行车安全、提高运输效率、改善行车组织方式、提升运营管理水平的关键设施，通常由车站联锁设备、列车运行安全防护设备、远程调度设备、信号检测及监测设备、数据传输网络、信号电源及信号基础设备等组成。铁路信号基础设备是铁路信号系统的重要组成部分，主要包括信号装置、转辙设备、开关、按钮及继电器、轨道状态检查装置、应答器、车载设备等。

1. 信号机

信号机是表达固定信号显示所用的信号装置，按类型分为臂板信号机、色灯信号机和机车信号3种，按用途分为进站、出站、通过、进路、预告、接近、遮断、驼峰、驼峰辅助、复示、调车等信号机。

1）臂板信号机

臂板信号机是固定信号机的一种，其白天用臂板的不同位置，夜间用不同颜色的灯光显示信号。按信号机上装设臂板的数目来划分，臂板信号机可分为单臂板信号机、双臂板信号机和三臂板信号机，如图7-8所示。按用途分有进站臂板信号机、出站臂板信号机、通过臂板信号机、预告臂板信号机、电动臂板复示信号机等。三臂板进站信号机有三块臂板，上面的叫主臂板，中间的叫通过臂板，下面的叫辅助臂板。其昼间红色主臂板及辅助臂板下斜45°角，黄色通过臂板在水平位置；夜间若显示一个绿色灯光和两个黄色灯光，表示准许列车经道岔侧向位置进入站内准备停车。

臂板信号机操纵烦琐，效率低，可靠性差，也不利于实现自动化。目前主要采用色灯信号机。

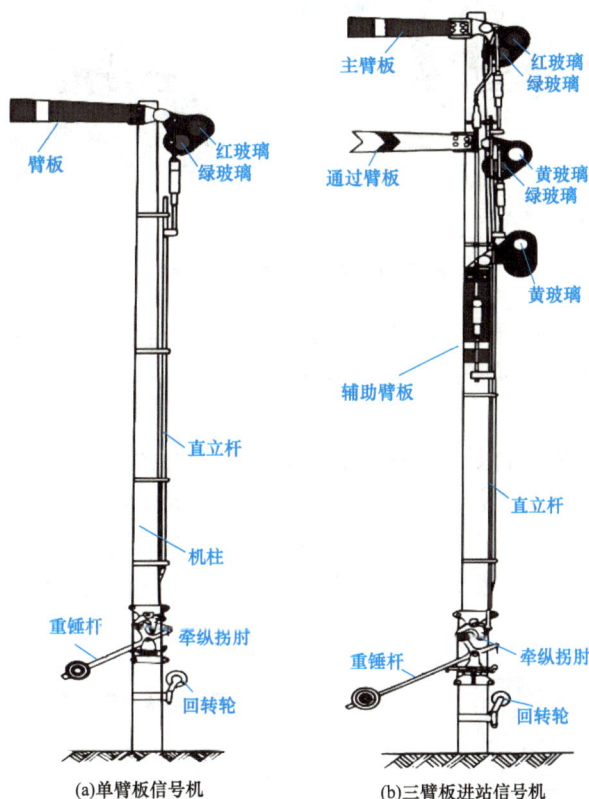

图7-8　臂板信号机

2）色灯信号机

色灯信号机现多采用透镜式色灯信号机。为提高显示距离，透镜式色灯信号机又发展为组合式色灯信号机。下面以透镜式色灯信号机为例说明色灯信号机的结构和机构。

透镜式色灯信号机有高柱和矮型两种类型，高柱信号机的机构安装在钢筋混凝土信号机机柱上，矮型信号机的机构安装在信号机基础上。

高柱透镜式色灯信号机显示距离不小于800 m，由机柱、信号机构、托架、梯子等部分组成，如图7-9所示，机柱用于安装信号机构和梯子。信号机构的每个灯位配备有相应的透镜组和单独点亮的灯泡，给出信号显示。托架用来将机构固定在机柱上，每一机构需上、下托架各一个。梯子用于信号维修人员攀登及作业。

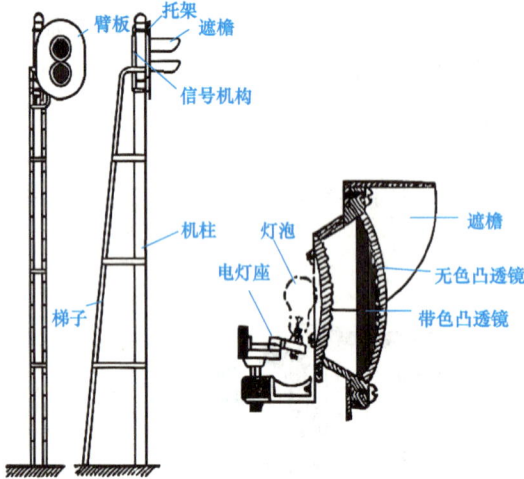

（a）结构图　　　　　　　　　　　　　　　　（b）实物照片

图 7-9　高柱透镜式色灯信号机

矮型透镜式色灯信号机显示距离不小于 200 m（在困难条件下），用螺栓固定在信号机基础上，没有托架，更不需要梯子，如图7-10所示。

3）机车信号

机车信号装在司机室内，是向司机预告列车前方运行条件的信号，用于保证行车安全，提高运行效率，改善司机的工作条件。机车信号主机是处理机车从地面上接收到的信号的主要部件，通过机车信号主机板解码由接收线圈从钢轨上接收到的移频信号，对应显示在机车信号的相应灯位上，向司机提供运行前方地面信号机显示的信息，如图7-11所示。

图 7-10　矮型透镜式色灯信号机　　　　　图 7-11　机车信号

在以地面信号机为主体信号的前提下，机车信号仅为辅助信号，它能自动地反映列车运行前方地面信号机的显示状态，指示列车运行，并与列车运行监控装置结合，确保列车的安全运行。目前采用的机车信号分为接近连续式和连续式两种。

2. 信号表示器

信号表示器和信号机不同，它没有防护的意义，而是用来表示与行车有关设备的位置和状态，或表示信号显示的某种附加含义，向行车人员传达行车或调车意图，或对信号进行某些补充说明。按用途不同，信号表示器分为道岔、发车线路、脱轨、进路、调车及车挡表示器。

3. 转辙设备

转辙设备用于完成道岔的转换和锁闭，其运用质量直接影响行车安全。转辙设备由转辙机及附属杆件组成，转辙机与道岔的结合如图 7-12 所示。

1）转辙机的作用

（1）转换道岔的位置，根据需要转换至定位或反位。

（2）道岔转至所需位置而且密贴后，实现锁闭，可防止外力转换道岔。

（3）正确地反映道岔的实际位置，道岔的尖轨密贴于基本轨后，给出相应的表示。

（4）道岔被挤或因故处于"四开"（两侧尖轨与基本轨均不密贴）位置时，及时给出报警及表示。

图 7-12 转辙机与道岔的结合

2）转辙机的设置

（1）一台转辙机牵引一组道岔，称为单机牵引。

（2）两台转辙机牵引一组道岔，称为双机牵引。

（3）由两台以上转辙机牵引一组道岔，称为多机牵引。

通常，一组道岔由一台转辙机牵引，如果正线采用 9 号道岔，尖轨部分需要两台转辙机牵引。

🔍 **知识拓展**

国铁上的 12 号道岔

国铁上的 12 号道岔，尖轨加长且有弹性，需两台转辙机牵引，可动心轨、道岔心轨需单独各设置一台转辙机。有的提速道岔需要设置更多台转辙机，如图 7-13 所示。

图 7-13　多台转辙机牵引的道岔

4.　轨道状态检查装置

　　轨道状态检查装置主要用来检测线路是否空闲或是否有车占用，常用轨道状态检查装置有轨道电路和计轴轨道检查装置两种。

1）轨道电路

　　轨道电路是以铁路线路的两根钢轨作为导体，两端加以机械绝缘（或电气绝缘），接上送电和受电设备构成的电路（图 7-14），用以检查轨道上有无列车、传递列车占用信息，以及实现地面与列车间传递信息。

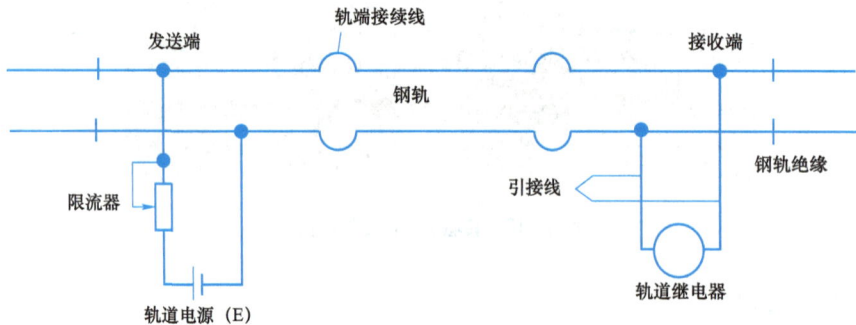

图 7-14　轨道电路的组成图

　　轨道电路通常由发送端、钢轨和接收端 3 个部分组成，分为调整状态（无车占用）、分路状态（有车占用）、断轨状态。

　　轨道电路的调整状态，就是轨道电路完整和空闲，接收设备（如轨道继电器）正常工作时的状态。在调整状态，两根钢轨完好且无列车占用，电源电流通过两根钢轨和轨道继电器产生电磁感应，轨道继电器保持吸起状态，如图 7-15 所示。

　　轨道电路的分路状态，就是当有列车占用轨道区段时的状态。在分路状态下，电源电流被列车轮轴分路，使轨道继电器由于得不到足够的电流而失磁落下，如图 7-16 所示。

　　轨道电路的断轨状态，就是指当轨道区段内发生断轨或断线等故障时，流经轨道继电器线圈的电流中断，使继电器处于失磁落下状态。

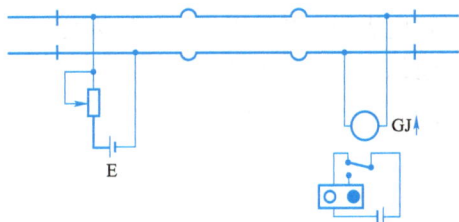

图 7-15　轨道电路调整状态原理图　　　　图 7-16　轨道电路分路状态原理图

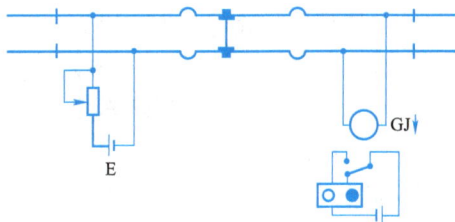

2）计轴轨道检查装置

计轴轨道检查装置是利用传感器和计算机完成车辆进出区段轮轴数的计算，分析区段是否有车占用的一种技术设备（图 7-17）。计轴轨道检查装置主要由计轴传感器、计轴轨旁盒、计轴主机等组成。

当列车进入某一计轴区间时，计轴轨道检查装置检测点借助于每个传感器被经过的次序来检测列车运行方向，分别对车轴进行递增和递减计数。若计数为零，说明进入区间和离开区间的轮轴数相等，则区间空闲；否则认为区间有车占用。

图 7-17　计轴轨道检查装置

7.2.3　铁路通信系统

铁路通信系统是为满足铁路运输生产和经营管理需要，为准确、及时、可靠地传送相关信息而建设运用的通信系统的总称。

铁路通信网是铁路的重要基础设施，在保障铁路运输安全、提高生产管理效率、提升经济效益和社会效益、服务铁路改革和推动铁路高质量发展等方面发挥着重要作用。铁路通信网主要包括承载网、业务网和支撑网。

铁路通信设备是铁路经营管理的信息系统，它在组织铁路运输、指挥列车运行、确保铁路各部门之间联络和为旅客提供各种服务方面发挥着重要作用。通常，通信站设在铁路枢纽站，在铁路沿线车站设通信机房，在沿线区间设置相关通信设施。以上设备设施作为通信节点，通过接入网（光纤、电缆等）实现延伸覆盖，接入用户（包括终端和系统）并为其提供所需的通信业务。铁路通信的基础设施包括通信线路和通信机房。

铁路通信按传输方式可分为有线通信和无线通信两大类，按业务性质可分为公用通信、专用通信及数据传输等。专用通信一般指专门用于组织、指挥铁路运输及生产的专用通信。一般不与公务通信的电报、电话网连接。

1. 铁路专用通信设备

1）铁路调度电话

（1）模拟调度电话。

列车调度电话是专供列车调度员与其管辖区段内所有的分机进行有关列车运行通话的通信设备（图7-18）。在列车调度电话线路上，只允许接入与列车运行直接有关的车站值班员、车站调度员、机车调度员等的电话。列车调度电话的显著特点是调度员可以对个别车站呼叫，称作单呼；也可以对成组车站呼叫，称作组呼；或者对全部车站集中呼叫，称作全呼。列车调度员可以与车站互相通话，车站也可以方便地对列车调度员呼叫并通话。调度电话分机应能在接到总机呼叫后立即振铃或发出音响，并能直接呼叫总机及进行通话。

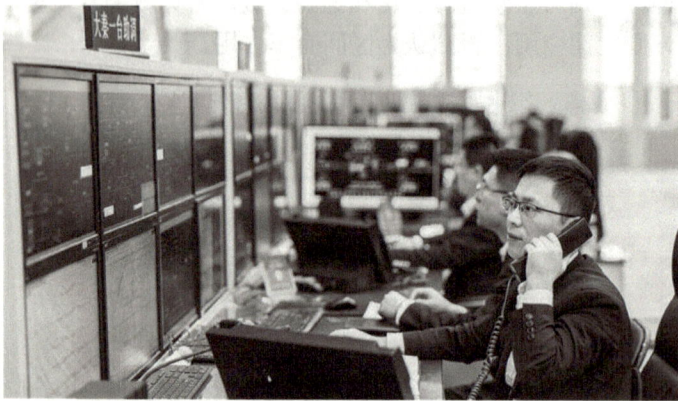

图7-18 电话调度

（2）程控调度电话。

随着通信技术的发展，如果采用数字编码信号选叫分机及采用程序控制，则是程控调度电话。程控调度电话亦称为数字调度电话，简称数调。程控调度电话由模拟调度电话发展而来，其优点是：选叫速度快、功能多、音质好，是今后普及发展的方向。目前，对于新线建设，基本上都采用程控调度电话；对于既有线，则在干线线路上进行用程控调度电话取代模拟调度电话的升级改造。

2）无线调度电话

（1）列车无线调度电话。

列车有线调度电话仅供列车调度员和车站值班员之间进行通信联系，而列车无线调度电话则可供列车调度员、机车调度员、车站值班员等调度指挥人员和列车司机相互通话。这对于提高运输效率、缩短运行时间、及时掌握和调整列车运行都有重大作用。同时，当列车在运行过程中发生临时故障，或区间线路、桥梁出现不正常现象时，司机可以及时报告调度员或邻近的车站值班员，也可直接通知邻近区段的司机，以便及时采取措施，更好地确保行车安全。

列车无线调度电话经过技术的不断更新，目前确定的制式为单双工兼容制列车无线列调系统。双工通信，即车站电台和机车电台收、发使用两个频率，各自有自己的独立天线，或者通过设双工器使二者共用一根天线。这样甲方发射的频率就是乙方接收的频率，双方通话不需要操纵按键，与一般电话通信一样。

（2）站内无线调度电话。

站内无线通信是为车站调度员、驼峰值班员等站内编组和解体作业的指挥人员和车站调车机车司机相互通话而设置的铁路通信设备。

2. 铁路调度通信网

铁路调度通信网的网络结构根据铁路运输调度体系来安排，采用干线、局线、区段三级调度结构，各层网络自成系统，独立组网。对于某些大型车站，还设有站级调度。

1）干线调度通信系统

国铁集团与铁路局集团公司之间的调度属于干线调度。

干线调度通信网络由设在国铁集团的 Hicom382 数字调度交换机为汇接中心，用数字中继通道与设在各铁路局集团公司的 Hicom372 数字调度交换机用 2 Mbps 数字中继通道相连接。相邻铁路局集团公司的 Hicom372 数字调度交换机之间也用 2 Mbps 数字中继通道相连作为直达路由，从而构成一个复合星形网络的干线调度通信网。纳入调度台的用户，调度员无须拨号，可单键直呼所属调度分机，若遇分机忙，调度员可强插通话；调度员还可以进行全呼、组呼。调度网内用户相互间呼叫时，听到一次拨号音后直拨 5 位码即可。

2）局线调度通信系统

局线调度通信系统对铁路局集团公司所有编组站、区段站、主要大站进行调度指挥，与相邻铁路局集团公司也有业务往来，同时接受国铁集团的调度指挥。局线调度包括客运调度、篷布调度、计划调度、车流调度、机车调度、车辆调度、工务调度、电务调度等。图 7-19 为北京铁路局调度指挥中心。

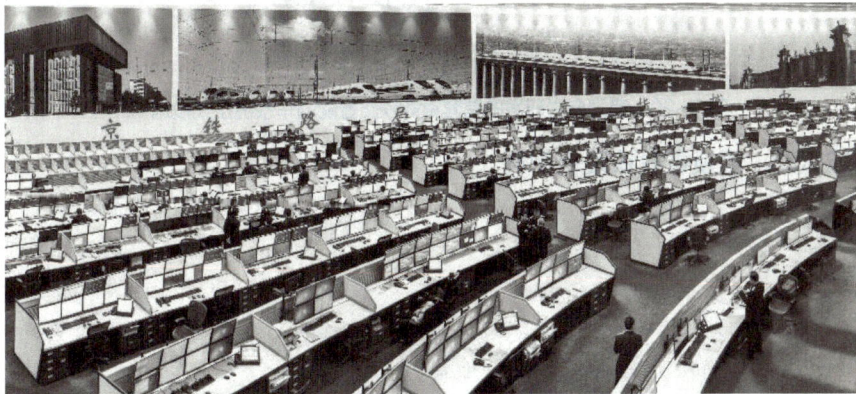

图 7-19 北京铁路局调度指挥中心

局线调度通信网络，由铁路局集团公司汇接中心利用干线调度通信系统的 Hicom372 调度交换机或另设数字调度交换机，与设在各铁路调度区段的数字专用通信系统组成，还可利用区段数字调度通信网络或专线延伸至区段站、编组站、中间站，构成星形网络结构的局线调度通信网。

3）区段调度通信系统

区段调度通信系统可以全面实现铁路系统的各项专用通信业务，包括区段调度通信、站场通信、站间通信、区间通信、专用通信等。区段调度是指调度员指挥某一段铁路线上的各车站（段、所、点），按业务性质分为列车调度、货运调度、电力牵引调度（供电调度）、红外线调度等。该系统可以实现铁路局集团公司所有方向、所有区段的区段调度通信业务，并可以实现与局线调度、干线调度的多级联网。

4）站调系统

站调系统是以站段为中心组成的调度系统，如在大型车站（编组）及站场内车站调度员对各值班员之间的调度通信。

🔍 知识拓展

智能调车系统上线，驶向交通智行新未来

2025 年 3 月 22 日 9 点 56 分，在国家能源集团朔黄铁路黄骅港站远程操控台，车站调度人员通过智能调车系统控制双源制机车，推动载有 5 394 t 煤炭的列车精准停靠到对位点，开始煤炭翻车作业（图 7-20）。这标志着我国自主研发的首套重载铁路智能调车系统正式投入运营，实现我国在重载铁路智能化领域的又一突破。

图 7-20　我国自主研发的首套重载铁路智能调车系统正式投运

1. 科技赋能，解锁重载铁路新密码

智能调车系统的成功投用，是我国科技实力在交通领域的一次生动展现。以往，调车作业往往依赖人工操作，不仅效率低，而且面临着一定的安全风险。而现在，智能调车系统凭借先进的技术，实现了对列车的精准控制。从技术层面来看，智能调车系统集成了大数据、人工智能、物联网等前沿科技。通过对列车运行数据的实时分析和处理，系统能够快速做出最优决策，确保列车安全、高效地运行。这不仅大大提高了调车作业的效率，还降低了人力成本，而且这一系统的自主研发成功，打破了国外在相关领域的技术垄断，彰显了我国科技工作者的智慧和实力，为我国重载铁路智能化发展树立了新的标杆，也为其他领域的科技创新提供了宝贵的经验。

2. 安全护航，筑牢交通运行防火墙

安全是交通行业的生命线，重载铁路智能调车系统的投用，为铁路运输安全提供了坚实的保障。在传统调车作业中，人为因素是导致安全事故的重要原因之一。而智能调车系统通过自动化操作和实时监控，大大减少了人为失误的可能性。其具备先进的安全预警机制，能够实时监测列车的运行状态，一旦发现异常情况，立即发出警报并采取相应的措施。

例如，当列车接近危险区域时，系统会自动减速或停车，避免事故的发生。此外，智能调车系统还可以对列车的设备进行实时检测，及时发现潜在的安全隐患，为列车的安全运行保驾护航。对于铁路运输企业来说，智能调车系统的应用可以降低安全管理成本，提高运输效率。同时，也能让广大旅客和货主更加放心地选择铁路运输，提升铁路运输的社会形象和竞争力。

3. 产业升级，激活经济发展新引擎

重载铁路智能调车系统的投运，不仅仅是一项技术上的突破，更是推动相关产业升级的重要动力。它将带动智能交通、大数据、人工智能等新兴产业的发展，形成新的经济增长点。一方面，智能调车系统的研发和生产需要大量的高科技人才和先进的生产设备，这将促进相关产业的技术创新和人才培养。另一方面，系统的广泛应用将提高铁路运输的效率和服务质量，降低物流成本，为制造业、能源业等行业的发展提供有力支持。在当前经济全球化的背景下，高效的交通物流体系是提升国家竞争力的重要因素。重载铁路智能调车系统的应用，将有助于我国构建更加完善的综合交通运输体系，加强国内市场与国际市场的联系，推动经济高质量发展。

3. 铁路综合数字移动通信系统

全球移动通信系统（global system for mobile communications，GSM）是现在世界上大多数国家都采用的移动通信系统。铁路综合数字移动通信系统（global system for mobile communication for railways，GSM-R）是专门为铁路通信设计的专用通信系统。它在 GSM 上增加了调度通信功能和适合高速环境下使用的要素，可以满足国际铁路联盟提出的铁路专用调度通信的要求。

GSM-R 在接口中引入了语音广播呼叫、语音通话组呼叫和用户优先级等功能，可以实现调度员与司机之间的通信、调车作业通信、远程遥控传输、车站和维修段的地区通信、旅客服务通信，也可以实现与公网的互联互通。GSM-R 可以满足列车运行时速为 500 km 的无线通信要求，且安全性好，是高速铁路最理想的通信技术解决方案。

1）GSM-R 的组成

GSM-R 网络包括 GSM-R 陆地移动网络和固定用户接入网络（fixed users alless switching，FAS），这两个网络分别连接着移动终端和固定终端，并且彼此互联互通。移动终端又称移动台，可放在机车或旅客列车上，它相当于手机，通过无线接口接入 GSM-R 系统，并提供人机接口，如按键、屏幕显示，以及送话器、受话器等。固定终端是有线交换网络的终端，包括调度台、车站台等。铁路沿线无线全覆盖，机车上采用无线终端，即机车综合通信设备，而车站台和调度台都是有线终端。车站台和调度台通过 FAS 连接到 GSM-R 系统上，从而实现与有线用户和无线用户的通信。

2）GSM-R 调度通信网络的业务功能

GSM-R 调度通信网络的业务主要有 GMS 移动通信业务、高级语音呼叫业务和铁路基本业务等。列车调度员的语音通信方式主要有点对点通信、多方通信、语音组呼、语音广播呼叫。

（1）点对点通信：即普通的两人通话。

（2）多方通信：即调度员、车站值班员、司机之间的通信，以及车站值班员、司机之间

的通信。

（3）**语音组呼**：即调度员同时呼叫若干个车站，并可以与个别人对话。

（4）**语音广播呼叫**：即一点对多点的广播，接收者只能收听。

3）GSM-R 的技术优势

GSM-R 能够满足列车运行速度较高时的无线通信要求，且安全性好。针对铁路运输中的列车调度、列车控制、支持高速移动等要求，它能够提供定制的附加功能，如优先级和强插功能、语音组呼及广播功能、位置寻址及功能寻址功能，以及安全数据通信等。GSM-R系统用于实现铁路移动通信，其优势主要体现在以下几个方面。

（1）**调度通信及时准确**：GSM-R 应用有线、无线网，既承载了过去调度电话的一切功能，又增添了调度所、车站和机车三者之间的语音通信及数据传输通信，使信息做到及时、准确。

（2）**调度凭证有根据**：利用 GSM-R 系统的数据传输设备，可以在调度员下达命令时开具调度凭证，为司机提供有根据的书面材料，便于发生意外或事故时分清责任。

（3）**信息传送多样**：GSM-R 系统在机车上安装了综合通信设备，为各种各样的信息传送提供了服务平台。例如，配合列车调度指挥系统 TDCS、调度集中 CTC 等，就可以了解列车运行的动态状况和它的车次号等。

（4）**区间通信随地可叫**：在现场工作的铁路员工，均可利用 GSM-R 的作业手持台与车站值班员、各单位调度员及自动电话用户进行联系，并且在紧急情况下还可以呼叫司机，与司机通话。这不仅提高了工作效率，而且进一步保证了安全。

（5）**列车风压一目了然**：列车风压系统是列车制动的关键，司机必须随时注视风压状况以便确认列车状态是否正常。有了 GSM-R 以后，可以利用它的数据传输功能来传递风压数据，使司机一目了然。

此外，在列车运行控制系统 CTCS 中，GSM-R 也是一个辅助驾驶系统，帮助司机以安全的方式驾驶列车。

任务 7.3　城市轨道交通信号与通信系统

扫码获取多媒体
教学资源

城市轨道交通信号系统是城市轨道交通行车指挥和控制系统的主要技术装备，是保证列车运行安全、实现行车指挥和列车运行现代化、提高运输效率的关键系统。城市轨道交通信号系统由行车指挥设备、列车运行控制设备、故障检测和报警设备组成，具有高可靠性、高可用性和高安全性，可满足行车组织和运营管理的需要，满足城市轨道交通大运量、高密度行车、不同列车编组和行车交路的运营需要。

7.3.1　信号基础设备

1. 信号机

1）信号机的用途

信号机是城市轨道交通的轨旁基础设备，在早期的以地面信号为主体的时代，司机必须按照信号机的显示行车。目前，城市轨道交通以车载信号为主体信号，正线区段一般不设信号机，只在道岔区域或其他危及行车安全的区域设置信号机。正常情况下，地面信号与车载信号一致；异常情况下，地面信号可用于指挥行车。

2）信号机的分类

根据信号机的作用不同，将信号机分成以下几类。

（1）进站信号机：进站信号机的作用是防护车站，进站信号机设于车站入口距进站道岔尖轨尖端（顺向为警冲标）不少于 50 m 的地点（图 7-21），作用有 2 个：一是指示列车能否由区间进入车站，当站内不具备接车条件时，不准列车进入站内；二是指示列车进站后的运行条件，是停车还是通过。

（2）出站信号机：出站信号机设在车站正线出口处（图 7-22），出站信号机的作用是防护区间，同时也作为列车占用区间或闭塞分区的行车凭证，指示列车可否由车站进入区间。为了防止误认信号造成行车事故，每条发车线应在线路警冲标内方的适当地点单独设置出站信号机。

图 7-21　进站信号机

图 7-22　出站信号机

（3）区间分界点信号机：区间分界点信号机（图 7-23）设在站间间距较大的站间区间内，按站间自动闭塞行车时，区间分界点信号机作为列车占用闭塞区间的行车凭证。

图 7-23　区间分界点信号机

（4）防护信号机：防护信号机向司机提示道岔状态及位置，指示列车运行方向。若锁闭该信号机进路上的有关道岔及敌对信号，则防护闭塞区间，确保调车作业的顺利进行及行车安全。

防护信号机通常设置在正线道岔岔前适当地点。过去使用的防护信号机大多采用两显示机构，带引导信号，防护逆向道岔时带有进路表示器。现在常用的防护信号机采用三显示机构，不带引导信号，自上而下为黄（或月白）、绿、红，具体显示意义为：

① 红色——表示禁止越过该信号机，实际是命令列车在该架信号机外方停车。

② 绿色——表示前方进路道岔开通直向位置，允许列车按照规定速度越过该架信号机。

③ 黄色——表示前方进路道岔开通侧向位置，允许列车按照规定速度越过该信号机，运行至折返点。防护信号机有高柱、矮型之分，其定位显示为红灯。

（5）阻挡信号机：阻挡信号机设置在调车线路尽头线处，表示列车停车位置，或在停运检修期间指示检修作业位置，其作用是阻挡列车（车辆）越过，确保安全。

> 提示：线路尽头线，是指线路一端已经终止，无任何道岔连接，并设置安全车挡，以防车辆溜出的线路。

（6）预告信号机：预告信号机设在进站防护分界点等信号机前方，用来预告进站、防护、分界点信号机的显示状态，使司机提前掌握前方信号机的状态。预告信号机为三显示信号机（图7-24），没有定位显示。目前，新建的城市轨道交通线路通常会取消预告信号机的设置。

（7）引导信号：引导信号设置在进站防护调车信号机机柱上，当设备故障或其他原因使信号机不能开放，但现场符合接发车条件或调车条件时，可开放引导信号，指示列车运行条件。引导信号为辅助信号，旧式引导信号为红色和月白色的组合灯光，新式引导信号为红灯与黄灯的组合灯光。开放引导信号需人工确认、人工操作。新式引导信号如图7-25所示。

图7-24　预告信号机

图7-25　新式引导信号

2. 转辙机

转辙机（图7-26）是安装在道岔一侧、控制道岔的转换和锁闭、直接关系行车安全的关键设备。

1）对转辙机的基本要求

（1）作为转换装置，应具有足够大的拉力，以带动尖轨做直线往返运动；当尖轨受阻不能运动到底时，应随时可以通过操纵使尖轨恢复原位。

（2）作为锁闭装置，当尖轨和基本轨不密贴时，不应进行锁闭；一旦锁闭，则应保证不致因车通过道岔时的震动而错误解锁。

（3）作为监督装置，应能正确地反映道岔的状态。

（4）道岔被挤后，在修复之前不应再使道岔转换。

2）转辙机的分类

按动作能源和传动方式可将转辙机分为电动转辙机、电动液压转辙机和电空转辙机。

（1）**电动转辙机**：由电动机提供动力，采用机械传动的方式控制道岔。我国城市轨道交通大多采用的是 ZD6 系列转辙机和 S700 K 型电动转辙机。

（2）**电动液压转辙机**：简称电液转辙机，由电动机提供动力，采用液力传动的方式控制道岔。我国城市轨道交通大多采用的是 ZYJ7 型电液转辙机。

（3）**电空转辙机**：由压缩空气作为动力，由电磁换向阀控制道岔。在驼峰分路道岔上，大量采用的是 ZK 系列电空转辙机。

按供电电源不同分，转辙机可分为直流转辙机和交流转辙机。

（1）**直流转辙机**：采用直流电源，由直流电动机作为动力，如 ZD6 系列电动转辙机。直流转辙机采用直流电机，用到了换向器和电刷，因而易损坏、故障率较高。

（2）**交流转辙机**：采用三相交流电源或单相交流电源，由三相异步电机或单相异步电机作为动力，如 S700K 型电动转辙机和 ZY（ZYJ）7 型电液转辙机。交流转辙机采用感应式交流电动机，不使用换向器和电刷，因此故障率低，且单芯电缆控制距离远。

图 7-26 转辙机

3. 轨道电路

轨道电路是以线路的两根钢轨为导体，在一定长度的钢轨两端加上电气绝缘或加以电气分割，并用引导线接上发送设备和接收设备所构成的电路。轨道电路有调整、分路、断轨三种状态，其工作原理如前文所述。

1）轨道电路的作用

（1）**监督列车占用**：反映线路空闲状况，为开放信号、建立进路或构成闭塞提供依据，防止向被列车或机车车辆占用的线路接发车或调车。

（2）**传输行车信息**：根据列车的位置和有关闭塞分区的占用情况，传输不同的行车信息，控制有关信号机的显示，实现对追踪列车的控制。

2）轨道电路常见故障

（1）**分路不良故障**：是指有车占用轨道电路时，轨道继电器不能可靠落下，控制台或显示器相应的区段不显示红色光带。造成这类故障的原因，多数为轨道电路生锈、潮湿等。这类故障极其危险，有可能造成列车追尾、脱轨等事故，但这类故障并不多见。

（2）**红光带故障**：是指轨道区段无车占用时，控制台或显示器相应的区段显示红色光带。造成这类故障的原因有轨道电路送电电压低、道床潮湿、轨道电路断线或线路断轨等。这类故障主要影响车站和区间的行车效率。

7.3.2 城市轨道交通信号系统

城市轨道交通信号系统通常由列车自动控制（automatic train control，ATC）系统和车辆段信号控制系统两大部分组成，如图 7-27 所示。

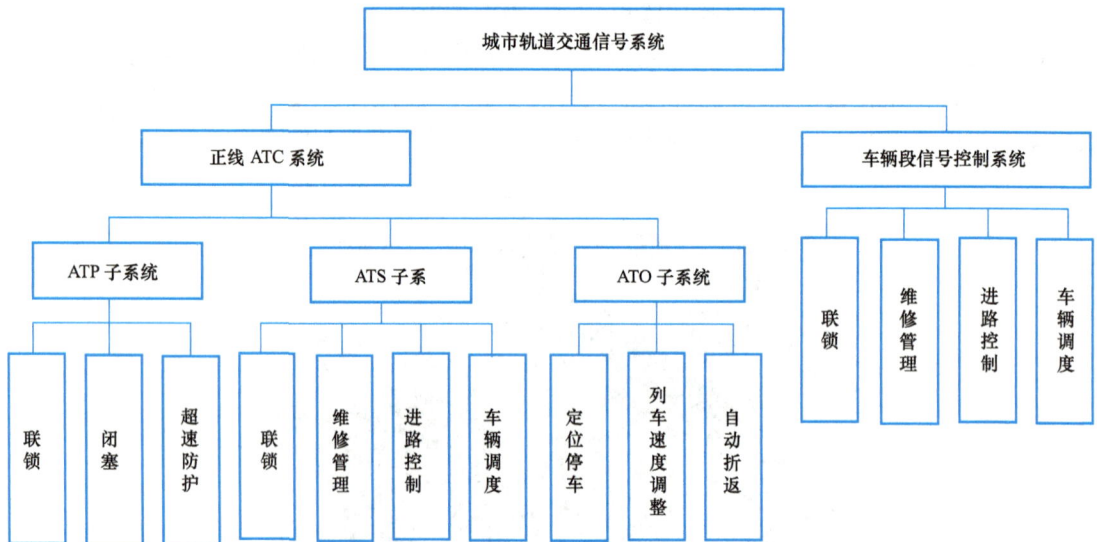

图 7-27 城市轨道交通信号系统的组成

1. ATC 系统

ATC 系统包括以下 3 个子系统：

（1）列车自动监控（automatic train supervision，ATS）系统。

（2）列车自动防护（automatic train protection，ATP）系统。

（3）列车自动驾驶（automatic train operation，ATO）系统。

ATC 系统的 3 个子系统通过信息交换网络构成闭环系统，实现地面控制与车上控制结合、现地控制与中央控制结合，构成一个以安全设备为基础，集行车指挥、运行调整及列车驾驶自动化等功能于一体的列车自动控制系统。

1）ATP 系统

ATP 系统是保证行车安全、防止后车进入前车占用区段、防止列车超速运行的信号控制系统，可增加列车运行密度，缩小行车间隔，保证行车安全。ATP 系统是 ATC 系统的安全关键系统，必须符合故障—安全原则。

（1）ATP 系统的结构。

ATP 系统的硬件设备一般包括 ATP 车载设备和 ATP 地面设备，在连续式传输的 ATP 系统中，通过地面到列车的通信网络，完成车—地双向通信，其结构如图 7-28 所示。

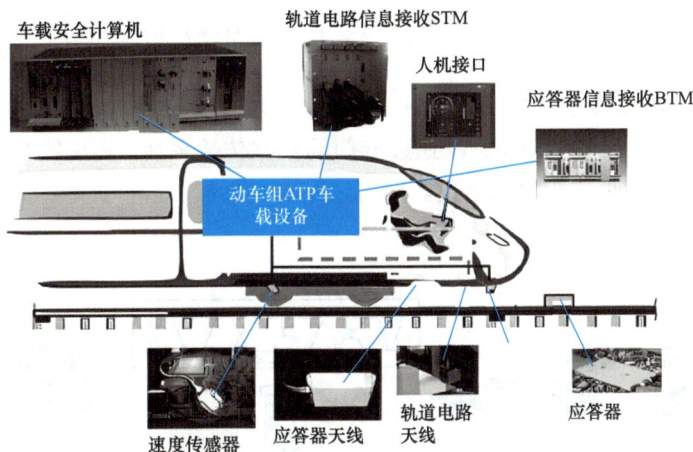

图 7-28　ATP 系统的结构

在点式传输的 ATP 系统中，车载 ATP 设备一般通过轨旁单元传输点式的 ATP 信息。ATP 车载设备一般包括：车载 ATP 系统、应答器接口、车辆接口、人机接口等。

ATP 车载设备根据地面传送的数据与预先储存的列车数据计算出列车行驶时的最高允许速度，并将此速度与列车实际速度相比较，超过最高允许速度时，向司机报警或者强制列车制动。人机接口为司机提供了友好的提示及显示操作接口，包括司机显示功能、司机外部接口两个子功能。司机显示功能包括实际列车速度、最高允许速度、目标距离、目标速度及列车运行状态等。司机外部接口包括驾驶室设备、允许按钮、车门释放按钮及确认按钮。

（2）ATP 系统的功能。

ATP 系统的主要功能是通过列车 ATP 设备和地面 ATP 设备间的信息传输，实现列车间隔控制与速度控制，保证行车安全。具体功能如下：

① 自动连续地对列车位置进行检测，并向列车发送必要的速度、距离、线路条件等信息，以确定列车运行的最大安全速度，在列车超速时提供常用制动或紧急制动，保证前行列车与后续列车之间的安全间隔，满足正向行车时的设计行车间隔和折返间隔。对反向运行列车能进行列车超速防护。

② 确保列车进路正确及列车的运行安全，确保同一进路上的不同列车之间具有足够的安全距离，可防止列车侧面冲撞。

③ 防止列车超速运行，保证列车速度不超过线路、道岔、车辆等规定的允许速度。

④ 为车门的开启提供安全、可靠的信息。

⑤ 当发生车—地通信中断及列车的非预期移动（含退行）、任何列车完整性电路的中断、列车超速（含临时限速）、车载设备故障时，均将产生安全性制动。

⑥ 实现与 ATS 系统的接口及有关信息交换。

⑦ 实现自诊断、故障报警及记录。

⑧ 可记录和显示列车的实际速度、允许速度、目标速度、目标距离等信息，具有人工或自动轮径磨耗补偿功能。

ATP 地面设备负责列车安全间隔的计算和相关报文的生成，完成对列车安全运行行使权限的发布和报文的准备，报文中包括安全信息、非安全信息和信号信息等。

2）ATS 系统

ATS 系统采用多层体系结构，如图 7-29 所示。其最高层是控制中心的 ATS 监控设备，底层是车站的 ATS 监控设备。ATS 系统通过专门的数据传输系统，实现控制中心 ATS 设备与各车站 ATS 设备之间的通信和数据交换。

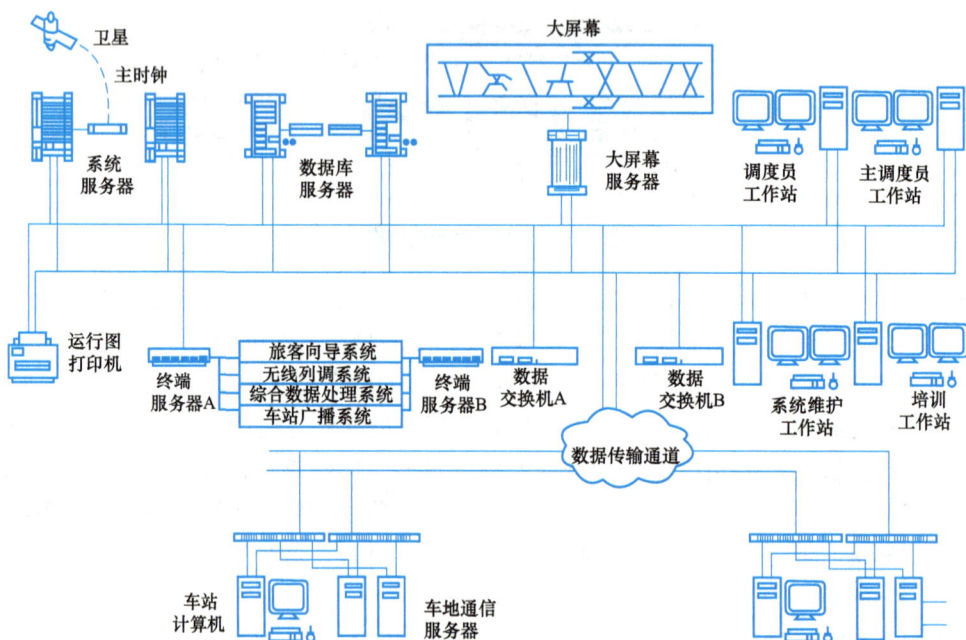

图 7-29 ATS 系统设备组成结构图

（1）ATS 系统的功能。

ATS 系统的主要功能是监督列车运行状态，采用软件方法实现联网、通信及列车运行管理自动化，具体如下：

① 列车运行状态监视。

② 列车运行自动识别及追踪，进路自动控制或人工控制。

③ 列车运行图及时刻表的编制与管理。

④ 列车运行调整、列车运行模拟、列车运行统计、事件及报警报表的生成和系统管理等。

（2）ATS 系统的组成。

在 ATC 系统的各个子系统中，ATS 系统起着组织和指挥行车的作用。因此，ATS 系统的体系结构应具有足够的安全性、稳定性，同时具有实时性和可操作性。

为了满足上述要求，ATS 系统采用分布式的网络系统，由控制中心设备、车站设备、车辆段设备和连接各业务设备的网络设备构成。为了保证 ATS 系统的高可用性，关键设备均采用双机热备或集群方式的冗余配置。

① **控制中心设备**：控制中心设备是 ATC 系统的核心，通常用网络交换机组成两个热备的中心局域网，用于状态表示、运行控制、运行调整、车次追踪、时刻表编制及运行图绘制、运行报告、调度员培训，并提供与其他系统的接口。

② **车站设备**：车站设备在设备集中站和非设备集中站有所不同。

➤ 设备集中站设有一台 ATS 车站分机，该分机是 ATS 系统与 ATP 地面设备的接口，用于连接联锁设备和其他外围设备，采集车站设备的信息，传送控制命令，使车站联锁设备能接受 ATS 系统的控制，以实现车站进路的自动控制。

➤ 非设备集中站不设 ATS 分机。该站的道岔和信号由集中站的 ATS 分机控制，并通过集中站的 ATS 分机接受 ATS 系统的控制。

③ **车辆段设备**：车辆段设有一套 ATS 分机，主要用于采集车辆段内存车库的列车占用及进/出车辆段的信号机状态，在控制中心显示屏上给出以上信息的显示，以便控制中心、车辆段值班员及车辆管理人员了解段内停车库中列车的车次及车组运用情况，正确控制列车出入段。

3）ATO 系统

ATO 系统主要实现地对车的控制，即用地面信息控制列车运行，包括列车自动折返，根据控制中心指令自动完成对列车的起动、牵引、惰行和制动，发送车门和站台安全门开关信号，使列车以最佳工况安全、正点、平稳地运行。

ATO 系统的功能如下：

（1）自动完成对列车的起动、牵引、巡航、惰行和制动的控制，以较高的速度进行追踪运行和折返作业，确保达到设计间隔及运行速度。

（2）在自动监控范围的入口及各站停车区域（含折返线、停车线）进行车—地通信，将列车有关信息传送至 ATS 系统，以便于 ATS 系统对在线列车进行监控。在列车停车期间，ATS 系统监控列车时刻表，计算需要的停站时间，以保证列车正点到达下一车站，ATO 系统将根据 ATS 系统的发车命令及停车时间，控制列车自动发车。

（3）控制列车按图行车，达到节能及自动调整列车运行的目的。

（4）自动驾驶时，实现站台定点停车控制、舒适度控制及节省能源控制。

（5）能根据停车站台的位置及停车精度，自动地对车门进行控制。

（6）与 ATS 系统和 ATP 系统结合，实现列车自动驾驶、有人或无人驾驶。

2. 车辆段信号控制系统

1）车辆段信号控制系统的功能

车辆段是城市轨道交通车辆停放的基地，主要承担车辆停放、检查、维修、保养、检修等任务，同时也承担乘务人员组织管理、出乘、换班、培训等业务，还具有列车救援、设备维修、系统维修、材料供应等功能，所以车辆段的信号控制系统通常具有以下功能：

（1）联锁控制；

（2）进路控制；

（3）车辆调度；

（4）维修管理。

2）车辆段信号控制设备

与车辆段信号控制系统的功能相对应，车辆段信号控制系统通常具有以下设备：

（1）ATS 设备；

（2）计算机联锁设备；

（3）计算机监控设备；

（4）试车线信号设备。

3. CBTC 系统

CBTC（communication based train control system）系统即基于通信的列车运行控制系统，是我国城市轨道交通国产信号控制系统的里程碑，也因此使我国成为世界上拥有这项核心技术并成功应用于运营线路的第 4 个国家。CBTC 系统的特点是用无线通信实现列车和地面的大容量、双向通信，代替轨道电路来进行列车占用检测，可实现快速、安全的列车运行控制（图 7-30）。

CBTC 系统具有以下优点：

（1）可实现车载设备与轨旁设备间的实时双向通信，且信息量大。

（2）便于缩短列车编组，加大列车运行密度，提高服务质量，并可以缩短站台长度和终点站尾轨长度，降低土建工程投资。

（3）可实现列车双向运行而不增加地面设备，有利于在线路故障或有特殊需要时的反向运行控制。

（4）可减少轨旁设备，便于安装维修，有利于紧急状态下把线路作为人员疏散的通道，有利于降低系统全生命周期内的运营成本。

（5）可适应各种类型、各种车速的列车，因为移动闭塞系统基本克服了准移动闭塞和固定闭塞系统地对车信息跳变的缺点，提高了列车运行的平稳性，增加了旅客的乘坐舒适度。

（6）可实现节能控制、列车运行统计处理优化、缩短运行时分等多目标控制。

（7）有利于旧线系统的升级改造，可在不影响既有线正常运营的前提下对系统进行升级改造，将其对运营的影响降到最低。

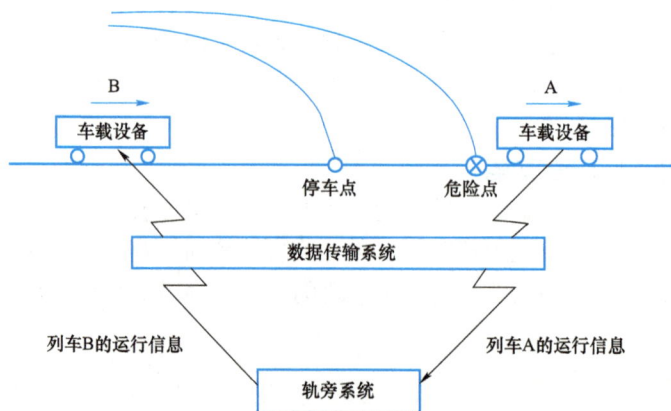

图 7-30　CBTC 移动闭塞列车控制原理

知识拓展

CTCS 系统 100%国产化

　　CTCS 系统即列车运行控制系统，简称列控系统，它是以列车超速防护为主要功能的一种信号控制系统，根据列车在线路上运行的客观条件和实际情况，对列车运行速度及制动方式等状态进行监督、控制和调整。利用地面设备向运行中的列车传送各种信息，使司机了解地面线路状态并控制列车运行速度，同时保证行车效率。

　　列车运行控制系统是现代轨道交通的"大脑和中枢神经"，具有技术含量高、系统复杂、掌握难度大等特点，一度被全球极少数跨国公司所垄断，成为世界各国发展高铁的技术瓶颈。在我国高铁建设初期，中国铁路通信信号集团有限公司（简称中国通号）坚持引进—消化—吸收—再创新的技术路径，历经三年拼搏，实现了我国高铁、地铁全套列车控制系统技术的完全自主化和产品的 100%国产化，完成了轨道交通五大核心自主技术的重大突破，将轨道交通核心技术牢牢掌握在自己手里，从根本上保障了国家铁路建设和运输安全，为国家"一带一路"倡议和高铁"走出去"提供核心技术支撑。

　　中国通号在吸收、继承了既有系统大量安全可靠运用经验的基础上，依据中国列控标准，面向未来发展的需要，研发了具有完全自主知识产权的 CTCS-3 级列控系统，该系统实现了全套产品元器件的自主采购、生产、整机调试等的 100%国产化，并实现了与欧洲 ETCS-2 列控系统互联互通。CTCS-3 级列控系统的成功研发，使中国高铁真正摆脱了列控系统核心设备长期受制的不利局面，而它所获得的欧洲权威测试机构认可，亦让中国的高铁列控技术得到了走向海外的"通行证"。

7.3.3　城市轨道交通通信系统

1.　通信系统基本知识

1）通信系统的概念

　　通信系统是城市轨道交通传输语音、数据、图像等信息，为运输生产和运营管理提供通信业务的关键系统，它不仅是指挥列车运行的重要手段，也是传递各种信息的关键途径，对于保证列车安全、快速、高效运行具有重要意义。

2）通信系统的组成

　　通信系统主要包括传输子系统、业务子系统和支撑子系统。其中，传输子系统为各类业务信息提供传输通道；业务子系统为用户提供语音、数据、图像等通信服务；支撑子系统是通信系统及其他相关业务系统稳定可靠运行的保障。

2.　传输子系统

　　传输子系统是通信系统的核心系统，负责为城市轨道交通各通信子系统提供信息交互通道，并根据需要为信号、车辆、环境与设备监控、电力监控、自动售检票等其他相关系统的信息交互提供传输通道。

　　目前，城市轨道交通通信系统主要采用同步数字传输模式、异步数字传输模式和开放式信息传输网模式等，按传输介质不同分为以下两类：① 有线传输子系统，② 无线传输子系统。

3. 业务子系统

业务子系统是为用户提供语音、数据、图像等通信服务的系统，包括有线调度通信系统、无线调度通信系统、旅客信息系统、广播系统、视频监视系统、公务电话系统等。

1）有线调度通信系统

有线调度通信系统是为调度员、值班员等固定用户提供调度信息交互的有线专用电话系统，为运营、电力、维护和救灾等提供有效的通信方式，为行车调度员、环控调度员、电力调度员、设备维修调度员等提供专用直达通信。

有线调度电话系统主要包括调度交换机、调度台和调度分机，图7-31为调度分机。

2）无线调度通信系统

无线调度通信系统是为调度员、值班员等固定用户，以及列车司机、维修人员等移动用户提供无线调度信息交互的专用系统。它不仅为调度员与司机之间的通信提供了可靠的无线通信手段，同时也是移动作业人员和抢险人员进行通信的重要途径。

无线调度通信系统可以采用专用频道方式和集群方式，应根据实际需求进行选择。

3）旅客信息系统

旅客信息系统以车站和列车显示终端为媒介，向旅客提供客运服务、安全应急等信息服务。它通常用于向车站和列车上的旅客及时提供导乘信息，也接收天气预报、新闻及广告等。图7-32为列车上的客运服务信息。

图7-31 调度分机

图7-32 列车上的客运服务信息

4）广播系统

广播系统是向旅客播报列车运行信息、乘车引导信息、安全和应急防灾通告、服务信息，以及向工作人员发布作业命令和告知的语音播报系统。它的作用如下：

（1）为控制中心调度员和车站值班员提供对车站相应区域的广播服务。

（2）对车辆段行车调度员提供对车辆段内的部分重要区域的广播服务。

广播系统主要由广播机柜、广播喇叭、广播控制盒等组成。

5）视频监视系统

视频监视系统是为列车司机、调度员、值班员等提供列车运行、作业监控、旅客疏导、抢险救灾等视频监视信息的系统。

视频监视系统是保障运输安全的重要手段，它提供了各个要害部位的监控画面（如图7-33所示），方便日常管理和突发事件处理，确保运营安全。

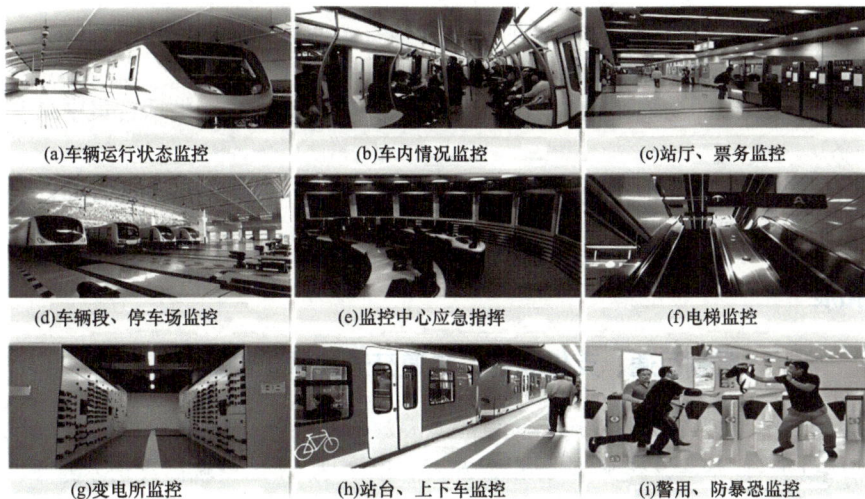

(a)车辆运行状态监控　(b)车内情况监控　(c)站厅、票务监控
(d)车辆段、停车场监控　(e)监控中心应急指挥　(f)电梯监控
(g)变电所监控　(h)站台、上下车监控　(i)警用、防暴恐监控

图 7-33　视频监视画面

6）公务电话系统

公务电话系统是为城市轨道交通运营单位各部门间提供公务通话，并与市话联络的电话系统，主要用于轨道交通线路内部一般公务通信，并与市话网及相关轨道交通线路公务电话网相连。它一般由设在控制中心的程控交换机和设在各站的远程交换系统组成。在轨道交通线路内部，各分机间可以直接拨号通话。若轨道交通内部用户与公用电话网用户通话，则通过全自动或半自动的出入局呼叫进行。

公务电话系统相当于企业总机，通过通用的程控数字用户交换机组网，并通过中继线路接入当地市话网。程控数字用户交换机分为中心交换机和车站交换机两种，一般情况下，中心交换机安装在控制中心和车辆段，而在各车站配置车站交换机或中心交换机的远端模块。

4. 支撑子系统

支撑子系统是维持通信系统及其他相关业务系统稳定可靠运行的保障，主要由时钟系统、电源系统、集中录音系统、集中告警系统等组成。

1）时钟系统

时钟系统为车站、控制中心、车辆基地提供统一的标准时间信息，并为通信子系统及其他相关业务系统提供统一的校时信号。

时钟系统的核心设备包括一级母钟系统、二级母钟系统和子钟，通过这些设备的协同工作，实现全线统一的时间标准。图 7-34 为车站时钟。

2）电源系统

电源系统为通信子系统设备提供不间断、无瞬变、安全可靠的供电，为通信系统关键组件正常运行提供保障。

为了避免电源中断对通信系统的影

图 7-34　车站时钟

响，各车站、控制中心及车辆基地的变电所提供了双重电源和双供电回路，以确保在电路故

169

障时能够自动切换到另一供电回路，保证通信系统的稳定运行。

3）集中录音系统、集中告警系统

（1）集中录音系统的功能是为列车司机、调度员、值班员等提供话音集中录音、录音查询及回放服务。

（2）集中告警系统对通信系统的告警数据、设备性能、系统资源进行管理，提供集中监视、告警信息分析、系统参数配置和资源查询分析等服务。

🔵 知识拓展

票制互通、支付兼容，轨道交通换乘更便捷了！

2025 年春运，实现"四线贯通"的粤港澳大湾区广佛南环、佛莞城际、佛肇城际、莞惠城际等四条城际铁路共发送旅客 274.18 万人。图 7-35 为广州城际线网示意图。

"四线贯通"是在国家铁路局支持指导下推动轨道交通"四网融合"发展取得的一项标志性成果。轨道交通"四网融合"是指干线铁路、城际铁路、市域（郊）铁路及城市轨道交通融合发展，通过实现不同交通方式的无缝衔接，缩短旅客换乘和等待时间，提供更便捷高效的出行体验。

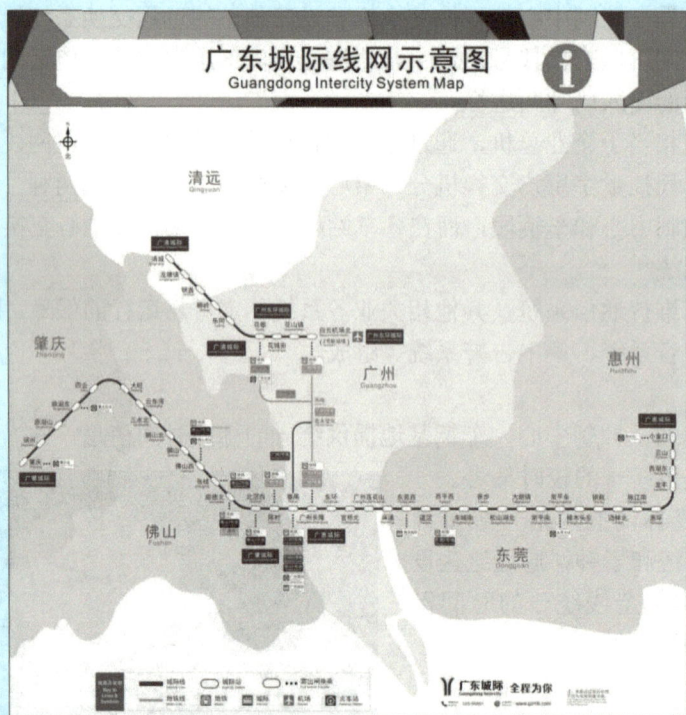

图 7-35　广州城际线网示意图

从发展现实情况看，"四网融合"存在的问题主要是地铁和铁路之间的制式不统一、标准不统一和管理不一致。2024 年以来，国家铁路局以粤港澳大湾区为试点，联合广东省制定《推动粤港澳大湾区轨道交通"四网融合"发展实施方案》，大力推动设施互联、票制互通、安检互信、信息共享和管理协同，重点做好以下工作：

（1）推动标准衔接贯通：通过编制行业标准、发布团体标准，满足城际铁路接入城市中心、公交化运营等实际需求，满足铁路机车车辆、信号系统、通信系统装备统型、制式统一的需求。

（2）强化设备人员管理：针对市域（郊）铁路、城际铁路和城市轨道交通贯通运营对驾驶人员的资格要求，修订颁布相关法律法规，确保不换驾驶人员贯通运营。

（3）提升运输服务水平：推动广肇、广惠、广清城际铁路与国铁换乘的佛山西站、肇庆站、东莞站、花都站等 4 个车站实现安检互认。推动票制互通、支付兼容，"四线贯通"后，旅客既可以通过 12306 平台购票刷身份证进站乘车，也可以使用全国交通一卡通、广州地铁 App 城际乘车码等多种方式进站乘车，不用对号入座，车票"当日一次有效"。

（4）创建互联互通规则：制定适用于大湾区轨道交通，覆盖基础设施、动车组、牵引供电、通信信号专业的互联互通技术规范。优化线路规划布局，推进深港、珠澳轨道交通衔接。

下一步，国家铁路局将在粤港澳大湾区试点的基础上，继续协调推进更大范围的"四网融合"试点推广工作。

任务工单

1. 任务描述

查阅相关资料，制作 PPT 文件，展示轨道交通信号与通信系统，展示内容可包含轨道交通信号与通信系统的分类、特点和作用等。

2. 小组分工

以 3～5 人为一组，选出组长并进行任务分工，制订合理的工作计划，并将小组成员信息及分工情况填入表 7-1 中。

表 7-1　小组成员信息及分工情况

班级			组号	
小组成员	姓名	学号	任务分工	
组长				
组员				

3. 获取信息

在进行具体工作前，需要掌握轨道交通信号与通信系统相关的知识。各组组长组织组员收集相关资料，回答下列问题。

（1）轨道交通信号系统按技术演进分类，可分为传统信号系统与_____。

（2）铁路信号按感官分类，可分为听觉信号和视觉信号两大类，其中视觉信号按其位置可否移动，又分为固定信号、_____和_____。

（3）城市轨道交通信号系统由_____、_____、_____和____组成。

（4）城市轨道交通通信系统主要包括_____、_____和_____。

（5）铁路综合数字移动通信系统（GSM-R）在 GSM 上增加了调度通信功能和适合高速环境下使用的要素，其网络包括_____和_____。

（6）简述轨道交通信号系统的核心作用。

（7）对比传统信号系统和现代信号系统的主要区别。

（8）分析城市轨道交通通信系统各子系统的功能及相互关系。

4. 任务实施

每组学生结合所学知识，查询轨道交通信号与通信系统的相关资料并将其制作成 PPT 文件。每组派出一名代表在课堂上进行讲解。（讲解时间为 5～10 min）

教师进行点评，其他学生分享自己的感受与建议，并将自己在观看过程中学到的新知识及对各组展示内容的感悟记录在表 7–2 中。

表 7–2　任务实施情况

学习到的新知识	对各组展示内容的感悟

5. 考核评价

任务结束后，学生配合教师完成如表 7–3 所示的考核评价。

表 7–3　考核评价表

评分标准	实际得分	备注
积极参与（25 分）		
展示内容正确、清晰（25 分）		
表述流畅（25 分）		
团队配合默契（25 分）		
总分		

项目 8

轨道交通行车组织

项目描述

轨道交通行车组织的基本任务是合理地运用各种技术设备，采用先进的、适用性强的管理方法、手段与技术，完成客运任务。其核心目的是确保轨道交通系统的安全、速度、输送能力和效率。本项目旨在让学生了解轨道交通行车组织工作要求及机构、运输计划、列车运行等级、列车编组、列车运行图及行车调度等相关知识。

教学目标

1. 知识目标

（1）了解行车组织工作的要求及行车组织机构。

（2）掌握列车运行等级与列车编组。

（3）熟悉运输计划。

（4）掌握列车运行图。

（5）熟悉行车调度方式。

2. 能力目标

（1）具有介绍行车组织工作的要求及行车组织机构的能力。

（2）了解行车组织工作内容，初步具备行车调度能力。

（3）具有绘制列车运行图的能力。

（4）能说出不同行车调度方式的特点。

3. 素质目标

（1）认识工作环境，树立正确职业观。

（2）进一步感受"规范操作保安全"的安全意识。

（3）培养学生严谨认真的工作态度，实事求是的科学作风。

（4）培养学生主动探索知识的求知欲。

任务 8.1　轨道交通行车组织概述

扫码获取多媒体
教学资源

8.1.1　轨道交通行车组织的基本内容

轨道交通行车组织是确保列车安全、高效运行的核心管理体系，涵盖从运行计划制定到现场执行的完整流程，既包括成立行车组织机构、建立行车组织指挥体系、采用科学合理的行车闭塞法、制订完善的列车开行计划和编制列车运行图等基础性工作，也包括行车调度指挥、车站行车作业、车辆段行车作业，以及非正常情况下的行车组织、施工组织与工程车运行组织、行车事故处理与预防等工作。

轨道交通行车组织是"计划—调度—执行—反馈"的闭环系统，通过标准化流程、多专业联动和技术赋能，实现"按图行车、安全可控、效率优先"三大目标。随着全自动运行、车车通信等技术的普及，行车组织正朝着更智能、更灵活的方向演进。

8.1.2　轨道交通行车组织工作的要求

轨道交通行车组织工作的要求主要包括安全性要求高、计划性要求强、信号显示要求高、自动化程度要求高等。

1. 安全性要求高

轨道交通运输具有速度高、运量大、故障排除难度大等特点。若发生事故，则难以及时救援，损失严重。因此，保障行车安全是行车组织工作的首要任务，这也对行车组织工作提出了更高的安全性要求。例如，行车组织工作应坚持安全生产的方针，遵循高度集中、统一指挥、逐级负责的原则；列车除无人驾驶模式外，应至少配置一名列车驾驶员来驾驶或监控列车运行等。

2. 计划性要求强

为保证行车组织工作有序进行，运营单位需要编制完善的列车开行计划，确定列车的发车时间、停站时间、运行交路等，并按计划组织行车。与行车有关的各部门应依据列车开行计划组织工作，以确保列车开行计划的顺利实施。

3. 信号显示要求高

轨道交通直线路段瞭望条件好，曲线地段信号易被遮挡，信号显示距离会受到限制，因此对信号显示要求高。

4. 自动化程度要求高

轨道交通行车速度高、地形条件复杂，而且地下部分环境潮湿、工作条件差。在此情况下，为了提高运营效率、保证行车安全，并减轻工作人员的劳动强度，应在行车组织工作中尽量采用自动化程度高的先进技术设备。

8.1.3　轨道交通行车组织机构

轨道交通行车组织机构是确保轨道交通安全、高效运营的核心管理体系，通常由多个部门协同合作，涵盖调度、行车、设备维护、安全管理等环节，因而其行车组织机构包括行车调度中心、车站、车辆段/停车场、乘务部门。

1. 行车调度中心

行车调度中心（operation control center，OCC）是全路网列车运行的"大脑"，负责实时监控、协调与应急指挥（图8-1），行车调度中心设置以下调度岗位。

图8-1 石家庄地铁调度中心

（1）**行车调度**：制定列车运行图、调整列车时刻、处理突发延误。

（2）**电力调度**：监控供电系统，确保接触网/第三轨供电安全。

（3）**环控调度**：管理车站通风、照明、消防等环境设备。

（4）**应急指挥**：启动应急预案（如故障、灾害、安全事件）。

2. 车站

车站的行车工作主要是保障车站日常运营、旅客服务及安全，关键岗位如下：

（1）**值班站长**：统筹车站整体运营，协调处理突发事件。

（2）**行车值班员**：监控站台列车到发、信号状态，确保行车安全。

（3）**客运服务人员**：引导旅客、票务处理、应急处置。

3. 车辆段/停车场

车辆段（图8-2）/停车场是列车停放、检修、维护的基地，关键部门包括以下3种：

（1）**车辆检修**：日常维护（日检、周检）、大修及故障修复。

（2）**乘务排班**：安排司机出勤计划，管理乘务人员。

图8-2 北京轨道交通昌平线十三陵景区车辆段

（3）**设备维护**：轨道、信号、供电等基础设施的保养。

4. 乘务部门（司机团队）

乘务部门的核心职能是执行列车驾驶任务，确保行车安全与准点。乘务部门的职责细分如下。

（1）**正线驾驶**：按运行图驾驶列车，监控设备状态。

（2）**调试任务**：参与新线试运行、信号系统测试。

（3）**应急操作**：处理紧急制动、故障处置等突发情况。

不同运营企业或线路的机构设置可能有所差异，但核心职能相似。实际运营中需通过标准化流程（如行车组织规则）和信息化平台（如调度系统、故障报修平台）确保各部门无缝协作。

知识拓展

沈阳构建"气象数据+行车调度"模式，精准护航高架线路安全运营

2025 年 4 月，东北首条地铁高架线路气象安全保障体系——辽宁省沈阳市气象局与沈阳地铁集团联合建设的"3 号线高架线路专业一体化气象监测预警发布服务系统"正式投入运行。该系统自 2024 年 12 月启用以来，在降雪、寒潮、大风等极端天气预警方面展现出精准可靠的监测预警能力，为城市轨道交通安全构筑起智慧防线。

据悉，该系统在 3 号线高架区段沿线布设 5 套智能气象站，构建起覆盖全线的立体监测网络，实时采集与轨道等高的风速、风向、温度、能见度等关键参数，数据更新频率达分钟级，填补了传统地面气象站与高架轨道环境差异的技术空白。系统首创"气象数据+行车调度"融合模式，在司机立岗处设置智能显示终端，通过红、橙、黄三色预警动态显示气象风险等级。当监测到气象条件不满足地铁安全运营条件时，系统自动发布气象警示信息及行车建议。

在 2025 年 1 月 26 日到 28 日降雪、寒潮、大风天气中，该系统提前 2 h 预警大风降雪过程，累计发布专项预报 23 次，提供实时数据更新超 4 000 条，调度中心根据实时气象数据，精准实施运行方案，成功规避因天气原因引发的运行风险。地铁集团运营分公司负责人表示："该系统帮助我们大幅缩短了应急响应时间，特别是在能见度骤降时，终端显示的实时气象数据为司机安全驾驶提供了关键的决策支持。"

该气象监测系统已接入沈阳智慧城市管理平台，未来还将拓展应用于其他高架轨道交通线路。

任务 8.2　铁路行车组织

扫码获取多媒体
教学资源

铁路行车组织是铁路运输组织的重要组成部分，是铁路综合运用各种技术设备、合理组织列车运行、实现旅客和货物运输的计划和组织工作。

8.2.1　列车与列车编组

1. 列车的基本概念

1）列车的定义

列车是指编成的车列并挂有机车及规定的列车标志。单机（包括单机挂车）、大型养路机

械及重型轨道车虽未完全具备列车条件，亦按列车办理。列车必须具备以下 3 个条件：

（1）按有关规定编成车列。

（2）挂有牵引本次列车的机车。

（3）有规定的列车标志。

> 提示：动车组列车为自走行固定编组列车。

2）列车的分类

根据运输性质的不同，列车分为以下几类：

（1）旅客列车（动车组列车，特快、快速、普通旅客列车等）；

（2）特快货物班列；

（3）军用列车；

（4）货物列车（快速货物班列、快运列车、重载列车、直达列车、直通列车、冷藏列车、区段列车及小运转列车等）；

（5）路用列车。

3）列车运行等级顺序

列车运行等级顺序原则上按速度等级从高到低排序，同速度等级的列车原则上按以下等级顺序。

（1）**动车组列车**：固定编组，运行速度和行车要求比其他列车高。

（2）**特快旅客列车**：一般运行于大城市之间，停站少且旅行速度快，最高运行时速达到 160 km。

（3）**特快货物班列**：使用最高允许时速达到 160 km 的机车和行邮车底，按特快旅客列车运行。

（4）**快速旅客列车**：一般运行于大中城市之间，停站较少且旅行速度较快，最高运行时速为 120～160 km。

（5）**普通旅客列车**：一般运行于城乡之间，停站较多，方便各地群众乘降，最高运行时速不超过 120 km.

（6）**军用列车**：运送军事人员及军用物资的专用列车。如图 8-3 所示。

图 8-3　军用列车

（7）**货物列车**：运送铁路承运的各类货物。

（8）**路用列车**：用于铁路内部运输任务或线路维修、施工等作业。

　　提示：由于自然灾害、设备故障或铁路交通事故等原因，须开往现场救援、抢修、抢救的列车，包括救援机车和除雪机等，应优先办理，不受列车等级的限制。

4）列车的车次

　　为便于计划安排和具体掌握列车运行情况，各类列车均应有固定车次，这样就可以从不同的车次辨别该次列车的种类、等级和运行方向。

　　列车运行，原则上以开往北京方向为上行，车次编为双数；相反方向为下行，车次编为单数。在铁路支线上，一般由连接干线的车站开往支线的方向为下行，相反方向为上行。在个别区间使用直通车次时，可与上述规定方向不符。

　　提示：为确保旅客列车车次全路唯一性，当铁路局集团公司管内列车车次不足时，需向国铁集团申请车次，不得自行确定车次。

2. 列车编组

1）旅客列车的编组

　　动车组以外的旅客列车按列车编组表编组，机车后第一位编挂一辆未搭乘旅客的车辆作为隔离车。行李车、邮政车、发电车等非乘坐旅客的车辆应分别挂于机车后第一位和列尾位，起隔离作用；在装设集中联锁的区段，当设有列车运行监控记录装置（LKJ）时，旅客列车可不挂隔离车。若隔离车在途中发生故障被摘下，可无隔离车继续运行。对于铁路局集团公司管内旅客列车，经铁路局集团公司主要领导批准后可不隔离。

2）货物列车的编组

　　铁路行车组织需要解决的重要货运问题，就是正确地组织重空车流及合理地将规定车辆编入相应列车向目的地运送。车流组织是根据车流流向不同、流量大小、流程远近、设备条件不同、作业性质与能力差异，将发到站各不相同的重车流及不同车种的空车流合理地组织起来，在适当的地点如编组站（图 8-4）编组成各种不同去向和种类的列车。铁路要制订货物列车编组计划，使全路编组的列车互相配合、互相衔接，成为统一的整体，保证各站产生的车流都能迅速而经济地运送到目的地。

图 8-4　郑州北站编组场

> 提示：货物列车编组计划是全路车流组织计划，由装车地直达列车方案和技术站列车编组方案两大部分组成。它根据全路车流结构、各站设备能力和作业条件，统一安排全路各站的解编作业任务，具体规定全路各货运站、编组站和区段站编组货物列车的种类、到站及车组编挂办法。

8.2.2　列车运行图及线路通过能力

铁路是一个庞大复杂的由多部门、多工种组成的运输企业，在实现运输的过程中，要用到多种技术设备，各个环节、各个部门必须相互配合、紧密联系、协同动作，才能保证行车安全，提高运输效率。列车运行图在这方面起着极其重要的作用，与运输有关的各部门，都应根据列车运行图所规定的要求来安排工作。

1. 列车运行图

列车运行图是列车运行的图解，是全路组织列车运行的基础。列车运行图规定了各次列车占用区间的次序，列车在每个车站的到、发或通过时刻，列车在区间内的运行时间和在车站上的停站时间，以及机车交路、列车的重量和长度标准等。

1）列车运行图的性质和作用

列车运行图实际上是利用坐标原理来表示列车运行的一种图解。它以垂直线等分横轴表示时间，将纵轴用横线划分代表各车站中心线的位置，如图8-5所示。图上的斜线称为列车运行线。

列车运行图不仅是日常指挥列车运行的重要依据，而且是保证行车安全、改善铁路技术设备运用、加速机车车辆周转、提高铁路通过能力和运营工作水平的重要工具。

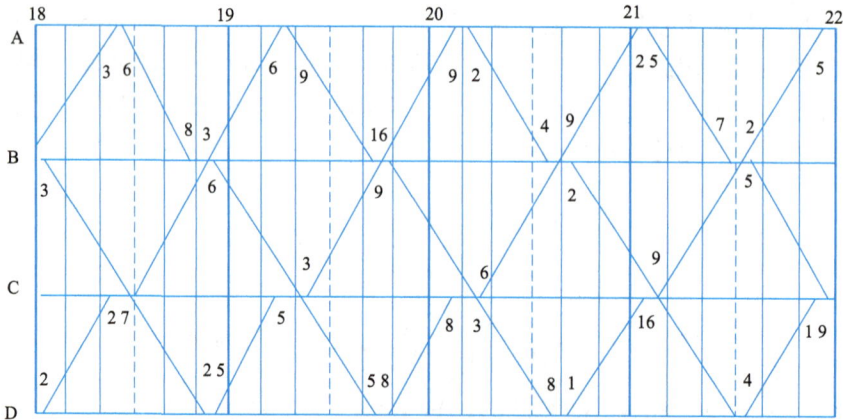

图8-5　列车运行图

2）列车运行图的分类

根据铁路线路的技术设备（如单线、双线）、同方向列车运行速度、上下行列车数量，以及列车的运行方式等，列车运行图可以分为以下几种类型。

按区间正线数目的不同，列车运行图可以分为单线运行图、双线运行图和单双线运行图。

（1）**单线运行图**：是指在单线区段上，上下行列车都在同一条正线上运行，因此列车的交会必须在车站进行，区间中绝不会出现上下行列车运行线的交点。示例如图 8-5 所示。

（2）**双线运行图**：是指在双线区段上，上下行列车在各自的正线上运行，互不干扰，列车可以在区间内或车站上进行交会，但列车的越行必须在车站上进行。示例如图 8-6 所示。

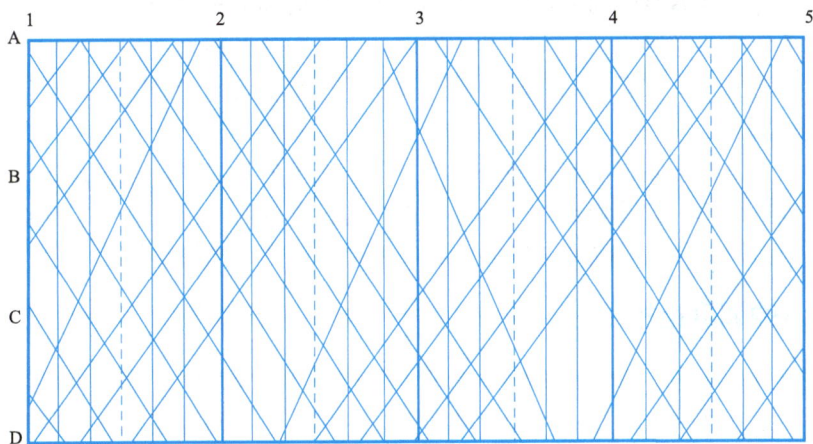

图 8-6　双线成对追踪非平行列车运行图

（3）**单双线运行图**：指的是在有部分双线的区段上铺画出的运行图，它同时具有单线运行图和双线运行图的特征。

按同方向列车运行速度的不同，列车运行图又分为平行运行图和非平行运行图。

（1）**平行运行图**：指的是在同一区间内，同方向列车运行速度相同，因而铺画出的列车运行线相互平行，且在区段内无列车的越行。

（2）**非平行运行图**：指的是同方向列车运行的速度不相同，因而铺画出的列车运行线出现不平行，且在区段内有列车的越行。

按上下行列车数目的不同，列车运行图又分为成对列车运行图和不成对列车运行图。在成对列车运行图上，上下行列车数目相等，而在不成对列车运行图上，上下行列车的数目不相等。

按同方向列车运行方式的不同，运行图又分为追踪运行图和非追踪运行图。

（1）**追踪运行图**：指的是在自动闭塞的双线（或单线）区段上，同方向列车以闭塞分区为间隔，实行追踪运行。

（2）**非追踪运行图**：指的是在非自动闭塞的单线（或双线）区段上，同方向列车以站间或所间区间为间隔，实行非追踪运行。

以上的分类方法都是针对列车运行图的某一特征而加以区分的，实际上每张列车运行图都可能同时具有几个方面的特征。

2.　铁路通过能力

通过能力是指在一定的机车车辆类型、信号设备和行车组织方法条件下，铁路区段内的各种固定设备在单位时间内（通常指一昼夜）所能通过或接发的最多列车对数或列数。

铁路区段通过能力是指铁路区段内各种固定设备，如区间、车站、机务段设备、给水设备、电气化铁路的供电设备中通过能力最薄弱的设备的能力，也称为区段的最终通过能力。与铁路行车组织有关的是区间通过能力和车站通过能力。

1）区间通过能力

铁路区间通过能力主要取决于该区间的技术设备和所采用的行车组织方法，如区间正线数目、区间长度、线路纵断面、机车车辆类型及信号、联锁及闭塞方式，以及列车运行图的类型等。列车运行图类型对区间通过能力影响很大，在同样的技术设备条件下，采取不同类型的列车运行图，区间通过能力就有很大不同。计算区间通过能力，一般是先计算平行列车运行图的区间通过能力，然后在此基础上再计算非平行列车运行图的区间通过能力。

2）车站通过能力

车站通过能力是指车站在现有设备条件下，采用合理的技术作业过程，于一昼夜内所能通过或接发的最多列车对数或列数。车站通过能力包括咽喉通过能力和到发线通过能力两部分，车站通过能力最后是取咽喉通过能力和到发线通过能力中的最小值。

8.2.3　铁路运输调度指挥

铁路运输业具有点多、线长、部门分工细、各作业环节紧密联系等特点。运输生产过程是在长距离的连续空间带上进行的，涉及部门多、变化大、时间性强，常常是一点不通影响一线，一线不畅影响一片。为使铁路这一庞大而复杂的系统能够不间断地、均衡地、高效地运转，就必须对铁路的日常生产活动实行分级管理、集中统一指挥。为此，我国铁路的各级运输部门都建立了相应的调度机构，即国铁集团设调度处，各铁路局集团公司设调度所，车站（主要是编组站、区段站及大货运站）设调度室。在各级调度机构中，按照业务分工设有不同职名的调度员，分别代表各级调度部门领导掌管一定范围内的日常运输指挥工作。

1. 铁路运输调度系统的机构

铁路运输调度工作实行"分级管理，集中统一指挥"的原则。我国铁路调度指挥机构设置如图8-7所示。

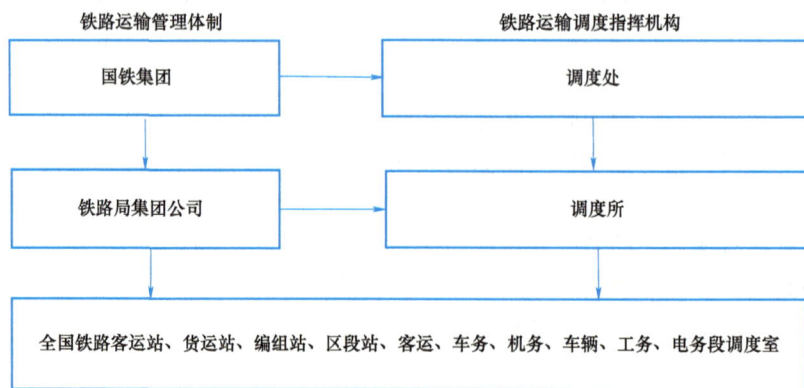

图 8-7　我国铁路调度指挥机构设置

国铁集团调度处设置：值班处长、调度员。

铁路局集团公司调度所设置：值班主任、主任调度员、调度员。

技术站调度室设置：值班站长（值班主任）、车站调度员（设调度室的技术站应设室主任）。

○ **知识拓展**

2. 铁路运输调度的基本工作任务

（1）认真执行国家运输政策，完成国家规定的旅客运输和货物运输任务。

（2）正确地编制和执行运输工作日常计划。

（3）科学地组织客流、货流、车流，搞好均衡运输，经济合理地使用机车车辆和运输设备。

（4）坚持"一卸、二排、三装"的运输原则，按图行车。在确保安全的基础上，努力提高运输效率。

3. 行车调度指挥自动化

为进一步提高区段的通过能力，提高列车运行指挥的质量，改善行车调度指挥人员的劳动条件，必须实现行车调度指挥自动化。行车调度指挥自动化主要包含以下内容：

（1）自动编制列车运行调整计划；

（2）自动控制车站的接发列车进路；

（3）自动记录和绘制实际列车运行图。

行车调度指挥自动化系统可以根据列车实际运行信息和列车运行图的要求，自动提前编制几个小时的列车运行调整计划方案；系统会不断地检查所有列车在区段内的运行情况，当发现列车位置与调整方案不符时，系统将根据列车在前方几个车站会让时的可能方案，优先选择最合理的列车放行方案，并将其提供给列车调度员审核；根据列车运行调整计划和列车的追踪运行情况，系统将自动实现对车站接发列车进路的控制，并完成实际列车运行图的自动绘制。

目前，我国的铁路行车自动化主要是通过采用列车调度指挥系统（train dispatching command system，TDCS）和调度集中系统（centralized traffic control，CTC）来实现的。

○ **知识拓展**

铁路部门：进一步加大银发旅游列车开行组织力度

2025 年 3 月 31 日，国铁集团首次召开以旅游为主题的全路性工作现场会，进一步加大银发旅游列车开行组织力度，更好满足老年旅客旅游需求。图 8-8 是在此背景下开通的新疆旅游专列——新东方快车。

图 8-8　新疆旅游专列——新东方快车

（1）开行规模迅速增长：铁路部门2024年组织开行旅游列车1 860列，创历史新高，比2019年增长近50%；运送旅客超过100万人，其中老年旅客占比接近80%。

（2）开行品质逐步提升：旅游列车使用空调车辆，在设施和服务上关注老年旅客需求。部分旅游列车还专门设计了符合老年人口味的菜谱，配备常用药品，安排随车医护人员，提供医疗咨询等服务。

（3）品牌效应初步形成：突出旅游文化元素，铁路部门推出南方快车、熊猫专列、新东方快车等特色品牌，越来越多的线路实现常态化开行。旅游列车灵活的线路安排和大众化的价格水平备受"银发族"青睐，社会反响良好。

未来，国铁集团将充分发挥行业优势和旅游列车产品的独特作用，坚持以市场需求为导向，紧密结合各地资源禀赋特点，用3年时间打造银发旅游列车发展新格局，构建起覆盖全国、线路多样、主题丰富、服务全面的银发旅游列车产品体系，努力实现"三化"目标。

（1）品质化：重点针对老年旅客特点，开展设备更新改造和服务提档升级，提升服务品质。

（2）规模化：设计100条以上铁路银发旅游精品路线，打造160组银发旅游列车舒适化、适老化专用车组，旅游列车年开行规模达2 500列以上。

（3）品牌化：紧密围绕列车开行线路和服务特色，深挖文化内涵，讲好列车主题故事，强化品牌推广，力争将铁路银发旅游列车打造成为引领银发经济发展的标杆品牌。

🔍 知识拓展

2025年1月5日零时起全国铁路将实行新列车运行图

2025年1月5日零时起，全国铁路将实行新的列车运行图。调图后，全国铁路安排图定旅客列车13 028列，较现图增加230列；开行货物列车22 859列，较现图增加91列。

此次调图是国铁企业积极适应市场需求，充分运用铁路新增线路、车站和装备等运输资源，对全国铁路列车运行方案进行的一次优化调整。新图的实施有利于进一步提升路网整体效能、优化客货运输产品供给，使铁路高质量发展成果更好地服务人民群众生产生活和经济持续回升向好。

沪苏湖、杭温、宣绩高铁等新线开通运营，优化东南部地区列车开行结构，助力长三角一体化和长江经济带发展。在上海至郑州、武汉、福州等省会城市间增开动车组列车38

列，在上海至广州、南昌、深圳等城市间开行停站少、旅时短的大站快车 24 列，京沪高铁北京南至南京南间增开时速 350 km 标杆列车 2 列、徐州东至南京南间增开动车组列车 4 列，加强了长三角地区与中西部、粤港澳大湾区、京津冀地区间的联系；增开上海、杭州至长沙、怀化、贵阳等方向动车组列车 16 列，提升沪昆高铁运输能力。

集大原、荆荆高铁等新线运能，调整中西部高铁运行图，服务中部地区崛起和西部大开发。集大原高铁开通后，内蒙古自治区深度融入全国高铁网，开行呼和浩特、包头至上海、杭州、重庆、青岛、西宁等方向动车组列车，旅行时间大幅压缩；北京北（清河）站增开动车组列车 26 列，首次开行前往西安、兰州、成都等城市的列车，加强首都与中西部城市间交流。利用荆荆高铁，开行荆门西至汉口间动车组列车 12 列；利用南珠高铁南宁至玉林段，开行玉林北至南宁东间动车组列车 18 列；利用包银高铁惠农南至银川段，增开西安北、中卫南至惠农南间动车组列车各 2 列；利用渝昆高铁重庆西至宜宾段，增开南宁东至重庆西、宜宾至郑州东间动车组列车各 2 列。

同时，统筹利用运输资源，优化部分列车开行方案，促进区域协调发展。怀兴城际铁路大兴机场至廊坊北段开通运营后，增开廊坊北至北京西、天津西、石家庄、雄安间的动车组列车各 2 列，助力京津冀协同发展。在齐齐哈尔南至济南东间增开动车组列车 2 列；首开延吉西至太原南动车组列车、哈尔滨西至厦门北普速旅客列车；集通铁路全线电气化开通运营后，沈阳至乌鲁木齐、西宁普速旅客列车运行时间分别压缩 1 小时 22 分、1 小时 12 分，进一步强化了东北地区与其他区域互联互通，助力东北全面振兴。广深港高铁日常安排开行跨境动车组列车增至 242 列，首次开行西安北、武汉、揭阳至香港西九龙站始发终到动车组列车，优化北京西至香港西九龙间高铁动卧列车运行时刻。

此次调图还不断提升货运通道能力，优化货运产品供给，保障国计民生重点物资运输。统筹运用线路、场站资源，安排开行跨铁路局集团公司货运班列 390 列，大宗直达货物列车 404 列，提升煤炭、粮食、铁矿石等大宗货物运输保障能力，为冬季能源保供和国民经济平稳运行提供有力支撑。

扫码获取多媒体
教学资源

任务 8.3　城市轨道交通行车组织

行车组织是城市轨道交通生产活动的核心，是综合运用各种专业设备协调组织运输活动的技术业务，是安全、正点、优质、高效地完成旅客运输任务的保证。城市轨道交通行车组织采取各种技术手段保证列车运行系统、客运服务系统、检修保障系统的专业设施设备的正常、合理运转，从而安全、舒适、快速、准时、便利地运送旅客，满足旅客出行的需要。

8.3.1　行车组织基本知识

1. 运输计划

城市轨道交通是由线路、信号、车辆、车站等组成的复杂的、技术密集型的公共交通系统，只有各部门、各工种、各项作业之间相互协调配合，才能保证列车运行安全，提高运输效率。为保证运输任务的顺利完成，通常需要制订运输工作计划，对运输工作作出安排，以协调城市轨道交通各部门之间的工作。

由于城市轨道交通的服务对象主要是旅客，所以运输计划的制订需要考虑旅客的需求特性及变化规律，合理编制运输计划，组织列车运行，实现按计划运营。城市轨道交通系统的列车运行计划一般包括客流计划、全日行车计划、车辆配备计划及列车交路计划等内容。

1）客流计划

客流计划是对运输计划期间城市轨道交通线路客流的规划。编制客流计划一般分为新运营线路编制客流计划和为既有线路编制客流计划两种情况。新线建成投入运营时，客流计划根据客流预测资料进行编制；在既有线路运营时，客流计划根据客流统计资料和客流调查资料进行编制。

2）全日行车计划

全日行车计划是营业时间内各个小时开行的列车对数计划。编制全日行车计划要综合考虑营业时间内各个小时的最大断面客流量、列车定员人数、车辆满载率和服务水平。

3）车辆配备计划

车辆配备计划是为完成全日行车计划而制订的车辆保有量安排计划。编制车辆配备计划要推算运用车辆数、在修车辆数和备用车辆数，确定在一定类型的设备和行车组织方法条件下，为完成一定的运输任务而必须保有的车辆。

4）列车交路计划

列车交路计划规定了列车的运行区段、折返车站和按不同列车交路运行的列车对数。列车交路有长交路、短交路和长短混合交路3种。

长交路是指列车在线路上全线运行；短交路是指列车在线路的某一区段内运行，在指定的车站折返；长短混合交路是指线路上长、短两种交路并存的交路形式。列车交路图如图8-9所示。

(a) 长交路　　　　　　　(b) 短交路　　　　　　　(c) 长短混合交路

图8-9　列车交路图

2. 列车运行图

列车运行图是城市轨道交通系统的综合计划，是运输计划在实际行车工作中的具体体现，既是城市轨道交通行车组织工作的综合性计划，也是行车组织工作的基础，它规定了各次列车占用区间的顺序和时间、列车在各个车站的到发及通过时刻、区间运行时分、停站时分、折返站列车折返作业时分、列车出入车辆段时分、设备保养维修时间和司机作息时间等。

1）列车运行图的形式

（1）横轴：列车运行图的横轴表示时间，水平线是一簇平行的不等分线，表示各车站的中心线，即站名线。一般以细线表示中间站，以较粗的线表示换乘站或折返站。

（2）纵轴：列车运行图的纵轴表示距离，竖直线是一簇平行的等分线，表示时间轴的划分。

（3）斜直线：列车运行图的斜直线表示列车的运行，称为列车运行线（其中，上斜线代表上行列车，下斜线代表下行列车。上下行方向一般由城市轨道交通运营公司根据线路位置及城市地理位置的具体情况而定）。

（4）**车次**：列车运行图上的所有列车都规定有自己的车次。一般来说，上行为偶数，下行为奇数。

2）列车运行图的分类

（1）按时间轴刻度划分：

① **一分格运行图**：它的横轴以 1 min 为单位用细竖线加以划分，5 分格用虚线，10 分格和小时格用较粗的竖线表示，如图 8-10 所示。一分格运行图主要在城市轨道交通（地铁或轻轨）运行图上使用。

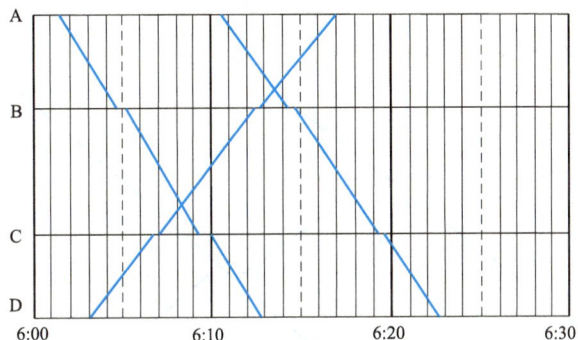

图 8-10　1 分格运行图

② **二分格运行图**：它的横轴以 2 min 为单位用细竖线划分，一般用于市郊铁路运行图的编制，如图 8-11 所示。

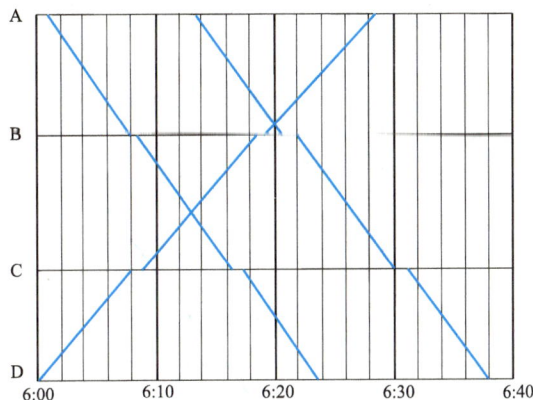

图 8-11　2 分格运行图

③ **十分格运行图**：它的横轴以 10 min 为单位用细竖线划分，半小时用虚线表示，小时格用较粗的竖线表示，如图 8-12 所示。10 分格运行图主要供调度员在日常调度指挥工作中使用。

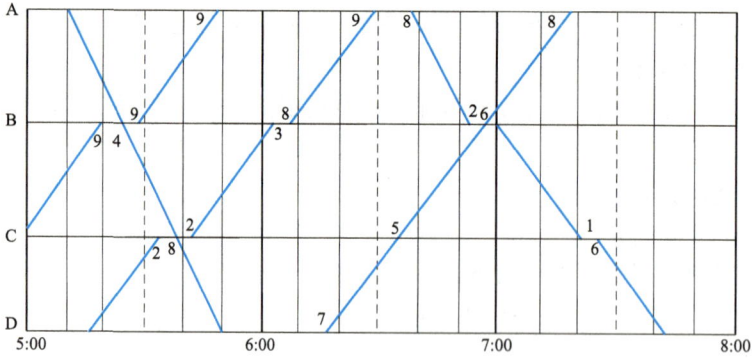

图 8-12　10分格运行图

④ **小时格运行图**：它的横轴以 1 h 为单位用竖线加以划分，如图 8-13 所示。在铁路上，小时格运行图主要用于编制旅客列车方案图和机车周转图。

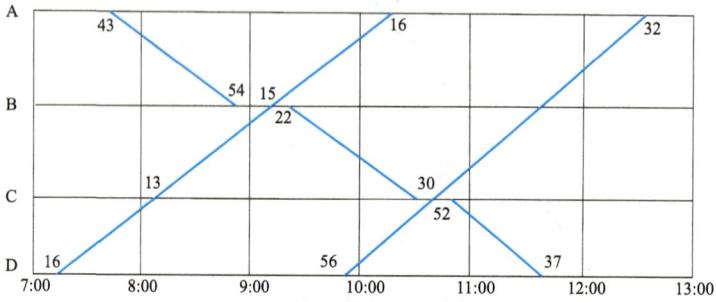

图 8-13　小时格运行图

（2）按区间正线数划分：

① **单线运行图**：在单线区段，上下行方向列车都在同一正线上运行，因此两个方向的列车必须在车站上交会，如图 8-14 所示。

在城市轨道交通系统中，单线运行图使用较少，通常只在非正常情况下列车运行调整期间使用。

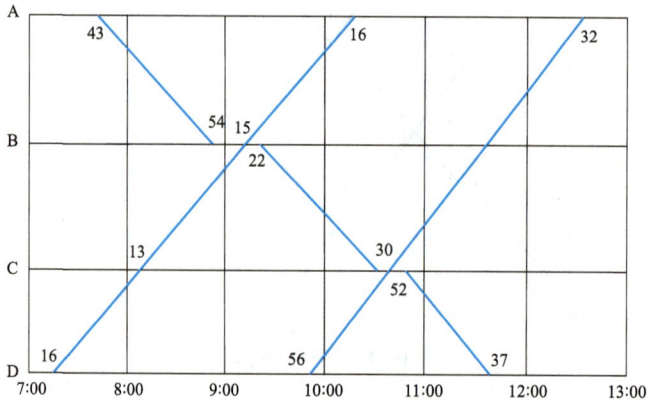

图 8-14　单线运行图

② **双线运行图**：在双线区段，上下行方向列车在各自的正线上运行，因此上下行方向的列车的运行互不干扰，可以在区间或车站交会，但列车的越行必须在车站上进行。城市轨道

交通系统一般设置双线，采用双线运行图，如图 8-15 所示。

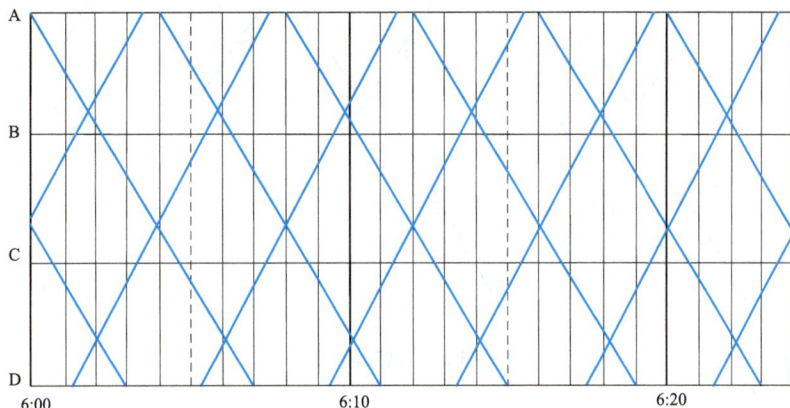

图 8-15　双线运行图

③ 单双线运行图：是单线区段和双线区段分别按照单线运行图和双线运行图的特点铺画的运行图，如图 8-16 所示。在城市轨道交通系统中，单双线运行图只在非正常情况下的列车运行调整期间使用。

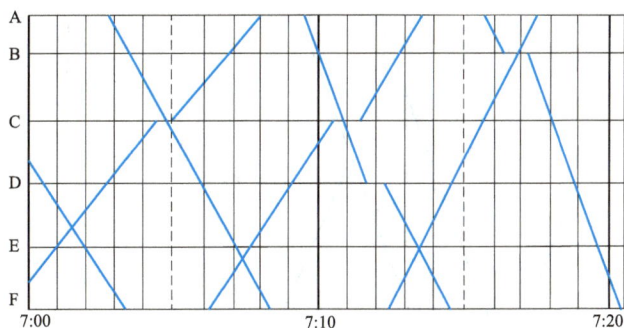

图 8-16　单双线运行图

（3）按上下行方向列车数划分：

① 成对运行图：上下行方向列车数相等的列车运行图，如图 8-17 所示。

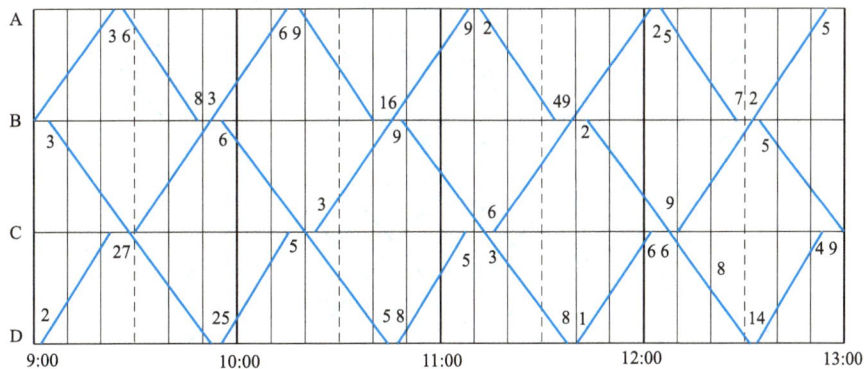

图 8-17　成对运行图

② **不成对运行图**：上下行方向列车数不相等的列车运行图，如图 8-18 所示。

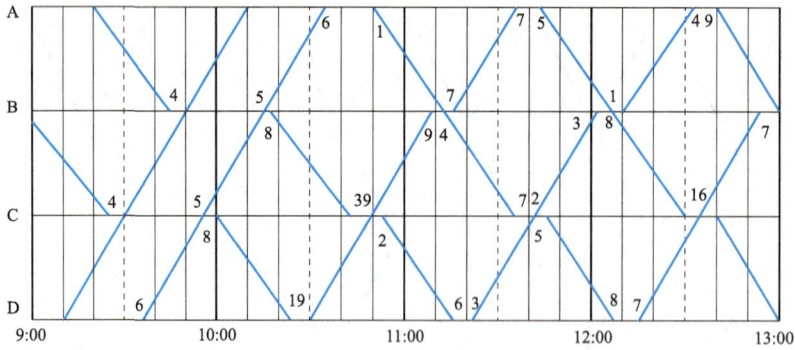

图 8-18　不成对运行图

（4）按同方向列车运行方式划分：

① **连发运行图**：在连发运行图中，同方向列车以站间区间为间隔连发运行，如图 8-19 所示。若在单线区段使用连发运行图，则在连发的一组列车之间不能铺画对向列车。在城市轨道交通系统中，连发运行图只在非正常行车或进行列车运行调整期间使用。

② **追踪运行图**：在追踪运行图中，同方向列车以闭塞分区为间隔运行，如图 8-20 所示。追踪运行图一般在自动闭塞的单线或双线区段使用。

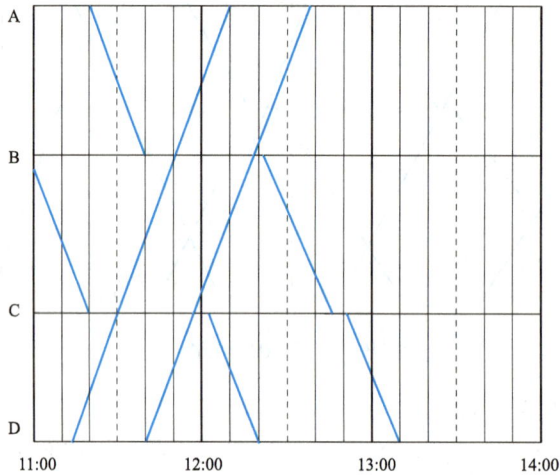

图 8-19　连发运行图

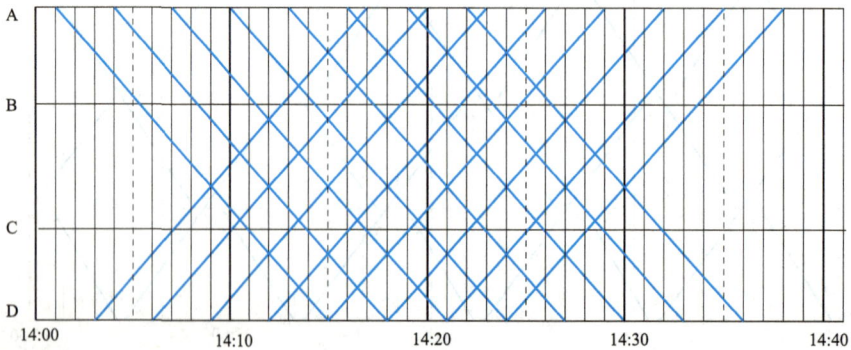

图 8-20　追踪运行图

3. 行车闭塞法

1）超速防护闭塞法

超速防护闭塞法为基本闭塞法，可由行车调度员集中办理，也可由下放车站办理。

采用超速防护闭塞法时，将区间划分为若干个闭塞区段，借助列车自动防护系统和列车自动驾驶系统自动完成闭塞功能。

超速防护闭塞法实现了行车指挥自动化和列车运行自动化，实现闭塞分区最小运行间隔追踪运行。超速防护闭塞法提高了列车通过能力，减轻了司机的劳动强度，可进一步保证行车安全，提升行车组织的效率。

2）进路闭塞法

进路闭塞法是代用闭塞法的一种，当基本闭塞法因故不能使用时，须通过设备自动转换或人工操作将行车闭塞法改为进路闭塞法。

采用进路闭塞法时，闭塞区间为同方向相邻两架信号机间的区段（包括出站信号机、防护信号机、顺向阻挡信号机等），司机根据地面的信号显示行车，行车凭证为信号机稳定的绿色或黄色灯光。

使用进路闭塞法行车的情况有：ATP 车载设备故障时；ATP 地面设备故障时；站线轨道电路故障时（对后方站出站信号机没有影响）；列车推进运行时；未安装 ATP 车载设备的列车运行时；进行车载 ATP 设备调试的列车运行时。

3）站间闭塞法

站间闭塞法也是代用闭塞法的一种，当基本闭塞法因故不能使用时，通过车站行车值班员的操作人工将行车闭塞法转换为站间自动闭塞。

采用站间闭塞法时，闭塞区间为出站（段）、进站（段）信号机或区间内指定的位置，司机根据地面的信号显示行车，行车凭证为车站出站信号机或分界点信号机闪动的绿色灯光。

使用站间闭塞法行车的情况有：车载 ATP 设备故障时；未安装 ATP 车载设备的列车运行时；需要超过 ATP 允许速度进行试验时；列车推进运行时；列车推进救援时。

4）电话闭塞法

电话闭塞法是以上闭塞法都不起作用时的最终备用闭塞法，只能由车站行车值班员办理。相邻两端车站行车值班员利用行车专用电话办理联络手续，以电话记录的方式共同确认闭塞区间空闲后，批准列车进入该闭塞区间。

电话闭塞法的闭塞分区为车站出站信号机至前方相邻出站信号机之间、车辆段与车站间、其他特殊区间，每个区间又分为接车区间、接车线路、发车区间三部分，接车站需确认接车区间、接车线路空闲，发车站需确认发车区间空闲。为保证同一区间在同一时间内不会用两种闭塞法，在停用基本闭塞法改按电话闭塞法或恢复基本闭塞法时，均须行车调度员下达调度命令。

使用电话闭塞法行车的情况有：ATP 地面设备严重故障时；站间区间轨道电路严重故障时；列车反方向运行时；列车推进运行时；出站信号机、分界点信号机严重故障时；列车在特殊区段运行时。

4. 列车驾驶模式

在不同的控制方式和设备功能条件下，列车运行采用不同的驾驶模式。城市轨道交通列车在日常运行中主要有以下 5 种驾驶模式。

1）列车自动驾驶模式

列车自动驾驶模式（ATO 模式）是最高优先级的驾驶模式，通过 ATC 信号系统实现。在该种模式下，列车的运行不取决于司机，司机仅负责监督 ATP/ATO 指示，列车状况，所要通过的轨道、道岔、信号的状态，必要时加以干预。

2）受监控的人工驾驶模式

受监控的人工驾驶模式（SM 模式）是次优先级的驾驶模式。正常情况下在培训时采用，或当 ATO 设备故障，但车载 ATP 设备和轨旁 ATP 设备良好时采用。在 SM 模式下，司机必须根据显示屏显示的推荐速度驾驶列车，当实际速度在推荐速度−1～+4 km/h 范围内时，会有声音报警，当实际速度大于推荐速度 4 km/h 时，ATP 系统产生紧急制动。驾驶过程中，司机要负责监督列车状况，监督列车所要通过的轨道、道岔、信号的状态。

3）受限制的人工驾驶模式

受限制的人工驾驶模式（RM 模式）是较低级的驾驶模式。在该模式下，列车由司机驾驶，司机需要监督 ATP/ATO 指示，列车状况，所要通过的轨道、道岔、信号的状态。列车速度不能大于 25 km/h，ATP 系统只提供 25 km/h 的超速防护。

4）非限制的人工驾驶模式

非限制的人工驾驶模式（URM 模式）是故障级驾驶模式。在该模式下，列车的运行完全由司机负责，没有 ATP 的监控。国内部分地铁车辆采用 URM 模式时，列车前进最高速度可达 80 km/h，后退时最高速度可达 10 km/h。

5）列车自动折返模式

列车自动折返模式（AR 模式）包括列车的自动换向和有折返轨的自动折返。其中有折返轨的自动折返又可分为人工折返和无人折返。

🔍 知识拓展

城市轨道交通运营里程超 1 万 km，点亮城市发展新图景

1. 线路拓展

2024 年 12 月 15 日，北京地铁 3 号线一期（东四十条—东坝北）、12 号线（四季青桥—东坝北）、昌平线南延一期剩余段（西土城—蓟门桥）及昌平线南延朱房北站 3 条（段）城市轨道交通新线开通试运营，新增运营里程约 43 km。至此，北京城市轨道交通运营总里程达到 879 km，位居全国首位。

新线开通后，将补充北京中心城区东西向轨道交通廊道，同时也为马甸、安贞、东坝等成熟居住区增添了更便利的公共交通选择，对于完善轨道交通网络、缓解中心城区交通压力、服务沿线重点功能区建设具有重要意义。

近年来，北京的城市轨道交通建设取得积极成效，城市综合交通网络加快形成，市民出行服务供给更加多元化，这也是我国城市轨道交通发展的一个缩影。

截至 2024 年底，全国共有 54 个城市开通运营城市轨道交通线路 325 条，运营里程 10 945.6 km，车站 6 324 座。其中，43 个城市开通运营地铁、轻轨线路 267 条，运营里程 9 477.6 km；16 个城市开通运营单轨、磁浮、市域快速轨道交通线路 25 条，运营里程 970.7 km；18 个城市开通运营有轨电车、自动导向轨道线路 33 条，运营里程 497.3 km。

城市轨道交通如同城市的血脉，蜿蜒穿梭于城市的地下与地上，为城市的发展注入源源不断的活力，也让民众的生活更加便捷高效，为经济社会的发展注入强劲动力。

2. 服务升级

事实上，城市轨道交通的发展，不光体现在线路的延伸上，更体现在服务的升级上。如今的列车车厢内环境舒适宜人，宽敞明亮的空间，柔软舒适的座椅，为旅客提供了良好的出行体验。在人性化服务方面，各地也亮点频出。北京的地铁列车专门设置了轮椅空位，并配备安全带，车站还备有轮椅渡板，方便坐轮椅的旅客进出。厦门的地铁列车设置了无障碍车厢，贴心的卡扣设计让轮椅固定更安全，使用说明清晰明了，为特殊群体出行提供了便利。

城市轨道交通的蓬勃发展，对城市的影响深远而持久。它有效缓解了城市交通拥堵，让城市的"脉搏"更加顺畅。同时，也带动了沿线经济的繁荣，一个个商圈在轨道沿线崛起。

3. 全自动运行线路

自 2017 年国内首条自主研发的全自动运行线路北京地铁燕房线运营以来，国内已有 21 个城市开通运营全自动运行线路 50 条，运营里程约 1 480 km。全自动运行系统在提高系统运行可靠性、提升运营服务水平等方面发挥了重要作用。

交通运输部办公厅印发了《城市轨道交通全自动运行系统运营技术和管理规范（试行）》，在明确技术条件、筑牢安全底线的基础上，进一步促进运营管理与技术水平协同适应，更好地引导全自动运行系统技术发展。

此外，在《规范》附则中明确提出支持各地积极探索障碍物探测、列车远程控制等无人驾驶技术，为后续实现列车无人值守提供支撑，积极支持技术创新，促进全自动运行系统有序发展。同时，对不满足本规范要求的既有全自动运行线路和由非全自动运行线路更新改造为全自动运行的线路提出了要求。

从国家出台的一系列政策可以看出，未来我国城市轨道交通发展前景将会更加广阔，更多的城市将加入轨道交通建设行列，已开通的城市也将不断完善和拓展轨道网络。城市轨道交通将成为更加便捷、高效、绿色、智能的出行方式，为人们的生活带来更多的便利，持续点亮城市发展的新图景。

8.3.2　行车调度组织

1. 行车调度原则

城市轨道交通行车调度工作由行车调度员、值班员、司机完成，采用的是"行车调度员—司机"二级管理、值班员辅助行车模式。

行车组织工作必须坚持"高度集中、统一指挥、逐级负责"的原则，具体如下：

（1）行车调度员统一指挥各调度区间的行车，每一个调度区间由该区间的值班行车调度员统一指挥。

（2）车站行车工作由本站当班值班员统一指挥。

（3）车辆段行车工作由当班运转值班员统一指挥。

（4）列车由本列车当班值乘司机负责指挥。列车在车站时，站务员应在车站值班员的指挥下工作。

2. 行车调度基本任务

1）行车调度员的任务

（1）行车调度员代表运营公司执行日常的行车调度指挥工作。

（2）当列车运行条件发生变化时，或者当区间、车站、列车发生事故时，都要求行车调度员根据变化情况，采取调整措施，使列车尽可能按图运行。

2）车站值班员的任务

车站行车组织工作由车站负责行车的值班员统一指挥。

车站设有综合控制室，主要任务是接发列车，并做好旅客服务工作，遇突发情况进行应急处理，确保行车安全和旅客人身安全。

车站接发列车时进行以下作业：

（1）办理闭塞。

（2）准备接发车进路。

（3）开闭信号。

（4）记录列车到发情况。

（5）交接行车凭证。

3）司机的任务

司机依据列车运行计划，根据行车调度员的指示，采用合适的驾驶模式驾驶列车运行，并使列车在各车站完成旅客乘降作业。

3. 行车调度方式

城市轨道交通行车组织工作，基本上只包含列车运行组织和接发车两项作业，主要由控制中心和车站两级部门完成。城市轨道交通系统的基本行车调度方式主要有行车指挥自动化、调度集中和调度监督 3 种，具体采用何种行车调度方式，与行车调度指挥设备类型有关。

1）行车指挥自动化方式

目前，城市轨道交通基本采用 ATC 系统。该系统由 ATS 系统、ATP 系统和 ATO 系统组成，三个系统分工协作，使 ATC 系统具有列车运行自动化、行车指挥自动化功能。

在正常情况下，行车调度工作是在行车调度员的监控下，由 ATS 系统完成列车运行指挥工作，这种方式称为行车指挥自动化。

在行车指挥自动化这种调度方式下，行车调度员、车站值班员和司机的职责如下：

（1）行车调度员监控 ATC 信息，必要时可加以干预。

（2）列车处于自动驾驶模式，司机负责监督 ATO 系统、ATP 系统的车内显示信息，必要时可加以干预。

（3）车站值班员按程序接发列车，必要时可加以干预。

2）调度集中方式

在 ATS 系统因故不能使用时，改用调度集中方式。在调度集中方式下，行车调度员、列车司机和车站值班员的职责如下：

（1）行车调度员可通过调度集中设备直接控制所辖线路上的信号、道岔，排列列车进路，组织和指挥列车运行。

（2）车站值班员的工作与行车指挥自动化模式相同。

（3）司机在行车调度员、车站值班员的指挥下操纵列车运行。

调度集中设备是指挥列车运行的一种远程遥控设备，由控制中心的调度集中总机、进路控制终端、显示盘和列车运行记录仪、闭塞设备、调度集中分机、数据传输设备及联锁设备等组成。

> 提示：在调度集中方式下，控制中心能实时显示车站信号机、道岔的状态，进路占用情况，列车车次和列车运行状态，可绘制列车运行图和生成运营统计报告。

3）调度监督方式

当调度集中方式因故不能实现时，改用调度监督方式，即车站控制方式。在调度监督方式下，控制权转到车站，车站值班员在行车调度员的指挥下办理列车进路。行车调度员、车站值班员和司机的职责如下：

（1）行车调度员通过调度监督设备监督所管辖线路上的行车作业。

（2）车站值班员在行车调度员的指挥下办理行车作业。

（3）司机负责操纵列车运行。

调度监督设备是指挥列车运行的一种远程监控设备，由控制中心的调度监督设备、显示盘、闭塞设备、车站终端、数据传输设备及联锁设备等组成。

4. 正常情况下行车组织

正常情况下，城市轨道交通在正线运行中的行车组织工作以行车指挥自动化为基本调度方式。

在行车指挥自动化条件下，ATC 系统正常运转，ATP 系统、ATO 系统、ATS 系统协同运行，组织行车作业。ATP 系统保证列车和地面之间不间断地交换数据信息，通过移动闭塞分区使追踪列车之间保持安全距离。在 ATP 系统保护下，ATO 系统控制列车牵引、巡航、制动、追踪运行，最大限度地提升列车在区间中的通过能力。ATS 系统自动获取列车在行进中的位置坐标、速度信息，监控列车的运行状态和整条线路的情况，实现列车自动运行，提升线网运输能力。

在行车指挥自动化方式下，相关岗位工作如下：

（1）线路上的行车工作由行车调度员统一指挥。

（2）车站工作由车站值班员组织。

（3）车辆段行车组织工作由信号楼值班员组织。

（4）车站值班员、信号楼值班员由行车调度员指挥，共同完成行车组织工作。

5. 信号故障条件下行车组织

信号故障条件下的行车组织工作，分为 ATC 出现故障而联锁正常时的行车组织和联锁故障时的行车组织两大类。

1）ATC 出现故障而联锁正常时的行车组织

目前，城市轨道交通基本都采用 ATC 系统控制列车运行，且一般在 ATC 系统之外还后备一套较简易的信号系统，具备基本联锁功能，当 ATC 系统出现故障时，可全线降级到后备联锁模式组织行车，即车站、联锁站排列行车进路，列车采用人工驾驶模式按地面信号显示行车。

在后备联锁模式下，人工介入程度增加，列车运行因没有 ATP 系统保护而使安全风险大大增加。在这种情况下，合理安排好人员组织行车，控制好安全关键点，确保行车安全，是车站值班站长的首要任务。

2）联锁故障时的行车组织

联锁故障时，通常采用电话闭塞法组织行车。这种行车组织方式的特点是效率很低，安全性较差。作为车站的值班站长，须统观大局，合理安排各岗位工作人员，对行车关键环节做好盯防，在确保安全的基础上尽量提高行车效率。

🔍 **知识拓展**

京城"最快地铁线"如何确保运营安全？

北京的大兴机场线（图 8-21）设计时速达到 160 km，为了降低隧道净空、减少建设成本，线路采用刚性接触网供电。不过，在如此高速度的线路上使用刚性接触网，在国内轨道交通领域还是首次实践。

图 8-21　大兴机场线列车

在地铁繁忙而复杂的运营网络中，接触网的稳定对保障列车安全、准时高效运行至关重要。为保障接触网安全，大兴机场线创新性地将铁路系统中应用较为成熟的供电安全检测监测系统（6C 系统）引入地铁领域。大兴机场线在一列正常运营的地铁列车上安装了红外传感器、紫外传感器及视频监控设备等。列车在正常的运营过程中，每行驶 8 m 视频监控设备就会自动拍摄一张高清晰度照片，轻松获取接触网的悬挂状态、螺栓松动情况，为接触网运行状态提供基础分析参数。

如果人工检查线路所有位置，需要消耗一年的时间。使用这套系统，列车行驶一趟就能完成图像数据的采集，经过 20 天的整理就可以汇总出沿线的故障点，检修人员会根据这些数据有针对性地进行检修。

五年来，大兴机场线开行列车超 43 万次，安全运营超 1.1 亿车 km，累计运送旅客突破 4 300 万人，为旅客提供平稳、安全、舒适的交通服务。

大兴机场线在城市轨道交通领域实现众多创新，在行业内首次采用市域 D 型车，以 CRH6F 型城际动车组及 A 型地铁技术平台为基础打造，完美融合了高铁和地铁技术。2021 年 6 月，大兴机场线成功实现全自动运行系统（FAO）的全功能运转，同年 7 月实现有人值守的全自动运营（DTO）模式，向世界展示出轨道交通的中国速度、中国智慧和中国方案。

在接下来的规划建设中，北京轨道交通还将充分彰显"微中心建设""四网融合"等理念，继续推进轨道交通建设，向高质量发展稳步推进。

任务工单

1. 任务描述

学习相关知识并复习整理后，进行轨道交通行车组织相关的知识竞赛。

2. 小组分工

以 3～5 人为一组，选出组长并进行任务分工，制订合理的工作计划，并将小组成员信息及分工情况填入表 8-1 中。

表 8-1　小组成员信息及分工情况

班级			组号	
小组成员	姓名	学号	任务分工	
组长				
组员				

3. 获取信息

在进行具体工作前，需要掌握轨道交通行车组织相关的知识。各组组长组织组员收集相关资料，回答下列问题。

（1）轨道交通行车组织工作的要求包括_____、计划性要求强、信号显示要求高以及_____。

（2）铁路列车按运输性质分为_____、_____、_____、货物列车和路用列车。

（3）城市轨道交通的列车运行计划一般包括_____、_____、车辆配备计划及列车交路计划等内容。

（4）城市轨道交通行车调度工作采用_____二级管理、值班员辅助行车模式，必须坚持"高度集中、统一指挥、（逐级负责）"的原则。

（5）_____是全路网列车运行的"大脑"，负责实时监控、协调与应急指挥。

（6）简述轨道交通行车组织机构各部门的主要职责。

（7）分析城市轨道交通在不同闭塞法下的行车组织方式及适用场景。

（8）对比铁路和城市轨道交通列车运行图的分类依据及特点。

4. 任务实施

组长带领组员复习轨道交通行车组织相关知识。复习结束后，由教师组织全体学生进行知识竞赛，每个小组作为一支参赛队伍，教师提出与本任务内容相关的问题，各小组进行抢答。学生将任务实施情况填入表 8-2 中。

表 8-2　任务实施情况

学生姓名		本人答对题数		小组答对题数	
答错或不会的题目及答案					

5. 考核评价

竞赛结束后，学生配合教师完成如表 8-3 所示的考核评价。

表 8-3　考核评价表

评分标准	实际得分	备注
积极参与知识竞赛（20 分）		
答题正确（每答对 1 题计 5 分）		
表述流畅（5 分）		
附加分（20 分，计入答题正确数第一的小组）		
总分		

项目 9

轨道交通安全管理

项目描述

轨道交通运输安全是指轨道交通运输系统处于列车运行和车站作业秩序正常、旅客和企业员工生命安全、运输设备和承运货物完好无损的状态。轨道交通安全管理是轨道交通运输企业为维护运输安全所采取的全部措施和生产活动。运输安全关系到企业员工、人民群众生命和国家财产的安危，全面反映轨道交通运输企业的人员素质、设备质量、管理水平和社会环境，因而加强运输安全管理、保证轨道交通运输安全是全社会的责任，更是轨道交通运输企业的第一要务。

教学目标

1. 知识目标

（1）理解影响轨道交通运输安全的主要因素及相互关系。

（2）熟悉轨道交通运输安全体系及维护轨道交通运输安全应采取的措施。

（3）了解铁路交通事故的等级，以及国家和铁路部门对铁路交通事故紧急救援、报告和调查处理的相关规定。

2. 能力目标

（1）能随时观察本单位安全生产形势，发现问题，及时采取防范措施。

（2）能说出作业安全的相关规定、规章名称及条款。

3. 素质目标

（1）培养学生牢固树立"安全第一，预防为主"的思想意识。

（2）充分认识维护轨道交通运输安全的重要意义。

任务 9.1　轨道交通安全管理概述

9.1.1　安全管理相关概念

1.　安全

《现代汉语词典》对安全的定义是"没有危险"，也就是说安全是一种状态，一种免除了不可接受的损害风险的状态。对于生产过程而言，安全指的是将对人类的生命、财产、环境可能产生的损害控制在人们能接受水平以下的状态。

安全具有以下基本特性：

（1）系统性：安全一般涉及生产活动的各个方面，包括人员、设备、环境等因素。

（2）依附性：安全依附于生产而存在。只要存在生产活动，就会出现安全问题，也只有在保障安全的前提下，生产才能顺利进行。

（3）持续性：安全工作是一个长期的工作，必须坚持不懈，始终如一地努力。

（4）相对性：世界上没有绝对安全的状态，安全性是相对于危险程度而言的，是指危险不超过允许的限度。

2.　安全管理

安全管理是企业管理的重要组成部分，是企业为实现安全生产目标而进行的有关决策、计划、组织和控制等方面的活动。它主要运用现代安全管理理论、方法和手段，分析和研究企业生产经营活动中的各种不安全因素，并从技术上、组织上和管理上采取有力的措施，消除这些不安全因素，从而防止安全事故的发生，使企业生产经营活动处于安全状态。安全管理的对象是企业生产经营活动中一切人、物和环境。企业在生产经营活动中必须坚持"全员、全过程、全方位、全天候"的"四全"动态安全管理，要发挥全体员工的主观能动性，防止走过场、搞形式主义。

3.　安全事故

安全事故是指企业在生产经营活动中突然发生的，危及人身安全和健康，或者损坏设备设施，或者造成经济损失的，导致原生产经营活动暂时中止或永远终止的意外事件。

4.　安全生产

安全生产是指企业在生产经营活动中采取相应的事故预防和控制措施，使生产过程在符合安全的条件下进行，以保障相关人员的人身安全、设备和设施免受损坏、环境免遭破坏，保障生产经营活动得以顺利进行。因此，把握好安全生产的要素和方针，是实现安全生产的根本途径。

1）安全生产五要素

安全生产五要素是指安全文化、安全法则、安全责任、安全科技和安全投入。企业要实现安全生产长治久安，必须全面落实安全生产五要素。其中，安全文化即安全意识，是指存在于人们头脑中，支配人们行为是否安全的思想；安全法则是指安全生产法律法规和安全生产执法；安全责任是指安全生产责任制度和责任心；安全科技是指安全生产科学与技术；安全投入是指保证安全生产必须投入的经费。

2）安全生产的方针

安全生产方针是对安全生产工作的总要求，代表了安全生产工作的目标和工作原则。《中华人民共和国安全生产法》第三条规定："安全生产工作应当以人为本，坚持人民至上、生命至上，把保护人民生命安全摆在首位，树立安全发展理念，坚持安全第一、预防为主、综合治理的方针，从源头上防范、化解重大安全风险。"

9.1.2　轨道交通运营安全因素

轨道交通系统分布区域广，涉及部门、工种多，是一个大系统，其运营安全受到人、机、环境和管理水平等多种因素的影响，其中任何一个作业环节出现问题，都可能造成交通安全事故。

1.　员工素质

"人"指从事轨道交通运输生产的员工。人的思想素质和专业技能对于运输安全关系重大。随着轨道交通的不断发展，新技术、新设备不断投入运用，运营管理自动化、信息化、智能化进程加快，要求每一位员工都必须熟悉本职工作的环境、设备，掌握基本操作技能和安全规范。还需要每一位员工都具有知识储备，特别是对于突发事件的起因、后果及处置方法，要有预想、预案和演练，做到技术过硬、遇紧急情况临危不乱、果断处置。优秀的铁路员工应当具有良好的道德修养、沉着冷静的心理素质和过硬的专业技能。其中，思想素质、工作责任心最重要。

如果员工的思想素质不过硬，工作责任心不够强，则遇事不能正确处置；或因遭遇家庭不幸、个人生活发生重大变故等原因，造成心情沮丧而影响工作，或因故休息不好、精力不能集中而误操作，这些都可能导致出现失误，酿成事故。

2.　技术设备

"机"指轨道交通的技术设备，包括线路、桥涵、信号、机车车辆、动车组、牵引供电设备等。保证设备的良好性能和质量，是安全生产的前提条件。员工由于受到责任心、技术水平、情绪、疲劳程度等各种因素的影响，难免在工作中出错。先进的技术设备应当能够保证在员工失去警惕或误操作的情况下避免事故的发生，当轨道交通技术设备不够完善或出现故障时，就可能诱发事故。

3.　运营环境

"环境"指轨道交通线路周边的安全条件。如国家路网分布在祖国辽阔的大地上，铁路线路邻接的乡镇、城市和山川的人文环境、自然环境都必然会对运输安全造成影响。正常情况下，铁路线路的安全保护区得到尊重，铁路设施均远离危害源点，线路处于干燥状态。当铁路环境的正常状态遭到破坏时，就可能引发铁路交通事故。

9.1.3　轨道交通事故的等级

根据事故造成的人员伤亡、直接经济损失、列车脱轨辆数、中断轨道交通行车时间等情形，事故分为特别重大事故、重大事故、较大事故和一般事故。

1.　特别重大事故

有下列情形之一的，为特别重大事故：

（1）造成 30 人以上死亡，或者 100 人以上重伤（包括急性工业中毒），或者 1 亿元以上直接经济损失的。

（2）繁忙干线客运列车脱轨 18 辆以上并中断铁路行车 48 h 以上，或货运列车脱轨 60 辆以上并中断铁路行车 48 h 以上。

2. 重大事故

有下列情形之一的，为重大事故：

（1）造成 10 人以上 30 人以下死亡，或者 50 人以上 100 人以下重伤，或者 5 000 万元以上 1 亿元以下直接经济损失。

（2）客运列车脱轨 18 辆以上，或者货运列车脱轨 60 辆以上。

（3）客运列车脱轨 2 辆以上 18 辆以下，并中断繁忙干线铁路行车 24 h 以上或者中断其他铁路行车 48 h 以上的；或者货运列车脱轨 6 辆以上 60 辆以下，并中断繁忙干线铁路行车 24 h 以上，或者中断其他铁路行车 48 h 以上。

3. 较大事故

有下列情形之一的，为较大事故：

（1）造成 3 人以上 10 人以下死亡，或者 10 人以上 50 人以下重伤，或者 1 000 万元以上 5 000 万元以下直接经济损失。

（2）客运列车脱轨 2 辆以上 18 辆以下，或者货运列车脱轨 6 辆以上 60 辆以下。

（3）中断繁忙干线铁路行车 6 h 以上，或者中断其他线路铁路行车 10 h 以上。

4. 一般事故

造成 3 人以下死亡，或者 10 人以下重伤，或者 1 000 万元以下直接经济损失。一般事故按照由重及轻顺序，依次分为 A、B、C 和 D 4 类。

上述分段标注有关数量的表述中，"以上"含本数量，"以下"不含本数量。

知识拓展

甬温线动车追尾事故

2011 年 7 月 23 日 20 时 30 分 05 秒，甬温线浙江省温州市境内发生了一起特别重大的动车追尾事故：D301 次列车与 D3115 次列车追尾。

事故的原因主要是列控中心设备存在严重的设计缺陷和重大安全隐患，比如保险管遭雷击熔断导致采集数据不再更新、控制轨道电路发码及信号显示错误、雷击造成通信故障等。当时天气状况恶劣，D3115 次列车多次因故障停滞且与调度员联系不畅。调度员在未弄清楚故障根本原因的情况下，让 D301 次列车发车，最终导致两车追尾。

这起事故造成了严重后果，40 人死亡、172 人受伤，直接经济损失巨大，中断行车 32 h 35 min。虽然救援行动迅速展开，消防队、警察、医疗人员等纷纷赶到现场，被困长达 20 多 h。

事故发生后，54 名事故责任人员被处理，赔偿标准也从最初的每人 50 万元人民币提升到 91.5 万元人民币。这次事故虽然给中国高铁带来了一定影响，但中国高铁最终挺过难关，发展得越来越好。

这次事故引发了广泛的反思，促进了中国高铁安全技术的进一步完善，提升了整个行业的安全意识和管理水平。

任务 9.2　铁路交通运输安全管理

扫码获取多媒体
教学资源

运输安全关系到铁路职工和路外人员的生命安全和国家资产安全，事关重大，因而确保铁路运输安全是国家与铁路部门的头等大事。为此，必须建立起完整的轨道交通运营安全保障体系。

9.2.1　铁路运输安全法律法规和规章制度

铁路运输安全必须做到有法可依，违法必究，为铁路运营创造良好的社会环境。我国的铁路运输安全法规包括：国家法律和铁路部门规章制度。

1.　铁路运输安全的国家法律

党和政府历来十分重视铁路运输安全，专为铁路安全颁布了一系列法律。

1）中华人民共和国铁路法

1990 年 9 月 7 日，中华人民共和国第三十二号主席令公布了《中华人民共和国铁路法》，自 1991 年 5 月 1 日起施行，用以规范铁路运输营业和铁路建设，其中特别用了一章的篇幅说明对于铁路安全和保护的法律要求，并规定国家铁路重要桥梁、隧道由中国人民武装警察部队负责守卫。此后于 2009 年 8 月、2015 年 4 月进行了两次修正。

2）铁路安全管理条例

1989 年 8 月 15 日，国务院以 39 号令公布《铁路运输安全保护条例》，2004 年 12 月 27 日对该条例进行了全面修订。为了进一步加强铁路安全管理，2013 年 8 月 17 日又以国务院第 639 号令发布《铁路安全管理条例》，代替《铁路运输安全保护条例》，自 2014 年 1 月 1 日起施行。条例增加了对铁路建设质量的具体要求，对铁路线路安全、铁路运营安全、社会公众保护铁路设施的义务、铁路监管部门对铁路安全的监督检查内容和法律责任作了明确的规定。

3）铁路交通事故应急救援和调查处理条例

为规范铁路交通事故的救援和调查处理，国务院于 1979 年 7 月 16 日发布《火车与其他车辆碰撞和铁路路外人员伤亡事故处理暂行规定》，1994 年 8 月 13 日发布《铁路旅客运输损害赔偿规定》。为了适应铁路运输设备、运营管理方法和社会的发展，2007 年 7 月 11 日国务院以 501 号令公布《铁路交通事故应急救援和调查处理条例》，代替以上两个法案，于 2007 年 9 月 1 日起施行，2012 年 11 月 9 日根据《国务院关于修改和废止部分行政法规的决定》又对其进行了修订，自 2013 年 1 月 1 日起施行。

《铁路交通事故应急救援和调查处理条例》以国家法律的形式，对铁路交通事故的等级，事故的上报责任、级别、时间和内容，事故应急救援，调查处理、赔偿和法律责任作出具体规定。

2.　铁路运营管理规章制度

1）《铁路技术管理规程》《铁路行车组织规则》《车站行车工作细则》

（1）铁路技术管理规程：简称《技规》，是国家铁路技术管理的基本规章，全路各部门、各单位制定的技术管理文件都必须符合《技规》的规定，国家铁路工作人员必须严格遵守和执行《技规》的规定。《技规》对于铁路技术设备的基建、制造和验收交接都做出了严格、具体要求，以保证铁路技术设备的先进性、安全性和实用性；依法规定了铁路限界和安全保护区、技术设备的养护维修及检查制度，必须配备的事故救援设备及灾害防护和行车安全监测设备；对于铁路线路、桥梁及隧道，信号通信，铁路信息系统，车站及枢纽，机车车辆，供电给水和房屋建筑等铁路运营设备的技术条件和铁路用地的管理做出明确的规定；特别对于铁路行车组织工作的技术管理做出了详细的说明。其中部分条文根据发生的事故及技术设备的更新，做过多次修改。

（2）**铁路行车组织规则**：简称《行规》，是各铁路局集团公司根据本局的设备和作业条件对本局行车设备的使用方法，以及列车编组、调车作业、行车闭塞、接发列车、列车运行、信号使用、应急处理和电气化铁路安全做出的具体规定。

（3）**车站行车工作细则**：简称《站细》，它针对本站设备和作业特点，规定本站运输设备使用和行车、货运、客运作业方法。车站的一切生产活动都必须按照《站细》的要求进行。

> 提示：《技规》《行规》《站细》从不同层次规范铁路运营管理工作，各级铁路部门和工作人员都必须严格遵守，认真执行，不得违反。

2）与铁路运输安全相关的其他规章制度

与铁路运输安全相关的其他规章制度包括《铁路危险货物运输管理规则》《铁路超限超重货物运输规则》《铁路人身安全作业标准》《铁路电气安全规则》《铁路行车事故救援规则》等。

铁路规章制度的许多条款都是由铁路事故血的教训换来的，遵章守纪是对每一位铁路职工的基本要求。

9.2.2 人员安全保障管理

铁路员工是铁路运营的主体。新中国成立以后，铁路员工作为铁路的主人，不怕苦、不怕累，为国家努力工作，为人民无私奉献，在工作上一丝不苟，在技术上精益求精，已经成为铁路人的典型形象，今天这种精神仍然需要发扬。人员安全保障管理包括以下几个方面。

（1）**岗位任职资格**：每个工作岗位都应有严格的任职资格标准，包括学历、健康条件、思想素质、工作能力。只有达到任职资格的人员，才可以从事该岗位的工作。

（2）**上岗证**：从事铁路工作，要经过基本知识和实际操作的考核，通过考核才能获得任职资格，取得上岗证。

（3）**工作技能考核和业绩考核**：对于安全风险级别较高的工作岗位，定期对每一位员工的工作进行考核，及时调换不适合本工种工作的员工。

（4）**技术业务培训和安全教育**：包括职工的定期培训、临时培训、日常业务学习和安全教育，以提高人员的业务水平和安全素质。

（5）**人员劳动安全管理**：铁路工作有一定特殊性，需要24 h不间断运转（例如列车乘务人员、调度、车务、客运、货运、机车车辆检修等工种），需要加强对员工的生活方式、作息时间、行为的管理，以保证其精力充沛地上岗工作。

9.2.3　设备安全保障管理

铁路运输设备对于保障运输安全和提高铁路通过能力作用巨大，需要对设备的全生命周期进行安全管理。设备安全保障管理包括以下几个方面。

（1）设备性能及安全设计：轨道交通运输设备设计部门和技术人员应与运输现场保持经常的联系，了解本厂生产的设备的性能优点及存在的不安全因素和缺陷，了解国内外同类产品的功能及操作的便利性，不断改进设计。采用冗余技术、自动化技术、控制技术和信息技术强化设备功能，采用故障导向安全设计提高设备安全性能，使设备便于维修和简化操作，提高设备运用效率。

（2）严格设备准入制度：设立严格的设备准入门槛，制定铁路设备招投标制度，杜绝有缺陷、质量差的设备进入铁路运用领域；实行问题设备召回制度，保证只有性能、质量良好的设备才能进入铁路运输现场。

（3）实时的设备状态检测和故障诊断制度：采用自动化监控设施，对设备的技术状态进行实时监控、故障报警，实施故障导向安全措施。

（4）建立可靠的设备维护、整备及检修制度：根据设备的运用环境、重要程度，制定设备的维护保养、整备和检修制度，保证设备始终处于良好的技术状态。图 9-1 为设备检测与维修现场。

（5）及时淘汰技术落后和超过服务期限的运输设备：铁路运输设备超过使用期限，发生故障的概率会提高，应及时淘汰；当性能优秀的新设备研制成功后，应根据运营效益、作业能力和经济支出对其进行综合评估；也可提前淘汰尚未使用到期的设备。

图 9-1　设备检测与维修现场

9.2.4　环境安全保障管理

1.　依法设立铁路线路安全保护区

铁路列车运行速度快，遇紧急情况无法立即停车，为了保证行车安全，铁路线路两侧应设有一定宽度的专用区域，即安全保护区。《铁路安全管理条例》规定：铁路线路安全保护区的范围，从铁路线路路堤坡脚、路堑坡顶或者铁路桥梁外侧起向外的距离分别为：

（1）城市市区高速铁路为 10 m，其他铁路为 8 m。

（2）城市郊区居民居住区高速铁路为 12 m；其他铁路为 10 m。

（3）村镇居民居住区高速铁路为 15 m，其他铁路为 12 m。

（4）其他地区高速铁路为 20 m，其他铁路为 15 m。

设计开行时速 120 km 以上列车的铁路实行全封闭管理。

禁止在铁路线路安全保护区内烧荒、放养牲畜、种植影响铁路线路安全和行车瞭望的树木等植物；禁止向铁路线路安全保护区排污、倾倒垃圾及其他危害铁路安全的物质。

2. 沿线工程防护措施

铁路线路在选线设计阶段，应注意避开地质不良地段，或以桥代路；在运营过程中，若发现有塌方落石地段，应及时整修，采取建挡土墙、加落石防护网等措施防护，如图 9-2 所示。

图 9-2　环境安全保障管理

3. 加强自然灾害预测、预报

在铁路线路附近的山体、河流等容易发生灾害的地点设立自动监测、报警系统，实时发现险情，及时采取防护措施，避免事故发生。

9.2.5　铁路交通事故的分类及处置

铁路机车车辆在运行过程中发生冲突、脱轨、火灾、爆炸等影响铁路正常行车的事故，包括铁路行车作业过程中发生的事故和铁路机车车辆与行人、机动车、非机动车、牲畜及其他障碍物相撞的事故，均为铁路交通事故。

1. 铁路交通事故分类

凡在行车工作中，因违反规章制度和劳动纪律、技术设备不良、自然灾害及其他原因，造成人员伤亡、设备损坏，影响行车或危及行车安全的，均构成行车事故。行车事故分为列车事故和调车事故两大类。

（1）列车事故：是列车在区间运行或站内到发、通过时发生的事故。例如，列车在无人值守道口与机动车相撞、列车因超速运行脱轨、列车冒进信号等。

（2）调车事故：是车站进行调车作业时发生的事故。例如，溜放车组调速不当与停留车相撞，造成车辆破损；车组溜放时未摘解风管，连结员提钩后拉断风管；施加车辆手制动时没挂好安全带又未抓紧，由于车辆震动，制动员从车上跌落摔伤；推送调车时，对连挂车组未试拉就直接推送，没发现有顶钩车辆，致使调车车列制动时，前部车辆不受控制而挤坏道岔等。由于列车运行速度快，发生事故造成的危害和损失往往比调车事故严重得多，所以防范列车事故应放在更为优先的位置。

2. 铁路交通事故的报告制度

1）事故报告的级别

为了及时进行铁路交通事故应急救援、减少事故造成的损失和伤害，事故发生后，事故现场的铁路运输企业工作人员或者其他人员应当立即报告邻近铁路车站、列车调度员或者公安机关。有关单位和人员接到报告后，应当立即将事故情况报告事故发生地铁路管理机构。铁路管理机构接到事故报告后，应当尽快核实情况，并立即报告事故发生地所属铁路局集团公司安全监督管理办公室值班人员。

发生特别重大事故、重大事故时，国务院铁路主管部门应当立即报告国务院并通报国家安全生产监督管理等有关部门。发生特别重大事故、重大事故、较大事故或者有人员伤亡的一般事故，铁路管理机构还应当通报事故发生地县级以上地方人民政府及其安全生产监督管理部门。

2）事故报告的内容

事故报告应当包括：

（1）事故发生的时间、地点、区间（线名、千米、米）、线路条件、事故相关单位和人员。

（2）发生事故的列车种类、车次、机车型号、牵引辆数、吨数、计长、运行速度，发生事故的部位。

（3）旅客人数，伤亡人数、性别、年龄，以及救助情况，是否涉及境外人员伤亡。

（4）货物品名、装载情况，易燃、易爆等危险货物情况。

（5）机车车辆脱轨辆数、线路设备损坏程度等情况。

（6）对铁路行车的影响情况。

（7）事故原因的初步判断，事故发生后采取的措施及故障控制情况和具体救援请求等。

对于事故报告后出现新情况的，还应当及时补报。

9.2.6 铁路交通事故的救援

铁路各级部门对于可能发生的各种运输事故，应事先做好应急预案，组织职工演练，确定现场应急救援机构的人员组成和机构成立办法。

铁路交通事故发生以后，必须尽快采取正确的救援措施，调动必要的救援力量，以减少人员伤亡和财产损失。一旦发生铁路交通事故，列车司机应当立即停车，采取紧急处置措施；无法处置的，应当立即利用无线调度电话报告邻近车站、列车调度员处置。为保障旅客安全或因特殊运输需要不宜停车的，可以继续运行，但必须报告邻近车站、列车调度员处置。

事故造成铁路行车中断的，应当立即组织抢修，尽快恢复正常行车。不能继续运行的本线列车，可以在沿线保留（保留列车是指由于交通事故或自然灾害造成铁路行车中断，按照调度命令拨走机车在中间站停留的列车；在行车条件恢复后，依据调度命令指定的运行线继续运行），必要时，可以调整运输径路，组织部分列车经迂回径路运输。

事故区间邻近车站值班员接到事故报告以后，应立即报告列车调度员。须封锁区间派出救援列车时，列车调度员应向有关车站发布命令封锁区间，派出救援列车。

9.2.7 铁路交通事故的调查和处理

铁路交通事故的发生既存在偶然性，也存在必然性，因而必须查清事故发生的原因、事故的责任人及过失，作出处理意见，制定预防措施，必要时修改相关规章制度，防止再发生类似的事故。

1. 事故调查组的级别

由于事故的调查、分析、处理往往涉及车、机、工、电、辆等多个部门，专业性、技术性很强，因而各铁路局集团公司都设有安全监督管理办公室（简称安全监管办）。安全监管办主任由各铁路局集团公司总经理担任。安全监管办副主任由分管安全、应急管理、运输、客运、货运、机务、车辆、工务、电务和法律事务工作的铁路局集团公司领导班子成员担任。

铁路交通事故发生后，应根据事故的级别成立事故调查组。特别重大事故由国务院或者国务院授权的部门组织事故调查组进行调查。重大事故由国务院铁路主管部门组织事故调查组进行调查。较大事故和一般事故由事故发生地铁路管理机构组织事故调查组进行调查。国务院铁路主管部门认为必要时，可以组织事故调查组对较大事故和一般事故进行调查。根据事故的具体情况，事故调查组由有关人民政府、公安机关、安全生产监督管理部门、监察机关等单位派人组成，并应当邀请人民检察院派人参加。事故调查组认为必要时，可以聘请有关专家参与事故调查。

2. 事故调查的期限

事故调查组应在规定的期限内向组织事故调查组的机关或者铁路管理机构提交事故调查报告，其中特别重大事故的调查期限为自事故发生之日起的 60 d、重大事故的调查期限为 30 d、较大事故的调查期限为 20 d、一般事故的调查期限为 10 d。

组织事故调查组的机关或者铁路管理机构应当自事故调查组工作结束之日起 15 d 内，根据事故调查报告，制作事故认定书，作为事故赔偿、事故处理及事故责任追究的依据。

事故的处理情况，除依法应当保密的外，应当由组织事故调查组的机关或者铁路管理机构向社会公布。

3. 事故防范和整改措施

事故责任单位和有关人员应当认真吸取事故教训，落实防范和整改措施，防止类似事故再次发生。国务院铁路主管部门、铁路管理机构及其他有关行政机关应当对事故责任单位和有关人员落实、防范和整改措施的情况进行监督检查。

任务 9.3　城市轨道交通运输安全管理

扫码获取多媒体
教学资源

9.3.1 相关规章制度

1. 城市轨道交通运营管理规定

《城市轨道交通运营管理规定》是交通运输部为了规范城市轨道交通运营管理，保证城市轨道交通正常、安全运营，维护城市轨道交通运营秩序，保障旅客和城市轨道交通运营者的合法权益而制定的。

这一规定主要适用于城市轨道交通的运营及相关管理活动，一共包含 7 章 56 条，其基本结构为总则、运营基础要求、运营服务、安全支持保障、应急处置、法律责任、附则。

2. 国家城市轨道交通运营突发事件应急预案

《国家城市轨道交通运营突发事件应急预案》（以下简称《预案》）是国务院办公厅对城市轨道交通运营过程中发生的因列车撞击、脱轨，设施设备故障、损毁，以及大客流等情况，造成人员伤亡、行车中断、财产损失等突发事件的应对工作说明。

《预案》共包含 7 个部分，分别为总则、组织指挥体系、监测预警和信息报告、应急响应、后期处置、保障措施、附则。

当发生地震、洪涝、气象灾害等自然灾害，恐怖袭击、刑事案件等社会安全事件，以及其他因素影响或可能影响城市轨道交通正常运营时，相关工作人员应依据国家出台的相关预案执行，同时参照《预案》组织做好监测预警、信息报告、应急响应、后期处置等相关工作。

3. 各地政府颁布的城市轨道交通安全管理条例或办法

已开通运营城市轨道交通的城市应在《城市轨道交通运营管理规定》的基础上，结合本地运营特点制定相应的地方城市轨道交通安全管理条例或办法。

以北京市为例，从 2015 年 5 月 1 日起北京市的城市轨道交通活动均应遵守北京市第十四届人民代表大会常务委员会第十五次会议表决通过的《北京市轨道交通运营安全条例》（以下简称《安全条例》）。

《安全条例》共包含 7 章 78 条，其基本结构为总则、运营安全风险前期防控、设备设施运行安全与保护、运营组织安全与服务、应急管理、法律责任、附则。

9.3.2　安全管理措施

城市轨道交通安全管理工作是一个系统工程，它贯穿于城市轨道交通运营管理的全过程，涉及各个环节和所有工作人员。为了保障城市轨道交通持续、安全地运营，就必须制订相应的管理措施，以便在危机发生时能及时、正确地应对。

1. 建立健全各项规章制度

健全的规章制度是城市轨道交通工作正常开展的基本保障，它明确了工作人员的行为规范，使各系统、各部门的工作有章可循。工作人员只要严格按照相关规章制度行事，就能保证城市轨道交通工作的有序开展、安全进行。

（1）**健全行业规范及技术规范**：城市轨道交通行业的基本规范主要包括《城市轨道交通技术规范》《城市轨道交通行车组织规则》《城市轨道交通安全防范要求》《城市轨道交通运营管理规范》《城市轨道交通客运服务》，以及城市轨道交通系统各专业的操作规程与安全规则、各个岗位的岗位职责等。

（2）**建立标准化作业机制**：标准化作业机制可以加强工作人员的安全意识，避免人为操作失误而导致的城市轨道交通运营事故。人们在日常生活中常常会有一些无意识行为，但是城市轨道交通行业关系到万千旅客的生命安全，绝不允许存在无意识行为。因为无意识行为可能会引起错误的操作，导致运营事故，所以必须建立标准化作业机制，避免在城市轨道交通运营过程中出现操作失误。

（3）**制定各种事故抢救预案**：为了能够在事故发生时及时施救，将事故造成的损失控制在最低限度，城市轨道交通运营单位还应根据现实情况预测可能发生的事故，再根据可能发生事故的性质、类型和程度提前制定出事故抢救预案。

2. 组建安全检查机构

安全检查是安全管理工作落实程度的重要评判标准，正确有效地执行车站清客程序、发挥安全检查机构的作用，可以将事故的隐患扼杀在摇篮中，确保旅客的生命和财产安全。

（1）落实各项规章制度：城市轨道交通工作能否正常有序地开展，取决于各项规章制度的落实与执行情况。各项规章制度的落实与执行方法是安全检查机构的工作关键，为了保证各项规章制度的落实和执行，加强管理与监督是必不可少的手段。

（2）调查分析事故：事故发生后，查清事故责任能为今后的安全管理工作提供借鉴，这也是安全管理的另一项工作内容。在对事故进行调查分析时，应保证事故调查的科学性和公正性，应以事实为依据、以科学技术为手段地进行事故调查分析。

3. 及时升级技术设备

技术设备的可靠性与先进性是保障城市轨道交通安全运营的前提，高科技的故障检测手段是城市轨道交通安全运营的保障，因此相关单位要及时更新升级设备，这样才能有效避免由设备故障带来的相关事故。此外，相关设备的管理和维修养护工作也非常重要，因为只有保证设备状态良好，才能保证安全行车，而加强设备的管理和维修养护是保证设备状态良好的基础。

4. 提高工作人员素质

提高工作人员素质是帮助树立行业形象、保证城市轨道交通运营安全的重要途径。通常，运营单位在进行工作人员素质培训时，可从以下几个方面入手。

（1）开展思想政治教育，提升工作人员的思想道德素养，培养工作人员的责任感和自律性。

（2）学习规章制度，并结合实训与考核提高工作人员的业务能力。

（3）训练心理素质和生理素质，保证工作人员在工作岗位上有良好的心理状态和身体条件。

5. 加强安全宣传

安全宣传是城市轨道交通安全管理的重要手段。安全宣传工作通常包含对工作人员和旅客的安全宣传。对工作人员进行安全宣传可以将安全责任意识根植于每个工作人员的心中，从而做到人人讲安全、时时讲安全；对旅客进行安全宣传，可以提高旅客的安全意识，以便从根本上保障城市轨道交通的安全运营。

🔍 **知识拓展**

9·27上海地铁10号线追尾事故

2011年9月27日14时37分，上海市地铁10号线1005号列车和1016号列车在豫园站至老西门站下行区间百米标176处发生追尾事故。事故起因是电工在进行地铁10号线新天地车站UPS柜底电缆孔洞封堵作业时致使UPS输出负载端A相线路松动，引发A相电供电缺失，导致新天地集中站信号失电。之后行车调度员违规发布调度命令，1005号列车持路票从豫园站发车，最终与前方停留的1016号列车相撞。此次事故造成295人到医院就诊检查，无人员死亡。

任务工单

1. 任务描述

查阅相关资料，制作 PPT 文件，介绍轨道交通安全管理问题，展示内容可包含轨道交通安全的管理内容、影响因素、事故等级等。

2. 小组分工

以 3～5 人为一组，选出组长并进行任务分工，制订合理的工作计划，并将小组成员信息及分工情况填入表 9-1 中。

表 9-1　小组成员信息及分工情况

班级			组号	
小组成员	姓名	学号	任务分工	
组长				
组员				

3. 获取信息

在进行具体工作前，需要掌握轨道交通安全管理相关的知识。各组组长组织组员收集相关资料，回答下列问题。

（1）影响轨道交通运营安全的因素主要有＿＿＿＿＿＿＿＿＿＿＿＿＿＿＿。

（2）轨道交通事故根据事故造成的人员伤亡、直接经济损失、列车脱轨辆数、中断轨道交通行车时间等情形，事故等级分为＿＿＿＿＿＿＿＿＿＿＿＿。

（3）安全生产"五要素"是指＿＿＿＿＿＿＿＿＿＿＿＿＿＿＿＿＿。

（4）铁路交通事故中行车事故分为＿＿＿＿和＿＿＿＿。

（5）铁路人员安全保障管理包括哪些方面的内容？

（6）城市轨道交通安全管理措施有哪些？

4. 任务实施

每组学生结合所学知识，查询轨道交通安全管理的相关资料并将其制作成 PPT 文件。每组派出一名代表在课堂上进行讲解。（讲解时间为 5～10 min）

教师进行点评，其他学生分享自己的感受与建议，并将自己在观看过程中学到的新知识及对各组展示内容的感悟记录在表 9-2 中。

表 9-2 任务实施情况

学习到的新知识	对各组展示内容的感悟

5. 考核评价

任务结束后，学生配合教师完成如表 9-3 所示的考核评价。

表 9-3 考核评价表

评分标准	实际得分	备注
积极参与（25 分）		
展示内容正确、清晰（25 分）		
表述流畅（25 分）		
团队配合默契（25 分）		
总分		

参 考 文 献

[1] 李宇，那文佳，李健. 城市轨道交通概论[M]. 北京：北京交通大学出版社，2024.

[2] 王宁，陶艳，栾婷婷. 铁道概论[M]. 北京：北京交通大学出版社，2024.

[3] 齐伟，何红丽. 城市轨道交通通信与信号[M]. 上海：上海交通大学出版社，2025.

[4] 姚向荣，罗玗琪，李水晶. 城市轨道交通行车组织[M]. 上海：上海交通大学出版社，2023.

[5] 纪书景. 高速铁路概论[M]. 2 版. 上海：上海交通大学出版社，2022.

[6] 侯彩丽，黄艺璇，闫福丽. 高速铁路概论[M]. 北京：航空工业出版社，2018.

[7] 张清川，李培锁，高莉莉. 铁道概论[M]. 上海：上海交通大学出版社，2017.

[8] 佟立本. 铁道概论[M]. 8 版. 北京：中国铁道出版社有限公司，2020.

[9] 张晓玲，张燕. 铁道概论[M]. 4 版. 北京：人民交通出版社股份有限公司，2022.

[10] 王跃庆，杨晓慧. 铁路职业道德[M]. 3 版. 北京：中国铁道出版社有限公司，2021.

[11] 米玉琴，刘亚磊，齐超. 城市轨道交通概论[M]. 北京：北京交通大学出版社，2018.